高等学校智能建造应用型本科系列教材

高等学校土建类专业课程教材与教学资源专家委员会规划教材

建筑工程智能化运维与管理

江苏省建设教育协会　组织编写

姜　慧　张　兵　谢　伟　主　　编

周振国　王　艳　唐艺轩　孙　健　副主编

冯德成　主　　审

中国建筑工业出版社

图书在版编目（CIP）数据

建筑工程智能化运维与管理 / 江苏省建设教育协会
组织编写；姜慧，张兵，谢伟主编；周振国等副主编.
北京：中国建筑工业出版社，2025.7. --（高等学校智
能建造应用型本科系列教材）（高等学校土建类专业课程
教材与教学资源专家委员会规划教材）. -- ISBN 978-7
-112-31384-6

Ⅰ. TU71-39

中国国家版本馆CIP数据核字第2025LL1417号

　　本书是高等学校智能建造应用型本科系列教材、高等学校土建类专业课程教材与教学资源专家委员会规划教材。本书紧密结合建筑业转型升级的需求，系统介绍了建筑工程智能运维与管理的核心知识与技能，本书内容包括概述，智能运维与管理技术基础，建筑智能运维管理系统，IoT与数字孪生运维，能源、空间与设施运维管理，建筑数字资产运维和管理，基于BIM的医院建筑智能运维管理项目案例七个模块的内容。

　　本书以BIM、物联网、大数据、人工智能等前沿技术为基础，深入探讨其在建筑运维中的应用，结合实际案例帮助读者更好地理解和应用相关技术，各章节内容循序渐进，从基础理论到技术集成，再到综合应用，助力读者构建系统性思维与解决复杂工程问题的能力。编写团队由高校学者和企业工程师组成，确保内容的科学性、实用性和前沿性。同时，教材配套丰富的教学资源，方便教学与自学。

　　本书适用于高等学校智能建造、土木工程等专业教材，也适合建筑行业技术人员的继续教育。

　　为了更好地支持教学，我社向采用本书作为教材的教师提供课件，有需要者可与出版社联系，索取方式如下：
建工书院 https://edu.cabplink.com，邮箱 jckj@cabp.com.cn，电话（010）58337285。

策划编辑：高延伟
责任编辑：仕　帅　吉万旺
责任校对：李美娜

高等学校智能建造应用型本科系列教材
高等学校土建类专业课程教材与教学资源专家委员会规划教材
建筑工程智能化运维与管理
　　　　　　江苏省建设教育协会　组织编写
　　　　姜　慧　张　兵　谢　伟　主　编
周振国　王　艳　唐艺轩　孙　健　副主编
　　　　　　冯德成　主　审
*
中国建筑工业出版社出版、发行（北京海淀三里河路9号）
各地新华书店、建筑书店经销
北京雅盈中佳图文设计公司制版
河北京平诚乾印刷有限公司印刷
*
开本：787毫米×1092毫米　1/16　印张：16¾　字数：375千字
2025年8月第一版　2025年8月第一次印刷
定价：48.00元（赠教师课件及配套数字资源）
ISBN 978-7-112-31384-6
　　　　（44817）

本系列教材编写委员会

出版说明

　　高质量发展是全面建设社会主义现代化国家的首要任务。发展新质生产力是推动高质量发展的内在要求和重要着力点。因地制宜发展新质生产力，统筹推进传统产业升级、新兴产业壮大和未来产业培育，关键在于科技创新，在于人才支撑；培养高素质人才，关键在于教育。

　　建筑业作为我国传统产业，是国民经济的重要支柱。近年来，随着人工智能、大数据、云计算、5G 等技术快速发展，数字化转型成为行业的重要趋势。国家及地方政府出台一系列政策，加快推动了智能建造与建筑工业化协同发展，国家发展改革委等部门发布的《绿色低碳转型产业指导目录（2024 年版）》明确将"建筑工程智能建造"纳入其中，建筑智能化成为未来建筑业发展的主要方向。基于推进教育、科技、人才"三位一体"协同融合发展，培养高素质应用型人才，满足建筑行业转型升级需要，江苏省建设教育协会联合徐州工程学院、南京工业大学、苏州科技大学、扬州大学、南京工程学院、盐城工学院、东南大学成贤学院、南通理工学院八所高校及中国建筑工业出版社，组织编写了这套"高等学校智能建造应用型本科系列教材"。

　　根据建设项目全过程及应用型院校课程设置实际，策划了智能设计、生产、施工、运维与管理、施工设备及测绘等系列教材，包括《建筑工程数字化设计》《建筑工业化智能生产》《建筑工程智能化施工》《建筑工程智能化运维与管理》《智能化施工机械与装备》《工程智能测绘》，每本教材分别围绕智能建造一个方面展开，内容相互衔接、互为补充，共同组成一个完整的智能建造知识体系。

　　为确保本套教材的科学性、权威性和实用性，本系列教材采取协会协调组织、多校合作、专家指导、企业和出版单位参与的模式编写，邀请业内知名专家担任主编和审稿人，对教材大纲和内容进行严格审核把关。同时，中亿丰数字科技集团有限公司等多家企业为教材编写提供了丰富的实践素材和案例。

　　本系列教材编写遵循以下原则：

　　一是系统性。系列教材围绕项目建设过程中的数字化设计、工业化生产、智能化施工到智能化运维管理等方面，构建了完整的智能建造知识体系。

　　二是实用性。系列教材注重理论与实践相结合，通过具体的案例分析，使读者能够更好地理解并运用所学知识解决实际问题。

　　三是前沿性。系列教材紧密关注智能建造技术的最新发展动态，将 BIM、GIS 等前沿技术融入教材，使读者能够了解并掌握最新的智能建造技术和方法。

　　四是易读性。系列教材语言简练，图文并茂，并附有数字化资源，易于读者理解和掌握。

本系列教材主要适用对象为土木工程、工程管理、智能建造等相关专业的本科生、研究生以及建筑工程行业的广大从业人员。希望通过本系列教材，能够帮助相关专业学生和从业人员了解智能建造的基本原理、技术方法和发展趋势，培养他们的创新思维和实践能力。读者在使用本套教材时，可根据自身的专业背景和实际需求，选择适合自己的教材进行学习。同时，鼓励读者将所学知识应用于实践，通过实际操作加深对理论知识的理解和掌握。此外，为方便读者随时随地进行学习和交流，我们还将提供线上学习资源和交流平台。

最后，诚挚感谢参与本系列教材编写的各位专家、学者和企业界人士，正是诸位的辛勤付出和无私奉献，才使得本系列教材得以顺利付梓。

尽管竭诚努力，但由于编者的水平和能力有限，教材难免有不足之处，恳请各相关院校的师生及其他读者在使用过程中给予批评指正，并将宝贵的意见和建议及时反馈给我们，以便在将来修订完善。

江苏省建设教育协会

前　言

随着建筑业转型升级的趋势不断加强，智能建造已经成为建筑业发展的必然趋势和转型升级的重要抓手。住房和城乡建设部已经将北京市、天津市、重庆市、河北雄安新区等24个城市列为智能建造试点城市，旨在推动智能建造技术的研发和应用，加快建筑业的转型升级。智能建造技术发展下，在工程项目的设计、生产、施工和运维等全生命期各阶段依托数字化、信息化技术，提高工程质量和效率，降低成本和风险。其中，建筑运维阶段在工程项目全生命期中所占据的时间、需要的成本以及产生的数据均有极大的比重，高效的建筑运维管理，对延长建筑物使用寿命、提升建筑物品质和价值、提高建筑物的舒适度具有重要作用，同时也为环境和社会的可持续发展做出贡献。

在上述背景下，我们编写了这本《建筑工程智能化运维与管理》教材，旨在帮助读者理解和掌握建筑智能运维与管理的核心知识和技能，从而能够在实践中更好地应用这些技术，提高建筑的运营效率和管理水平。书中的内容涵盖了从基础知识到高级应用，将理论与实践相结合，介绍建筑智能运维管理的基本概念和范畴，深入探讨了智能运维管理整体方案的构建，详细介绍了BIM、GIS、物联网、大数据、人工智能等新兴技术在数字孪生运维，能源、空间与设施运维管理，建筑数字资产运维管理等方面的应用。另外书中还提供了相应的案例分析，便于更加直观地理解和应用这些理论和技术。在本书编写过程中，我们尽量保持内容的实用性和简洁性，以方便读者的学习、理解和运用。我们希望通过这本书，可以让读者获得关于建筑工程智能运维与管理的系统化知识，理解如何利用智能化技术来提高建筑的运营效率和管理水平。

参加本书编写的人员有：徐州工程学院姜慧（第1章）、王艳（第2章）、谢伟（第3章），扬州大学张兵（第4章、第6章）、周振国（第5章）、唐艺轩（第7章），中亿丰数字科技集团有限公司孙健为教材提供相关工程案例。全书由姜慧统稿，由冯德成审阅。

在本书编写过程中，得到了中国建筑工业出版社、江苏省建设教育协会、中亿丰数字科技集团有限公司、展视网（北京）科技有限公司、品茗科技股份有限公司的大力支持和帮助，对此表示衷心的感谢。

限于编者水平，书中不妥之处在所难免，诚挚期待读者对本书提出宝贵的意见和建议，以便我们不断改进和完善。

编　者

2025年1月

目　录

第 4 章　IoT 与数字孪生运维

第 5 章　能源、空间与设施运维管理

第 6 章　建筑数字资产运维和管理

第 7 章　基于 BIM 的医院建筑智能运维管理项目案例

第 **1** 章

概述

本章要点 📖

1. 建筑智能运维管理的内涵及涉及的范畴；
2. 国内外建筑运维管理的发展历程；
3. 智能运维管理的发展背景、必要性及发展方向。

教学目标 🖥

1. 了解建筑智能运维管理的概念和内涵；
2. 了解建筑智能运维管理的发展历程、背景和必要性，进而认识智能运维发展方向；
3. 系统理解建筑智能运维管理在工程项目全生命周期中的地位和作用。

案例引入 📄

"大数据资源管理平台"为中国第一高楼插上"数字翅膀"

上海中心大厦位于上海市浦东新区陆家嘴金融贸易核心区，建筑总高度632m，是一个集零售、办公、酒店餐饮、观景等多位一体的商业综合体。中心设施设备系统体量巨大、信息化系统繁多，如何从海量数据中获得管理所需要的关键信息至关重要。上海中心推行智慧运维，建立了大数据资源管理平台，对各信息化子系统进行信息与数据的集成，其总入口是大厦管理关键数据的"摘要"，能快速掌握大厦的实时动态，包括"楼宇运行概况"和"楼宇数字化治理"两大板块。其中"楼宇运行概况"业务系统从楼宇动态、楼宇环境、楼宇用能、商务运营、垂直交通、智慧停车六个维度，通过34个关键性指标项，实时动态呈现大厦整体运行情况；"楼宇数字化治理"业务系统则突出楼宇微网格管理理念，结合应急维修和运维态势，以工单创建、派工、处置、完成四大环节，呈现大厦运维管理状态，为大厦运营管理提供全方面、多维度的态势感知、预测预警、精准作业、动态管理、扁平指挥、高效服务等功能。

上海中心大数据平台充分利用原有信息化系统基础，累计接入40多个子系统，涉及办公流程管理、设施设备管理、安全运营等多个方面，累计数据处理量达370余亿条。未来需要进一步加快数字转型，推进中心精细化运行管理。

思考：

（1）上海中心大厦运维管理体系是如何构建的？

（2）智慧运维管理未来的发展前景如何？

1.1 内涵和范畴

1.1.1 建筑运维管理的内涵

运维管理（Facility Management，FM）是一个新兴交叉学科。国际上，Facility Management 可以翻译成运维管理或者设施管理。早期 Facility Management 通常被翻译成设施管理，是由美国的 Ross Perot 于 20 世纪 60 年代首次提出。Ross Perot 将 FM 定义为基于计算机技术的系统管理和网络设备的管理。1979 年美国密歇根州设施管理协会成立，1981 年更名为国际设施管理协会（IFMA），奠定了设施管理的基础。随着业界逐渐对全生命周期的运营和维护管理的关注，以及运维范畴的扩展，现在更多翻译成运维管理。传统的运维管理就是指物业管理。现代的运维管理，可以结合数字化信息和数字化技术进行高效的管理，使得建筑和基础设施高效运作。运维管理从广义上来讲，是指考虑多种基础设施和多种建筑全生命期的管理；从狭义上来讲，运维管理指不同设施、不同建筑以及各类基础设施的运营和维护阶段的管理，即重点关注的是运营和维护阶段（Operations and Maintenance，O&M）的管理。为紧跟行业发展趋势，便于理解也避免与设备管理等概念混淆，本教材统一以运维管理表示。

运维管理是为满足组织对节约设施运行成本、提高服务效率的社会需要应运而生的。在项目设计、建设、运行的全生命周期中，项目运营与维护阶段所占据的时间最多，也是用户最为关注、体现建筑价值最重要的一个阶段，该阶段能更直接地表明是否能向人们提供安全、高效便捷、节能、环保、健康的建筑生活环境。运维管理的内涵外延较为宽泛，不同的组织对运维管理的内涵都有相应界定，见表 1-1。

主要组织运维管理内涵界定 表 1-1

组织名称	内涵
国际标准化组织 （The International Organization for Standardization，ISO）	设施管理是在建筑环境内整合人员、场所、过程，以提高人们生活质量和核心业务生产率的一项组织职能
国际设施管理协会 （International Facility Management Association，IFMA）	设施管理是以保持业务空间高品质的生活和提高投资效益为目的，以最新的技术对人类有效的生活环境进行规划、整备和维护管理的工作
澳大利亚设施管理学会 （Facility Management Association of Australia，FMAA）	设施管理最主要的功能是管理并维护建筑环境的高效运作。承担职责：确保为增加使用该设施的人员生产力与效率的途径提供服务；减少使用该设施对环境造成的影响；使设施运营全生命周期成本最小化；提供设施高效运营所要求的维修与保养、保安与清洁以及技术性的服务
德国设施管理学会 （The German Facility Management Association，GFMA）	设施管理是一门对企业核心业务流程进行必要的支持和辅助工作的管理学科，工作场所设计、资产保值和资本回报率是设施管理经理关注的重点
英国设施管理协会 （British Institute of Facilities Management，BIFM）	运维管理通过整合组织流程来支持和发展其协议服务来支持组织和提高其基本活动的有效性

续表

组织名称	内涵
中国香港设施管理学会 （The Hong Kong Institute of Facility Management，HKIFM）	运维管理是一个机构，将人力、运作及资产整合以达到预期战略性目标的过程，从而提升企业的竞争能力
国家市场监督管理总局 （《设施管理　术语》GB/T 36688—2018）	设施管理是在建筑环境内整合人员、场所、过程，并以改善人民生活质量、提高核心业务生产力为目的的组织职能

综上，建筑物的运维管理是综合利用管理科学、建筑科学、经济学、行为科学和工程技术等多门学科理论，整合人员、设施、技术和管理流程，开展包括对人员工作和生活空间进行规划、维护、维修、应急等的管理工作。通过将人、空间、流程的有效结合，提供人员在建筑空间中的基本使用功能和安全性能，满足其高舒适度和高品质的需求，从而改善组织运维管理能力、创新运维管理模式等，进而为业主创造更多的价值，实现业主利益最大化。

运维管理包括硬件运维（Hard Service）和软件运维（Soft Service），以及根据业主的个性化需求，提供的一些其他的管理服务，其主要内容见表 1-2。

运维管理内容（中国香港设施管理学会）　　　　　　　表 1-2

项目	内容
硬件运维	装修和更新；电梯维护；电气设备维护；防火系统维护；管道；建筑维护；小项目管理；空调维护
软件运维	保安；有害物控制；后勤服务；地面维护；废物处理；保洁；内部设备；循环利用
其他服务	进度规划；会议室服务；商业风险评估；食宿服务；商业可持续性规划；车辆管理；标杆管理；打印服务；空间管理；邮政服务；绩效评估；环境管理；信息系统；移动管理；旅游订票；效用管理

结合以上定义，设施管理是在传统物业管理服务基础上的提升，通过改善环境为手段，达到改善组织的营运能力，保持业务空间高品质环境并提高投资效益，体现出科学规范管理、服务优质高效等特点，不仅能延长建筑物的使用年限、保证其功能正常运行、增加收益、降低运营成本，也能提高组织形象、提供适合于降本增效的服务，改善业务体制，使工作流程更加合理化、简洁化。

国际设施管理协会（IFMA）最初定义运维管理的对象主要包括以下八类：不动产、规划、预算、空间管理、室内规划、室内安装、建筑工程服务及建筑物的维护和运作。后来将这八类优化到五类：不动产、长期规划、建筑项目、建筑物管理和办公室维护。运维管理的业务包括客户所有的非核心业务。国际设施管理协会提出运维管理的业务内容包括：策略性年度及长期规划；财务与预算管理；公司不动产管理；室内空间规划及空间管理；建筑及改造工程；新的建筑及修复；保养及运作；保安、通信及行政服务。随着认知的发展，运维管理范畴拓展到能源管理、支援服务、高技术运用及质量管理等。

运维管理影响组织的收入和成本、品牌和社会形象，而且对组织核心业务的生产与服务、员工生活质量、健康和安全、工作环境起到重要作用。近年来运维管理得到世界范围的认可和关注，越来越多的实业机构开始相信，保持井井有条的管理和高效率的设施是其业务成功的必要条件，其价值体现在：

1. 支持组织发展战略与核心业务

运维管理有利于推动组织战略、核心业务的可持续发展，对企业非核心业务进行总体规划。从动态发展的角度审视全局，为组织战略目标的形成提供有形资源和服务性支持，提升营运能力和增值服务，具有前瞻性和战略性。

2. 提升工作空间品质

运维管理是以人为本，提供安全、环保、健康和人性化的生活及工作空间，吸引人才。通过改善环境提高工作效率，对空间进行系统规划、风险分析、能源审核和策略制定等，为组织提供专业化、定制化的服务。

3. 降低成本

依托管理科学、建筑科学、行为科学、经济学和工程技术等多学科基础以及高新技术的发展，以实现成本、进度、质量及服务最优的精细化管理为目的，合理配置有效资源，提高效率。

4. 业务持续管理

降低业务中断概率，保证组织业务在突发事件发生后能够持续工作，及时应对并处理，迅速恢复运行。

1.1.2　建筑运维管理的范畴

建筑运维管理任务和范围取决于组织的结构和需求，其至关重要的任务是协调建立在战略目标、组织目标和经济目标基础上的供求关系。运维管理所涉及的要素十分复杂，其要素模型由战略性和操作性两个方面构成，包括设备运行与维护、新建或改建项目的规划和建设、空间管理及设施融资分析及财务管理等，详见图 1-1。

建筑运维管理的对象不仅包括建筑、家具、设备等"硬件"，还有人、环境、安全等"软件"，聚焦于建筑范畴的运维管理可分为：设施维护管理、空间管理、能源管理以及安防、消防和应急管理、信息化与数字资产管理五个主要的部分。

1. 设施维护管理

设施维护管理包括维护和改善基础设施、建筑物及其组件所需的所有预防、补救和升级工作。设施维护管理通常包括三个主要工作：维护、测试和检查。通常情况下，管理人员需要维护、测试和制定检查计划，以确保设施安全有效地运行，以最大限度地延

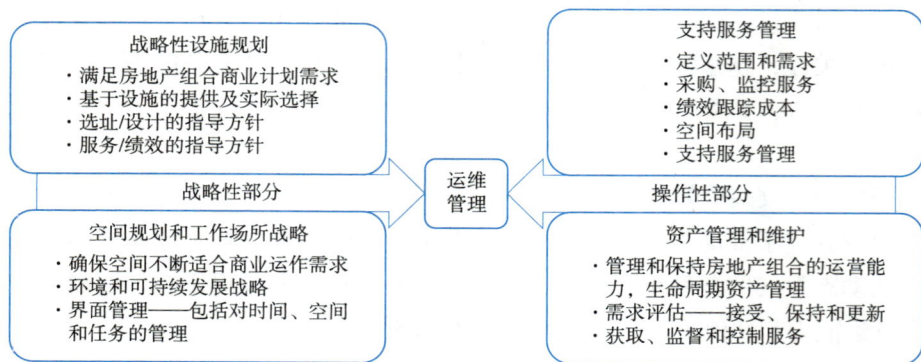

图 1-1 运维管理要素模型

长设备的使用寿命并降低故障风险，并履行相关法定义务。设施管理者可以使用计算机辅助设施管理系统来规划工作、预定会议室、停车位和其他具体服务等。另外，有些设备设施需要的不仅是定期维护，还有日常的跟踪检查，排除方案生产效率或具有安全隐患的问题。

2. 空间管理

人与空间的和谐共处是空间管理的重要目标，空间管理是运维管理史上的重大突破，其通过空间位置的合理安排与空间流程的合理规划，提高空间利用率、缩短工作流程、迅速处理资料、提供良好的工作和生活环境，最终创造人与空间的和谐环境。

3. 能源管理

能源管理是实现建筑节能的重要部分。能源管理是指通过系统化控制建筑能耗及用能模式的策略，在满足建筑内舒适度和功能等条件下使能耗及其成本最小化。例如，采用节能灯具、优化空调系统、使用太阳能等来达到节能减排的效果。另外，建筑能源管理也可以从单个建筑延伸到面向城市的综合建筑能源管理。

4. 安防、消防和应急管理

安防、消防和应急管理对建筑物内部的安全起着重要的保障作用，为建筑物内的人员和财产打造安全而舒适的环境。其是以维护公共安全为目的，综合利用现代科学技术，通过相应的技术防范系统，包括险情探测、报警和应急处理等，为应对危害人民生命财产安全的各类突发事件而开展的管理工作。

5. 信息化与数字资产管理

建筑物内的信息化设备需要得到管理和维护，以确保其正常运转，例如网络设备、监控设备、智能家居等。数字资产管理主要是运用大数据信息增加资产的监管力度，降低不必要的浪费，从而减少资产流失，提高整体资产的管理效能。

1.2 建筑运维管理的发展历程

1.2.1 国外发展历程

自建筑运维管理提出以来，主要历经了从"被动管理"到"主动管理"的四个阶段：20 世纪 50 年代前，处于发生事故后采取响应措施的事后维修阶段；20 世纪 50~60 年代，处于定期检查设备的预防维护阶段；20 世纪 60~70 年代，处于重要设备预防维修、非重要设备事后维修的生产维修阶段；20 世纪 70 年代后，处于多种维修制度并行的工业维护阶段。经过几十年的发展，设施管理在国外的发展已经较为成熟。

目前，对建筑运维管理研究和实践比较深入的国家和地区主要有美国、英国、北欧、澳大利亚和荷兰。目前设施管理的研究主要从以下 3 个方面展开：技术、可持续性、全面性的研究。随着对建筑运维管理研究和实践的逐渐深入，数字化运维的重要性逐渐显现，国外对数字化智能运维的研究分为基础研究和案例研究两个方面。

美国国家建筑科学研究所（National Institute of Building Sciences，NIBS）研究了施工营运建筑信息交换（Construction Operations Building Information Exchange，COBie）在前期建筑设计、施工阶段即考虑到未来竣工交付运维阶段的信息传递，实现设施管理涉及的楼层、空间、区域、设备等信息的搜集与汇总，将统一标准文件交付给建筑运维管理方。业界开始从建设项目初期收集建设过程中所涉及的材料、供应商、设备、维保信息，以完善建筑设备资料的管理，通过整合至 BIM 模型中，有助于建筑设施协调作业，以支持高效设备运维管理，将 BIM 与 RFID 技术共同应用到运维管理中进行研究分析，通过 RFID 技术自动定位收集数据并将信息存储在建筑信息模型中，以节约成本、提高管理效率。美国 ARCHIBUS 公司，专注于不动产、设施及资产管理相关的技术领域的研究，基于全生命周期管理，将空间管理、设施状态评估、项目管理、运营维护管理、紧急预案管理、家具与资产管理等融合在同一管理平台上。德国 Nemetschek 公司开发了一套基于 BIM 技术的综合性计算机辅助建筑设备运营管理软件（Allplan Allfa），在设计、施工及成本管理方面提供一定程度的信息集成，功能信息管理、空间管理、设备文档管理、暖通和防火预警管理等。相关研究认为 BIM 与设施管理是一个新兴的研究领域，将 BIM 技术应用在诺森比亚大学校区设施管理，论证了 BIM 和设施管理系统之间的互操作性；有学者将 BIM 与 GIS 集成具有实时跟踪物料运输及储藏、可视化输送等功能的独立系统，提高了建筑供应链管理的一体化，通过实时跟踪和可视化输送等功能，提高了供应链管理的效率。基于工业基础类（Industry Foundation Classes，IFC）的设施管理模型的相关研究，通过建立标准化的数据模型，使计算机之间的信息实现共享，设计集成 BIM 的设施管理系统。

部分学者研究了 BIM 技术在已有建筑物设施管理中的应用，其目标是将 BIM 技术与现有建筑中的设施管理技术相结合，共同为建筑实施设施管理，包括：将 BIM 应用到设施管理中，将 BIM 看作是设施管理的补充平台；将 BIM 与 RFID 技术共同应用到运维管理中，实现整个建筑信息的创建、共享、交换和管理等。

澳大利亚皇家建筑师学会（The Royal Australian Institute of Architects，RAIA）在 2007 年公布了一项采用 BIM 的设施管理的研究，表明：数字化设计文件在操作和维护中有显著的效益，并着重指出 BIM 作为一个充当各种运维管理数据库的集成框架的潜力。位于澳大利亚悉尼的布莱街一号项目是一个从设计、施工到运维管理全生命期贯彻 BIM 技术思路的典型应用实例。布莱街一号从策划设计到可持续性分析，到施工建设，再到物业管理，全部环节涉及的参与方都采用 BIM 技术，实现传统工程模式的科学创新。布莱街一号共 28 层，建筑面积 42 000m²，获得了澳大利亚最高级绿色评价 6 星级的商业建筑。该项目的实施构想其实是源于对信息化工程实践和管理的探索，从 BIM 所需要解决的传统工作模式问题和矛盾出发，从策划设计到可持续性分析、施工建设、运维管理，全部环节涉及的参与方都坚持采用 BIM 技术，与传统工程模式做区分。布莱街一号的业主全力支持应用 BIM 技术，并全身心致力于运用 BIM 技术实施和管理整个工程，因此整个工程项目的 BIM 应用不但彻底，而且全面。从最早期的概念设计到初步设计、可持续性分析、建筑优化，再到之后的施工，以及建筑的运营和维护环节的全部参与方都使用了 BIM 技术。整个项目团队均基于 BIM 协作的思路开发自身的工作模式，所有的总承包商、分包商、咨询顾问也都使用 BIM。布莱街一号工程项目的信息和数据逐渐丰富，并高度整合于 BIM 模型之中，仅就工程的 BIM 模型而言，就整合了 32 家企业的数据和信息。开发商意识到，这些全面的建筑工程信息不仅是对工程项目的完整记录，更是大楼运营和维护可依据的最可靠资料。因此，项目团队在交付最终成果之时，还将所有的内部信息建立起一个综合数据库。业主和物业管理方能够轻松调用数据库里的信息，并与其他管理信息协调，从而提高运维效率，更进一步实现 BIM 技术的全生命周期应用价值。

国外智能运维管理部分应用情况见表 1-3。

国外智能运维管理部分应用情况 表 1-3

项目名称	项目特征	应用情况
Hyperion 塔	波尔多欧洲 – 大西洋区城市改造的一部分，木质结构和高达 57m 的混凝土核心筒	在各级使用源模型。工具间相互结合，形成一个包含所有技术、物流、环境和质量特征的综合模型
泛婆罗洲公路	马来西亚境内首个应用 BIM 技术的公路项目	BIM 信息与 GIS 进行集成，将道路信息系统、桥梁管理系统和维护管理系统进行整合，可形成不合规报告。建立通用的数据视图，在工程需要时，为其提供准确及可靠的信息
德尔西水电站	工程主要建筑物有首部枢纽、左岸引水系统、发电厂房及其附属设施组成	基于 BIM 技术，各专业数字化协同设计节省工期时长。与 BIM 应用无缝对接，实现标准化与规范化；设计成果的多维可视化
布莱街一号	位于澳大利亚悉尼的一座超高层建筑，楼高 28 层。信息化程度高	项目在可持续发展、协调合作和设施管理三大方面利用 BIM 技术，使得这个拥有庞杂的系统和设施，以及超高的节能环保标准的超级大楼得以实现
美国萨维尔大学	项目主要关注运维阶段，很好地体现了设计 – 施工 – 运维一体化管理思想	基于 BIM 一体化技术，获得较高收益，避免人工数据采集，空间信息管理能力提升 40%
日本邮政大厦	地下共 3 层，地上 38 层，建筑面积 21.2 万 m²	利用 BIM 技术，减少了图纸中的管线冲突，建立机电模型构件的施工标准，有效的管理工作组每日进度

1.2.2 国内发展现状

我国运维管理的发展是从 1992 年开始的。1992 年国际设施管理协会香港法律部在中国香港地区成立；2000 年，香港设施管理学会（HKIFM 成立）；2004 年 8 月，运维管理在内地正式开始。

围绕建筑运维与管理，我国制定了一系列政策法规，规范建筑运维管理市场，提高建筑运维管理水平，推动建筑行业的可持续发展，主要包括以下 3 个方面：

1）规范市场方面，如《建筑设施维护管理条例》《关于加强公共建筑运行维护管理的指导意见》等，指导企业加强建筑运维管理，建立完善的运维管理体系，提高运维管理水平，规范建筑运维管理市场。

2）运维节能方面，如《"十四五"建筑节能与绿色建筑发展规划》《建筑节能与绿色建筑行动方案》《绿色建筑评价标准》《关于加快推进绿色建筑发展的指导意见》等，为提高建筑能效，降低能源消耗，发展节能技术、节能材料和节能设备，推动建筑行业的绿色发展提供政策指导和支持。

3）信息化提升方面，如《关于促进智慧城市健康发展的指导意见》《关于推进"互联网 +"行动的指导意见》等，推动信息化技术在建筑运维管理领域的应用，鼓励建筑企业采用信息化技术进行建筑运维管理，提高运维管理的智能化和信息化水平。

《2017 年中国建筑业发展机遇与挑战》中提出，BIM 能够真正解决复杂工程大数据的创建、管理与共享应用等难题。BIM 技术应用于建筑运维能够进行准确的管理和控制，从而促进企业规模经济的良性发展。

上海中心大厦是我国第一个实施 BIM 全生命期应用的项目，也是我国第一个将 BIM 技术运用到建筑设施管理中的项目。上海中心大厦建立了大数据平台作为数据中台，深度发掘数据赋能潜力，打破数据壁垒，初步构建垂直城市内高效的人员流动、设施空间、商务活动等数字运营框架，激活智慧楼宇管理的乘数效应，为超高层建筑高质量发展注入强劲动能。目前，上海中心大厦大数据平台已经完成了人流量监管、智慧停车、环境监测、消防安全、楼宇结构性态等多个场景的建设和应用，通过数据分析，找出管理短板，为优化管理模式、挖掘管理潜能发挥了重要作用。在暑期大客流期间，大平台的人流量监管、智慧停车、环境监测这三个场景，为上海中心大厦运营团队及时调整大客流应对策略的决策分析提供重要的数据支持。其中，"人流量监管"场景通过数据汇集和分析，计算大厦各业态人流量态势，通过该场景能够及时掌握当前人员总数、人员的分布情况，为大厦管理提供数据参考。观光厅工作人员会根据大平台上已预约观光人数、结合运营经验和天气情况，决定是否启动大客流预案，提前设置排队区、指引牌等。物业工作人员根据平台上显示的大厦各区域实时热力图，适时调配人手、调整关键岗位布点。"环境监测"场景对楼宇内温度、湿度、甲醛、PM2.5 等环境监测实时数据进行汇总展示，并计算空气质量指数，对重点区域的空气质量和水质开展实时监控，对空气趋势变化情况进行分析，通过该应用场景能够及时发现大厦空气质量的实时变化。当平台显示监测区点位报警时，会第一时间把报警信息推送给工作人员，工作人员会前往现场确认报警原因并进行对应的处置。大数据资源管理平台为上海中心数字化转型夯实了基础。下一步，上海中心将积极面向以物联网、云计算、大数据、人工智能为特征的新一代信息技术，加速数字化转型，依托大数据平台多维度、海量、全息的数据汇集，构建大厦的数据资源管理体系，形成集强大计算能力、海量数据资源、高度信息共享、智能应用服务、严密安全保障、楼宇运行支撑"六大体系"于一体的大数据智能应用新生态。

二维码 1-2
智慧校园——黄山
路初级中学

国内智能运维管理部分应用情况见表 1-4。

国内智能运维管理部分应用情况 表 1-4

项目名称	项目特征	应用情况
华润深圳湾国际商业中心	建筑群，建筑高度高，全 BIM 指导施工，达到 BIM 4.0 时代	基于 BIM 三维模型以及互联网技术，提高运行维护水平和综合服务水平
南京禄口国际机场	施工面积广，智慧化程度高	基于 BIM 技术与信息技术，将信息采集、运营维护等集中至统一平台，从而实现智慧机场的最终目标
上海天文馆	由主体建筑与附属建筑组成，形成"天体运行轨道"，建设时扩大基于 BIM+ 的运营维护	基于 BIM 技术与 IBMS 系统，解决大型场馆信息难以整合、共享等问题。联动设备与安防，提高运维管理效率
港珠澳大桥主体工程	集岛、桥、隧一体化的世界级跨海交通集群工程	基于 BIM 技术创建三维可视化监控平台，可实时监控设备的运行状态，实现远程操控功能
杭州湾跨海大桥	桥距工程量大、建设条件复杂、国内首座"数字孪生"跨海大桥	基于 BIM 技术将大桥及其部件进行三维展示，存储大桥的构造信息、病害信息及检查历史，提升大桥维养效率
青岛海湾大桥	所在地气候环境恶劣、环保要求高、施工难度大、施工精度要求高	基于 BIM 技术，对结构进行可视化监测，与养护管理系统结合，实现数据采集、人工管理、构件管理等功能
沪通长江大桥	跨度大、主塔高、材料新、工艺新	基于 BIM 模型建立一体化管理平台，将健康监测系统与桥梁管养平台统一
武汉青山长江公路大桥	采用 BOT+EPC（投资、设计、施工、运营一体化）模式建设的长江大桥	基于 BIM 模型，建立信息集成系统、健康监测和桥梁巡检管养系统
荥阳市人民医院	建筑面积广、科室种类多、设备种类多，运维难度大、要求高	基于 BIM 可视化模型实现了门禁管理、报警管理、监控管理、氧气流量监控、能耗管理、医疗空间管理等功能
上海音乐厅	历史悠久，造型独特，智能化程度高	建立信息系统，同时记录建筑及设备的维保信息，形成建筑电子"病历卡"

1.3　智能运维管理的背景及必要性

1.3.1　发展背景

发展数字经济是新一轮科技革命和产业变革大势所趋，也是推动我国经济高质量发展的重要途径。《中华人民共和国国民经济和社会发展第十四个五年规划和 2035 年远景目标纲要》将"加快数字发展，建设数字中国"作为独立篇章，从打造数字经济新优势到加快数字社会建设步伐，从提高数字政府建设水平再到营造良好数字生态，勾画出未来数字中国建设新图景。

进入数字化时代，建筑行业要实现高质量发展，就需要跟上时代的变化，加快提升智能建造水平。2020 年全国住房和城乡建设工作会议要求，加快发展"中国建造"，推动建筑产业转型升级。加快推动智能建造与新型建筑工业化协同发展，大力发展数字设计、智能生产、智能施工和智能运维，加快建筑信息模型（BIM）技术研发和应用。智能建造将从工程建造技术、建筑产品形态、建造方式、经营理念、市场形态以及行业管理等多方面变革创新，促进工程建造过程的互联互通、线上线下融合、资源与要素协同，为建筑业赋能。智能建造是提升产业发展质量、实现由劳动密集型生产方式向技术密集型生产方式转变的必经之路，也是对"十四五"规划纲要强调"加快数字化发展，以数字化转型整体驱动生产方式、生活方式和治理方式变革"的适时回应。

国家《"十四五"建筑业发展规划》中指出，"十四五"时期是新发展阶段的开局起步期，是实施城市更新行动、推进新型城镇化建设的机遇期，也是加快建筑业转型发展的关键期。一方面，建筑市场作为我国超大规模市场的重要组成部分，是构建新发展格局的重要阵地，在与先进制造业、新一代信息技术深度融合发展方面有着巨大的潜力和发展空间。另一方面，我国城市发展由大规模增量建设转为存量提质改造和增量结构调整并重，人民群众对住房的要求从有没有转向追求好不好，将为建筑业提供难得的转型发展机遇。建筑业迫切需要树立新发展思路，将扩大内需与转变发展方式有机结合起来，同步推进，从追求高速增长转向追求高质量发展，从"量"的扩张转向"质"的提升，走出一条内涵集约式发展新路。

近年来，随着以信息产业为主导的经济快速发展，国家大力推进互联网、大数据、人工智能同实体经济深度融合，建筑业也向信息化、数字化、智能化转型，智能建造政策体系逐步形成。国家《"十四五"建筑业发展规划》阐明"十四五"时期建筑业发展的战略方向，明确提出支持加快智能建

二维码 1-3
徐州 CIM 平台建设

造与新型建筑工业化协同发展，实施智能建造试点示范创建行动，完善智能建造政策和产业体系。2020 年，住房和城乡建设部等 13 部门联合发布《关于推动智能建造与建筑工业化协同发展的指导意见》，明确提出要围绕建筑产业高质量发展总体目标，以大力发展建筑工业化为载体，以数字化、智能化升级为动力，实现建筑产业转型升级和持续健康发展，提出建设涵盖科研、设计、生产加工、施工装配、运营等全产业链融合一体的智能建造产业体系。

建筑运维管理诞生以来，越来越多企业和政府部门，在保持高品质的业务空间的同时，整合所有的运维管理相关的业务活动，支持组织发展战略和核心业务，从而达到提高组织的经济效益和核心竞争力目的。

随着建筑业的快速发展，城市基础设施不断完善，城市容量随之扩大，建筑不可避免地出现量化建造，而缺乏质量把控和统筹协调的建筑工程质量得不到保障，一定会在

运维管理时出现问题。目前建筑行业信息化水平低，运维管理效率低，能源消耗大，与智能技术和节能技术结合得不够，传统的地产公司和物业管理公司迫切需要 BIM、物联网等技术来实现科技转型，弥补传统运维管理的缺陷。

二维码 1-4
智慧校园——建设
交通学校

1.3.2 发展必要性

改革开放多年来，我国经济社会高速发展，新建了大量的公共基础设施、工业设施以及商业设施，根据相关统计数据，我国已有机场约 600 个，高等院校 3000 余所，医院、卫生院等医疗机构 100 万余个，体育场馆 600 余座，以及规模更加庞大的写字楼、商场等设施，房屋建筑面积（包括施工和竣工面积）1 983 491.3 万 m^2。数量如此巨大并且还在不断增加中的设施为我国经济社会的发展和人民的安居乐业做出了重大贡献，但是我国的设施建设和管理领域还存在着众多的问题，诸如能耗以及维护费用高、设施管理服务水平低、设施保值增值能力差等问题，这都与社会对日益增长的高品质设施空间的需求不相适应，与建设节约型社会的目标不相适应，亟待改进。

运维管理自诞生以来，在全世界范围内飞速发展，越来越多的企业和政府部门期待通过设施管理达到在减低设施运行成本、保持高品质的业务空间的同时，能整合所有设施相关的业务活动以支持组织发展战略和核心业务，从而提高组织的经济效益和核心竞争力。正因为运维管理对于组织的发展有重大的帮助，才推动了运维管理在全世界的迅速普及推广。

1. 提供和保持高品质的业务空间

运维管理者通过制定和执行设施管理计划，利用先进的技术以及专业的运维管理经验，创造安全、环保、健康的业务空间，满足运维使用者对于高品质空间的需求，使其能够在舒适的空间中最大效率地办公。

2. 整合和管理组织内部所有设施相关的业务

运维管理的工作范围涵盖了组织内所有相关的设施业务，并时时满足设施使用者新的要求。最主要的目的就是为设施使用者提供一切力所能及的服务，使其能够安心地从事其核心工作内容。

3. 降低设施全生命周期运行成本

成本、费用的降低是大多数组织的高级管理层最为关注的方面。运维管理者通过预测设施资金需求计划，合理配置有限的费用，发挥最大的效益。

4. 支持组织的发展战略和核心业务

支持组织战略和核心业务发展是设施管理的宗旨。近几年，越来越多的组织高层管理者意识到运维管理对于支持组织战略和核心业务发展的意义和重要性，设施管理者也越来越多地参与到组织战略决策制定过程，为组织制定发展战略提供设施管理方面的支持，同时也有利于设施管理者根据组织发展战略制定合适的设施管理战略计划，以促进组织战略和核心业务的发展。

目前越来越多的机构开始相信，保持管理的井井有条和设施的高效率对其业务的成功是必不可少的，尤其是高新技术的发展、环保意识的普及以及对人的健康的关心，使设施管理行业和设施管理专业人员更显重要。运维管理不单为了延长设施的使用年限，确保其功能的正常发挥，扩大收益、降低运营费用，也是为了提高企业、机构的形象，提供适合于用户的各种高效率的服务，改善用户的业务，使工作流程合理化和简洁化。

根据《物业管理信息系统的研究》，以办公大楼经济生命周期 40 年计算，各阶段支出费用百分比，规划设计支出成本约占 0.7%，施工阶段支出成本约占 16.3%，使用营运阶段支出成本约占 30.6%，维护阶段支出成本约占 32.1%，修缮阶段支出成本约占 15.6%。以上海金茂大厦为例，在建造过程中的成本约为 50 亿元，其建筑总面积为 2.5 万 m^2，建设成本为 2 万元 $/m^2$，对其运营维护成本进行分析，假设建筑使用 60 年，在运维阶段需要的费用大约为 150 亿元，为建设成本的 3 倍。行业针对公共建筑在全生命周期的成本费用进行分析之后发现，建筑设计和建造的成本只占到了整个建筑生命周期成本的 20% 左右，而运维阶段的成本却占到了全生命周期成本的 67% 以上。

可见，在建筑的运营维护阶段开展高效管理工作具有必要性，运维阶段的管理方式和工作效率对于节约成本乃至实现盈利起着至关重要的作用。在此阶段需要各方面专业人才，通过协同化工作共同实现运营维护管理的目标。然而，现阶段的运维管理工作，往往是各司其职，存在严重的专业业务割裂的现象，信息化管理技术缺乏以及数据信息交换方式落后难以进行集约化管理。早期建筑物竣工图纸资料档案管理缺乏标准，留存资料往往为纸质档案，多次易主之后，数据资料杂乱，经常存在严重缺失、损毁的情况。近年来档案管理更加规范合理，使建筑物后期经营使用者的档案查阅及翻新改造工作更加便利，但因资料多为纸质档案也存在早期的资料缺失等问题。

另外，建筑运维管理工作往往对于管理人员的综合专业水平要求高，需管理者通晓各专业项目进行综合性管控，各专业系统往往不存在连接，都是彼此独立运行。比如，空调系统、消防系统、照明系统、通风系统等一系列系统均属于建筑物的基础设施设备，其运维管理工作分为不同系统，需要不同专业人员针对各个系统逐一进行管理，其中存在大量工作界面重叠之处，此类方法存在大量重复性工作，浪费了大量人力、物力及时间成本。随着网络智能化时代的到来，应用一套适用范围广、智能、高效精准的标准化综合运维管理框架，以达到快速、精准、智能管控目的，这样的运维管理方式更符合"智慧城市"的概念，开展精准管控的运维管理工作也为"智慧城市"奠定了基础。

然而，传统建筑运维管理的内容繁多，随着运维时间变长，会积累大量的运维数据信息，比如各种设备维修记录、巡检记录等，但运维阶段的管理方式单一，主要都是依靠人力，缺乏科技化、信息化的管理方式，繁杂的数据信息往往依赖大量纸质文件和电子表单承载，数据信息查询麻烦，一旦遇到突发的事件，反应时间过长，不能及时维修设备排除隐患，将可能导致财产损失甚至人员损失，反应时间越长损失越大。使用更信息化、更科技化的管理方式，以提高管理工作效率，亟需在我国的建筑运维管理阶段引入信息化技术。

与此同时，随着建筑领域的信息化改革，建筑运营阶段的设施管理会成为资本投入最多，成本质量控制最困难的一个阶段，设施管理信息化势在必行。基于 BIM、物联网、大数据、人工智能等数字化、信息化、智能化技术的智能运维管理，能够提升运维效率、节约运维成本，提高企业经济效益，实现绿色节能，也提高了社会效益。应用 BIM 等信息化技术，将建筑的规划、投资、设计、招标、施工各个阶段、各专业的数据导入运维管理平台，通过运维管理平台进行信息共享，实现各专业协同作业和建筑运维管理，充分发挥数字化、信息化技术优势，实现运维管理模式转型升级。并且，随着建筑业信息技术的发展以及国家政策的支持，相关数字信息技术融入建筑运维管理极具价值，将建筑的设备管理、能源管理和资产管理等有机结合起来。结合大数据、物联网和智能控制技术简化了运行管理人员的操作，节省了运行管理时间，使系统自动、智能运行，也解决了运行维护人员流动性大，技术水平、专业知识普遍不高的问题。此外，智能运维管理平台通过建筑节能服务，可以用科学的方法对建筑进行节能减排，提高能源系统的运行、管理效率，真正地实现节能、绿色、低碳、智能运维。

本章小结

本章介绍了建筑运维管理的概念以及国内外主要组织提出的建筑运维管理的内涵，介绍了建筑运维管理所涉及的对象、内容和范畴，梳理了国内外建筑运维管理从传统物业管理到现代智能化运维管理演变的发展历程和发展现状。最后，结合数字化时代发展背景、建筑业转型升级需求以及运维管理在建筑工程生命周期的重要地位，介绍了开展基于 BIM、物联网、大数据、人工智能等数字化、信息化、智能化技术的建筑智能运维管理的必要性和意义。

思考与习题

1-1 讨论运维管理与建筑工程全生命周期各阶段之间的关联性和相互作用，思考运维管理工作的重要性和意义。

1-2 综合各地区、组织对于建筑工程运维管理的定义，讨论建筑工程运维管理所关注的重点内容以及开展运维管理的目的。

1-3 结合数字中国建设，讨论智能运维管理的发展方向及其在数字中国建设中所能起到的作用和价值。

参考文献

[1]　郑展鹏，窦强，陈伟伟，等 . 数字化运维 [M]. 北京：中国建筑工业出版社，2019.

[2]　《中国建筑业信息化发展报告（2021）智能建造应用与发展》编委会 .《中国建筑业信息化发展报告（2021）智能建造应用与发展》[M]. 北京：中国建筑工业出版社，2021.

[3]　朱芷菡 . 基于 BIM 的建筑运维管理需求分析与框架设计 [D]. 长春：长春工程学院，2022.

[4]　李少伟 .BIM 提升运维管理的研究 [J]. 山西建筑，2015，41（21）：238-240.

[5]　汪霏，叶晨茂 BIM 技术在减重运维阶段应用探索 [J]. 重庆建筑，2017（8）：15-17.

[6]　Song，Yonghui，Hamilton，Andy. Built environment data integration using nD modeling[J]. Electronic Journal of Information Technology in Construction 2007（12）：429-442.

[7]　Halfawy，Mahmoud M. R，Froese，Thomas M. Component-based framework for implementing integrated architectural/engineering/construction project systems[J]. Journal of Computing in Civil Engineering，2007（21）：441-452.

[8]　Nour，M. A dynamic open access construction product data platform[J]. Automation in Construction，2010（19）：407-418.

[9]　Forgues D. Lejeune A，BIM：In search of the organisational architect[J]. Postgraduate Medical Journal，2015，7（3）：515-519.

[10]　Tomasevic N M，Batic M，Blanes L M，et al. Ontology-based facility data model for energy management[J]. Advanced Engineering Informatics，2015，29（4）：971-984.

[11]　Chen H，Chang K，Lin T. A cloud-based system framework for performing online viewing，storage，and analysis on big data of massive BIMs[J]. Automation in Construction，2016，71：34-48.

[12]　Peng S，Su G，Chen J，et a1. Design of an IoT-BIM-GIS based risk management system for hospital basic operation：2017 IEEE Symposium on Service-Oriented System Engineering（SOSE），2017[C]. IEEE.

[13]　Patacas Joao，Dawood Nashwa，Kassem Mohamad. BIM for facilities management：A framework and a common data environment using open standards [J]. Automation in Construvtion，2020：120-125.

[14]　Majrouhi Sardroud Hosseinalipour Behruyan Ahmed. An application framework for development of a maintenance management system based on building information modeling and radio-frequency identification：case study of a stadium building[J]. Canadian Journal of Civil Engineering，2020，47（6）：736-748.

[15]　宋雅漩，刘榕，陈侃 .“BIM+”技术在综合管廊运维管理阶段应用研究 [J]. 工程管理学报，2019，33（3）：81-86.

二维码 1-6
第 1 章　思考与习题参考答案

第 ② 章
智能运维与管理技术基础

本章要点 📖

1. 智能运维管理底层支撑技术的内涵及原理；
2. 智能运维管理底层支撑技术的应用场景和作用；
3. 智能运维管理底层支撑技术的应用要点。

教学目标 📄

1. 了解智能运维管理主要基础性底层技术的概念及原理；
2. 了解智能运维管理主要基础性底层技术的应用必要性及价值；
3. 理解 BIM、GIS、IoT、人工智能、大数据及云计算技术、虚拟现实和增强现实技术等主要基础性底层技术的应用范畴及其在智能运维管理领域的应用场景。

案例引入 📄

苏州长三角社区数字交付与运维管理平台

苏州长三角社区数字交付与运维管理平台，该平台分为展示层、平台层、数据层和物联层（图2-1），所使用的相关数字化、信息化、智能化的基础性底层技术主要包括建筑信息模型（BIM），地理信息系统技术（GIS），激光扫描技术，物联网技术（IoT），人工智能、大数据及云计算技术，虚拟现实和增强现实技术等。

该平台以数字环境下业务流程为建设对象，主要建设目标是通过对智能运维管理的业务流程进行系统思考和整体设计，建立一套从数据的收集、整理到鉴定、统计、保管、利用的综合业务管理系统（图2-2），实现智能运维综合业务的流程化、规范化管理。例如为了改变手工管理时代各环节存在的重复和冲突、缺少衔接和协调、信息难以共享、统计分析简单等问题，该平台通过设计实时归档、技术鉴定、存储、载体转换、权限控制、数据迁移和实时发布等内容，来保证运维数据的准确性、真实性、可读性、完整性、保密性等。

该平台软件层面包括但不限于 Web 端、大屏端、移动端，能全面提升设备监控（图2-3）、人员检测、能耗监控等方面的综合利用率，提供各个层次的服务软件模块、三维模型等。

思考：

1. 智能运维系统在哪些场景使用的价值较高？
2. 智能运维系统管理人员应具备哪些专业素质或者知识储备？

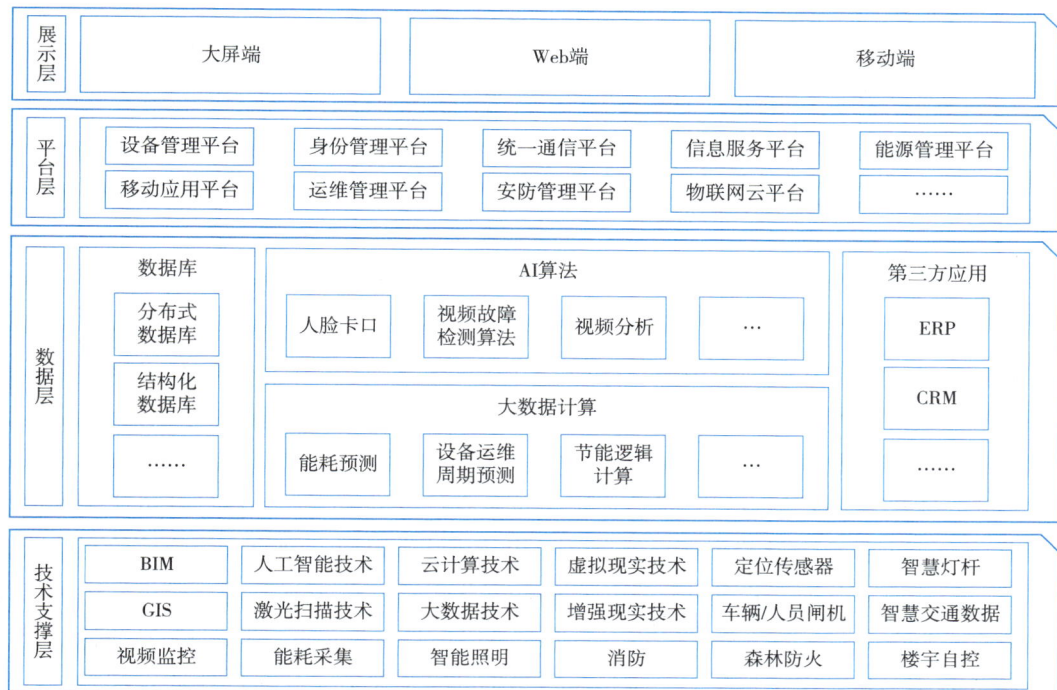

图 2-1　苏州长三角运维管理平台架构

图 2-2　综合态势平台界面

图 2-3　设备管理平台

2.1　建筑信息模型（BIM）

2.1.1　BIM 的概念

通过相关文献研究发现，虽然 BIM（Building Information Modeling，建筑信息模型）已在世界广泛应用，但不同组织对 BIM 的定义不同，至今为止还未形成一个统一的定义，各组织对 BIM 的定义见表 2-1。

BIM 术语解释   表 2-1

组织名称	术语解释
国际标准组织设施信息委员会（FIC）	将建筑设施的特性利用可被计算机识别处理的形式进行展现
美国国家建筑科学研究院（NIBS）	将建筑行业设计、建造、运营和维护的相关信息数据进行整合
美国欧特克公司（Autodesk Inc）	建筑工程数据可被计算机程序识别、计算、自动管理且计算出来的文件彼此相通
美国建筑师协会（AIA）	在模型的基础上与数据库相关联的一种信息技术

我国的《建筑信息模型应用统一标准》GB/T 51212—2016 中将 BIM 技术定义为：在建设工程及设施全生命期内，对其物理和功能特性进行数字化表达，并依次设计、施工、运营的过程和结果的总称。

BIM 技术的核心是信息，它是包含了建筑所有信息的模型，该信息既包含三维模型的视觉信息，也包含大量的非视觉信息，如构件尺寸、材质、制作和采购等信息，因此 BIM 是建筑物所有几何、物理和性能信息的数字化表达，在 BIM 管理平台中，也可以输出、查询、修改及输入进度控制文本、合同文本等信息，进行进度管理和合同管理工作。从逻辑关系上来讲，BIM 是基于三维信息模型的共享信息数字化协同作业管理平台，在建筑全生命周期内进行维护、管理、施工以及设计的综合管控，从而提升建筑信息的使用效率。

对于周期更久的运维管理阶段，BIM 技术使得整个管理团队在沟通、协调、控制和决策等方面得到实质性增强。得益于 BIM 在建筑项目全生命周期的应用，整个项目的过程数据可以贯穿保存，为运维管理在诸如隐蔽工程维管、设备维护、物业运营、资产管理等方面的工作提供快捷、智能化的管理基础，有助于建立起绿色、智慧、综合的运维管理模式。

2.1.2 BIM 的起源与发展

1975 年，卡耐基梅隆大学的 Chuck Eastman 博士在美国的《AIA 杂志》提出了 Building Description System（建筑描述系统，BDS）的概念，该概念被认为是 BIM 的源头理念。在接下来的近三十年里，随着计算机技术的发展，学者们纷纷提出了类似的概念，由美国学者 RobertAish（1986）提出的 Building Modeling（建筑建模，BM）到芬兰学者提出的 Building Product Model（建筑产品模型，BPM），再到 Product Information Model（产品信息模型，PIM）一系列的完善进化。2002 年，由美国 Autodesk 公司前 CEO 大卫·莱蒙特和副总裁亚历克斯·奈豪斯正式提出了建筑信息建模 BIM（Building Information Modeling）概念，随后 Charles Eastman、Jerry Laiserin 等都对其概念进行了定义，他们都认为 BIM 技术将会给结构设计和施工带来革命性的改变。

自 2002 起，BIM 技术进入迅速发展阶段。2003 年，美国总务管理局（GSA，General Services Administration）推出了在全国实行的 3D、4D BIM 计划，协助了 30 多个工程使用

BIM3D、4D，并发布了一系列的 BIM 指南，标志着 BIM 技术成功在美国开始得到应用。随着 Autodesk 公司 Revit 软件的上市和推广，众多 BIM 软件纷纷被研发和面市，BIM 成为建筑行业热门话题。随后，国外的科研机构和高等院校逐渐重视并开展 BIM 的研究，在政策和技术支持下，部分发达国家开始使用和推广 BIM 软件和技术。

欧洲一些国家，特别是芬兰、挪威、德国、英国等国家制定和颁布了要求严格的 BIM 技术应用标准，BIM 应用软件的普及率已经达到 60%~70%，其 BIM 应用技术已达到很高的水平。亚洲地区的新加坡、韩国、日本等国家的 BIM 技术应用能力已经跻身于世界前列。

2004 年，我国开始引进 BIM 技术并给予政策上的大力支持，自 2011 年住房和城乡建设部发布《2011—2015 建筑业信息化发展纲要》以来，国家层面已出台多份文件推动 BIM 技术在建筑领域的发展，除了引导性政策以外，各地还颁发实施指南，具体指导项目的 BIM 实施。迄今为止，BIM 技术已经成功应用在诸多大型项目中，如上海中心大厦、广州西塔等，通过在工程中的实际应用，BIM 技术确实能在一些常规手段难以解决的地方大放异彩，为施工带来了诸多便利。其在施工协调、成本控制、施工指导、质量控制、进度控制等方面发挥了很大的作用。BIM 技术的应用不仅是技术手段的革新，更是管理模式的突变。

2.1.3　建筑运维信息模型的概念

BIM 技术贯穿建设工程的全生命周期，并以数字信息的形式应用在方案规划、设计阶段、施工阶段以及运维阶段，由于每个阶段的工作重点和应用内容侧重点均有不同，这就要求各个阶段间有针对性地共享与协同数字信息，因而各个阶段的模型也存在一定的差异。

从现阶段实际情况来看，运维阶段所使用的 BIM 模型一般由施工阶段传递而来，无法完全满足运维管理工作的实际需求，仍需在竣工 BIM 模型基础上进行重构。此外，在日常运营过程中，工作人员会将运维阶段所需的属性信息在模型中进行录入，进而形成建筑运维信息模型。

针对运维管理过程中要应用的信息，从 IFC 标准出发，分别定义并描述建筑静态运维信息模型和建筑动态运维信息模型。

1. 建筑静态运维信息模型

基于 IFC 标准的建筑静态运维信息模型，其整体结构是以运维信息为主体，整合全生命期各阶段的静态信息，包括构件定义、设备信息、竣工模型、文件图纸、用户手册、维修保养说明书等。

构件是对建筑构件及其逻辑结构的定义和描述，包括构件定义、空间结构、几何信息和关联关系等信息。构件定义包括构件的类型以及名称等基本属性；空间结构是根据建筑楼层和分区等空间信息定义的模型结构；关联关系描述系统中各个构件之间的连接关系并定义各个构件所属的系统。设备信息通常是指在设计阶段（包括深化设计阶段）定义的构件信息，包括空间位置、几何形状、材料以及各种机械参数，也包括工作承压和温度范围等。

将竣工模型交付给运维阶段，除了在施工过程中创建的施工信息、文件图纸等，还应建立面向物业管理的数据信息。例如，对于机电系统和管线工程，明确构件之间的关联关系和上下游逻辑关系，有利于运维人员进行维护维修和应急处理。对于成千上万构件所组成的建筑空间，如何根据这些构件的重要性和相关性进行分组，也直接关系到运维阶段信息使用的方便和准确。然而，逻辑关系通常在施工模型中没有定义，需要在竣工交付前处理，这也体现了 BIM 设计施工运维一体化的必要性。

2. 建筑动态运维信息模型

在建筑运维管理过程中，存在大量的动态信息需要通过传感器或建筑自动化系统采集，比如建筑使用过程中结构监测系统中的应力、应变、位移等监测数据，暖通空调系统中的房间温度、湿度、风机转速等监测数据。基于传感器数据与 BIM 模型的融合所创建的模型即为建筑动态运维信息模型。

2.1.4　BIM 技术在运维管理中的应用必要性

将 BIM 信息集成和可视化技术引进运维管理之中，建筑设备信息获取不畅、故障设备定位不准、运维决策滞后失当等主要问题将迎刃而解。当前，BIM 技术已经成为业内较为认可的辅助运维阶段建筑设备运行维护水平的有力辅助支撑。接下来，将简单介绍 BIM 技术在运维管理中的应用必要性，以及 BIM 数据信息从设计、施工阶段流转到运维阶段的必要性。

1. 优化传统运维管理工作流程，提高运维管理智能化水平的有效途径

由于建筑建设与运维主体管理单位不同，存在运维单位介入时间较晚、建筑建设过程数据移交方式多为手工及纸质、数据量大且格式标准不统一、数据多为独立存储及处理、移交数据真实性准确性不易查询、数据展示不直观等诸多痛点。

BIM 技术以其可视化、协调性等优点，为建筑运维管理提供了更为直观的数据展示，有力地推动了两者融合，对建筑智能化建设和运维起到了促进作用。此外，BIM 应用流程并不是颠覆传统运维管理工作流程，而是利用 BIM 辅助优化传统工作流程，通过信息化手段实现协同办公，以提高管理效率。

2. 实现数据信息共享与协同，打通建筑全生命周期 BIM 应用的必然要求

综合 BIM 技术在国内的实际应用情况来看，中国建筑业 BIM 应用已经进入快速发展阶段，BIM 应用在设计和施工阶段相对成熟，在运维阶段的应用也在逐步深入，逐渐形成了一定的应用规律，但在各阶段均独立应用，并未形成多阶段集成协同应用，BIM 应

用全生命周期尚未打通。

在此情况下，容易出现数据信息"孤岛"问题，无法发挥 BIM 的最大数据协同及共享价值，这就要求项目管理和运维管理的数据信息能够无缝衔接。一方面，能够支撑各关联方高效设计、建模、合模及审核等协同工作；另一方面，各关联方在项目的设计、施工及运维阶段可以更方便高效地进行模型及数据信息的上传、流转、交换、获取等协同工作，实现项目各关联方在项目各阶段的业务及数据协同，杜绝数据信息"孤岛"问题，为项目进行重大决策提供数据支撑，使 BIM 能够贯穿项目全生命周期，实现建设项目 BIM 数据信息共享及协同价值的最大化，保证 BIM 发挥更大的落地应用价值，推进企业及整个 BIM 行业的技术发展进步。

3. 提高模型交付使用的效率，打通建设与运维阶段数据隔阂的有力保障

BIM 模型作为项目智能化运维应用的重要基础数据，是从建设向运维过渡的"桥梁"。对于在建设过程中应用了 BIM 技术的项目，业主一般会将竣工模型传递到运维阶段，这势必大大减少重复建模的人力、时间及资源消耗。然而由于设计、施工及运维各阶段、各参与方的 BIM 模型关注点不同，构件分类、命名规则、建模方式、构件精度不统一，使得竣工模型无法完全满足运维管理工作的实际需求；同时，缺少设计、施工、运维一体化的 BIM 标准体系，无法满足 BIM 深入应用需求，影响了 BIM 全过程集成应用的能力和效率。

在此情况下打通建设阶段与运维阶段的数据隔阂，实现建设阶段的管理数据与 BIM 模型数据顺利交付是智能运维的重要发展目标。较为高效的做法是，运维管理方在竣工交接阶段以运维需求为导向，以运维交接标准为依据，在竣工 BIM 模型基础上进行重构，将维保周期等建设及运维阶段所需的属性信息在模型中进行录入，大幅提升建模效率，形成以 BIM 为载体的工程全生命周期基础数据，方便及时获取所需数据信息，为提高企业运维管理 BIM 应用的能力及效率打下坚实的基础，提高运维管理的效率及企业竞争力。

2.1.5 BIM 技术在运维管理环节中的应用场景

1. 设施维护管理

建筑内的设备系统内容繁杂，包括了给水排水系统、电气系统、暖通空调系统以及消防系统。每类系统又包含了多种子系统，例如，给水排水系统包含给水系统、排水系统、污水系统、雨水系统等子系统；设备系统由管线、设备、管件构成，各个要素之间互相联系，系统是否能够正常运作取决于每个要素。建筑设备种类复杂，数量繁多，任何构件出现故障都会影响系统。BIM 技术与建筑运维设施管理结合应用，极大地改变了运维阶段设施维护管理模式，并能够实现以下功能。

1）设备维修管理

设备管理系统能够对设备维修进行全面管理，实现从设备维修的申请、派工、施工到验收的全过程信息化管理，维修过程中的申请单、派工记录、维修记录、验收记录等记录均储存在设备管理系统中，方便后续查看，实现了设备维修无纸化、规范化，也更利于信息的管理。

二维码 2-2
苏州高铁之心

2）设备日常养护

设备的日常巡查和养护都会记录在系统内，设备巡查养护人员、巡查养护的时间以及巡查养护的对象等信息也会在系统中进行详细记录，在系统中形成完整的设备巡查养护日志，为设备大修和设备更新提供数据支持。

3）提醒功能

设备管理系统具有自动提醒功能，提醒管理员进行设备更换、检修、保养等，系统根据设备开始使用时间、保养说明书和日常保养记录等计算设备需要进行更换、检修的时间，在系统中提前一段时间自动提醒工作人员，预留时间进行设备采购和安排工作人员，这样可以保证设备及时获得检修或更换。

4）设备台账

设备管理系统提供设备台账，按照设备的类别、型号进行统计，形成设备台账，台账列表可以直观显示设备名称、设备型号尺寸、安装位置、开始使用时间、使用状态以及维修记录等内容。设备管理系统可以根据设备台账进行设备故障率分析，为设备的更换提供数据支持。

5）资料管理

设备管理系统提供完整的设备电子资料，设备的图纸、巡查记录、保养情况、尺寸型号、使用说明书、设备铭牌、生产厂家、开始使用时间、使用寿命、采购合同、保修合同等相关记录都保存在系统内，使用者可以根据需求在系统中查询相关设备资料，这样的资料管理方式可以保证资料的完整性和调取的高效性。

6）设备定位查询

设备管理系统能够实现设备的精准查询定位，管理者根据自身的使用需求在可视化系统中搜索指定设备，进行快速定位。定位好的设备会在可视化模型中高亮显示，为设备维修保养人员提供便捷。

7）设备故障自动报警及维修影响显示

设备管理系统与设备自带的控制系统结合应用，能够进行设备故障自动报警，如红灯闪烁、声音报警等警示。在监控的监管下，有助于设备管理人员远程发现设备故障。当设备故障或者正在维修中时，系统会显示影响范围，受影响的系统会带颜色显示，便于管理者做好协调工作。

8）设备情况显示

设备管理系统实时显示设备相关情况，设备工作状态会显示设备正常运行、设备维修保养中、设备等待维修或者设备停止运行，设备成本控制状态会显示该设备高于或者低于成本警戒线，设备处置状态会显示修理、更新或者是报废，这些设备状态显示可以让管理者掌握设备情况，并进行及时处理。

2. 空间管理

项目建成后进入交付使用阶段，建筑物会根据功能需求被划分成不同的功能区，不同功能区承载不同的部门分工和人员数量，合理分配空间才能使空间发挥最大价值。空间是建筑物的基本属性，而空间的管理也是每个建筑物管理者必须涉及的领域，BIM 技术应用于建筑的运维管理能给我们提供以下的便利：

1）记录建筑物的基本信息、空间的使用状态

传统空间管理使用图纸和文件档案的形式记录建筑物的基本信息和空间使用状态，查询调取效率低。而将 BIM 技术与空间管理结合应用，通过信息化模型记录建筑物的基本信息和所有空间的使用状态，集中以电子信息的形式储存在运维管理数据库之中，在使用者需要的时候可直接调取使用。

2）空间类别记录及统计

空间管理系统可将建筑内的同类空间分别统计并生成相应的空间报表，并按不同的空间使用状态进行分类管理。比如标识建筑物内的分布在各个位置的所有库房，并进行统计，统一归入建筑物使用功能下的库房功能目录下，生成库房空间使用报表，帮助管理者对库房进行合理安排使用。基于 BIM 技术，在运维管理框架对建筑空间进行合理规划分配，方便工作人员查看和统计各类空间信息，并动态记录分配信息、空间使用信息，提高空间的利用率，使得建筑空间利用率最大化。

3）可视化空间状态及用户信息

空间管理系统在 BIM 模型的基础上实现了可视化查询功能，在可视化状态下查询建筑空间的具体位置、尺寸大小、使用状态形式、使用者信息等资料，便于管理者合理管控空间使用。比如，A 房间是建筑二楼东侧正在使用的检查室，在使用中空间显得比较局促，在空间报表中发现 B 房间是建筑二楼西侧的空房间，空间面积更大，把检查室从 A 房间搬移至 B 房间，可在可视化状态下将 A 房间中的设备器材在信息化模型中移至 B 房间进行布局，若模拟符合要求便可以进行实际搬迁，若不能满足要求则不进行搬迁。

4）空间定位查询

实现构件快速定位是运维管理框架的亮点之一，可以对建筑物内的任意构件进行精确定位，将定位的构件在模型中高亮显示，可以提供水泵、风机、开关、隐蔽管道等关键设备、配件的精确位置，便于维修保养人员进行检修和维护，同时可以提供不同建筑构件的尺寸和间距等，为管道的更换等提供数据支持。

5）指定位置查询

可以根据指定位置进行查询，可查询单独的楼层、独立的房间或某一个建筑构件等，比如运维管理人员要统计楼内空调的台数，可以直接进入空调统计表，明确台数、位置、性能等信息。

6）人流控制管理

对人流密集的区域进行人流检测和疏散可视化管理，可以提高人流密集区域安全性，降低突发事件带来的风险。

3. 能源和环境管理

基于 BIM 技术可监控建筑内的能源使用情况，将能源使用记录表配备传感功能，实现管理系统自动采集、整理、分析建筑内供水、用电、用气、冷热源的消耗数据。实时显示水、电、气、冷热源等能源消耗的数据，并自动生成能源消耗数据曲线图，将历史数据与实时数据进行对比，分析各个能源系统的消耗变化，找出能源变化原因并进行优化。

在基于 BIM 技术的能耗管理系统中，管理人员可以设置好能源使用上限值，当某个建筑区域或者某设备系统产生异常时，主动向管理人员发出警告，帮助管理人员及时发现能耗异常情况，降低意外发生的风险，提高运维管理效率，同时对于成本节约有着显著意义。

4. 安防、消防和应急管理

在传统安全管理中，多数情况都是在安全事件发生后，进行响应和救援，反应时间越长，造成的损失越大。将 BIM 技术与安全管理结合应用，管理系统能够实现灾害探测、自动报警、应急联动。第一时间让建筑内的全部人员做好应急准备，减少应急反应时间。安全事件中，火灾属于典型事件，当火灾发生时，系统及时进行报警播报，同时为救援人员提供火灾位置和灾害点周围的消防设施位置，为受害人员提供安全疏散路线。系统及时提供故障设备位置，帮助工作人员及时关闭系统。对于电梯事故，BIM 运维管理框架与电梯内的视频监控进行联动，及时将电梯故障信息上报给电梯维修部门。对于水管爆裂事件，灾害点如果无人发现，就无法及时发现，不及时处理事故就会出现大面积被淹的情况。传统管理方式需要工作人员根据图纸信息确定阀门位置，时效性较差，问题处理不够及时。在基于 BIM 技术的运维管理框架中，系统监测到水管爆裂时会及时发出警告，管理人员可以在可视化模型中快速定位爆裂管道处最近的阀门位置，对事件及时进行处理。在系统中也可以查看相关管线走向，辅助管道维修。

基于 BIM 技术的安全管理还能进行安全防范，结合楼宇自控系统，实现视频安防监控、建筑出入口控制、停车管理等，为用户提供更好的用户体验。

5. 信息化与数字资产管理

传统运维中资产管理需要依靠人力对资产进行备案和信息登记，容易出现错、漏等问题。基于 BIM 技术的运维管理系统中，数据库中包含了设备、管道等运维阶段的数据信息，将数据库中的信息直接录入到资产管理系统中，能提高资产信息录入效率和资产录入的准确性。在传统运维管理中，确定资产位置方面存在缺陷，通过建筑信息化模型与 RFID 的资产芯片结合应用，可以实现快速定位资产以及快速查询资产参数。建筑资产管理包括资产盘点以及资产折旧管理等内容。系统能够根据用户层指令对资产进行盘点生成报表，识别资产整体情况，帮助运维管理人员进行决策，合理分配资产，避免资产闲置，提高投资回报率，解决了传统资产管理的人工盘点资产出现的错、漏和效率低下的问题。

基于 BIM 技术的建筑运维管理框架集成了运维阶段的档案信息，支持用户对文档信息进行关键字查询、下载、上传等。传统运维管理中，利用图纸、登记表等文件档案记录信息，在对档案信息进行管理时，需要工作人员做大量的重复性工作，不仅效率低，过于依赖人力信息容易出现错、漏的问题，而且不能保证建筑相关档案信息的正确性和完整性。BIM 技术与数字资产管理结合应用，保证了信息在运维阶段的真实性和完整性，在方便用户对信息和数字资产的使用的同时，提高了信息化管理质量和工作效率。

2.1.6　BIM 在运维阶段应用的现状和难点

当前 BIM 技术在运维阶段以运维模型构建、运维管理系统搭建、设施设备管理以及能耗管理应用为主，如 SOHO 物业管理系统使用了 BIM 技术进行运维探索，武汉国际博览中心应用了 BIM 技术进行建筑空间使用情况三维演示、设备管线定位以及建筑运行状态检测。

但与此同时，由于设施信息搜集和管理时间、成本支出高，建筑快速发展使得信息量大幅增加，设施管理软件实时运行时间长等，在实际的 BIM 运维应用过程中上存在诸多难点。此外，BIM 技术在运维阶段应用的范围还较窄，落地实践的案例还较少，其主要原因可以归纳为以下 3 点：

（1）市场中可供建筑运维商选择的 BIM 运维系统少。市面上运维管理平台系统大多来自外国厂商，国内完全自主研发的 BIM 数据集成与共享引擎较少，并且国外软件存在数据安全风险隐患。除此之外，软件操作难度高，操作便捷性不理想，增加了使用者的学习难度。

（2）BIM 技术应用初期投入较高。BIM 技术应用属于精细化管理，且建筑物具有唯一性，因此需要投入相应的技术、人才和金钱。在运维阶段应用 BIM 技术投入的成本高昂，没有国家资金扶持，在经费预算有限的情况下，企业主动应用的意愿低。

（3）BIM 技术在运维管理推广环境不佳。由于各主体对自身利益的保护，或不同专业的 BIM 模型形成于不同软件之中，导致项目相关数据信息无法集成共享。此外，目前国家推广政策有待完善，加之扶持力度低，且缺少专业 BIM 运维人才，企业对 BIM 技术应用在建筑运维管理阶段的积极性不高。

2.2　地理信息系统技术（GIS）

2.2.1　GIS 的概念

地理信息系统（Geographic Information System，GIS）是一项以计算机、地理学、数学、测绘学等科学为基础的新兴的综合性技术，具有在计算机软硬件系统支持下对地球表面空间（含大气层）和地理分布相关的数据进行采集、存储、运算、分析、显示、描述的功能。即在计算机软硬件支持下，把地理空间位置和相关属性信息有机地结合在一起，对空间数据按地理坐标或空间位置进行各种处理，并根据实际需要图文并茂地输出给用户，进而借助空间分析功能和可视化表达方式，提供各种辅助决策功能。

GIS 技术是近些年迅速发展起来的一门空间信息分析技术，在资源与环境应用领域中，它发挥着技术先导的作用。GIS 技术不仅可以有效地管理具有空间属性的各种资源环境信息，还可以对资源环境管理和实践模式进行快速和重复的分析测试，便于制定决策，进行科学和政策的标准评价，而且可以有效地对多时期的资源环境状况及生产活动变化进行动态监测和分析比较，也可将数据收集、空间分析和决策过程综合为一个共同的信息流，明显地提高工作效率和经济效益，为解决资源环境问题及保障可持续发展提供技术支持。

从技术和应用来说，GIS 是解决空间问题的工具、方法和技术；从学科的角度，GIS 是综合地理学、测量学和计算机科学等学科基础发展起来的一门学科；从功能上，GIS 具有空间数据的获取、储存、显示、编辑、处理、分析、输出和应用等功能；从系统学的角度，GIS 具有一定结构和功能，是一个完整的系统。GIS 目前已经为高速公路、城市轨道交通、城市综合管廊，以及电力行业等项目提供运维管理技术服务，可以实现相关数据的实时展示、检索。

利用 GIS 技术提供可视化操作平台，将基础资源信息、事件动态信息、业务协同信息集中展示，梳理事件处置流程，实现协作工作。利用自动检测手段，减轻调度人员工作强度，减少人工漏判、误判情况，保障数据安全、稳定、高效、健康运行，提升对建筑综合信息的动态感知、快速响应和实时发布能力，及时掌握设施、设备运行状况。

伴随着 GIS 技术的不断研究发展，原有二维 GIS 对于空间信息表达中的缺陷也越来越明显，于是三维 GIS 逐步取代传统二维 GIS 成为 GIS 领域的研究主流，并成为智能运维管理的重要支撑性技术。

2.2.2 GIS 的起源与发展

1. 国外 GIS 发展历程

国际上 GIS 的发展始于 20 世纪 60 年代，GIS 思想开始萌生并在技术方法方面进行了初步探索。1962 年，麻省理工学院提出了计算机图形学这一术语，在这一基础上，GIS 开始萌芽。

1963 年，加拿大测量学家 Roger F. Tomlinson 首次提出了"地理信息系统"这一术语，提出通过用计算机处理和分析大量的土地利用地图数据。1971 年 CGIS（加拿大 1：5000CGIS）正式投入运行，这是在全球范围内第一个 GIS，是公认世界上最早建立的、功能比较完善的 GIS。随后的几年内，大量与 GIS 相关研究机构和组织建立、机助式制图能力显著增强、地理信息技术相关软件快速发展。

20 世纪 70 年代，发达国家先后建立了很多不同规模、不同专题、不同类型的 GIS，很多机构团体和相关商业公司开展 GIS 研制工作，GIS 软件得到发展的同时也逐步进入商业轨道。此外，随着以遥感数据为基础的 GIS 应用的逐渐推广，遥感技术与 GIS 的关联逐渐受到重视。

20 世纪 80 年代，GIS 技术进入普及和全面推向应用的阶段，GIS 软件产业迅猛发展，随之研制出了大量的微型计算机用 GIS 软件系统，GIS 逐渐走向成熟。20 世纪 90 年代开始，由于社会各界对 GIS 认识的普遍加深，以及社会对 GIS 需求大幅度增加，促进了 GIS 应用范围的不断扩大与深化，公众已经开始普遍关注国家级乃至全球性的 GIS 应用问题。

2. 国内 GIS 发展历程

我国的 GIS 是在制图和遥感的基础上发展而来的，其基础数据库的建设准备工作在 GIS 进入我国之前就已开始。我国的 GIS 研究与应用始于 20 世纪 70 年代末 80 年代初，我国在地理基础数据库与专题数据库方面陆续开展了基础数据库建设、地理专题数据库建设以及 GIS 数据库技术探索等工作。此时，我国一些学者已经认识到 GIS 的作用，先后对 GIS 理论研究的范围、研究任务和研究内容进行了探讨。

20 世纪 80 年代中期，计算机逐步在中国许多部门使用，这对 GIS 广泛应用奠定了基础。在此之后，我国不少行业和研究领域开始应用 GIS 来解决科研与生产建设中的实际问题。通过应用，提高了大型 GIS 在工程应用的管理水平，积累了较为丰富的 GIS 应用经验，并在原有的 GIS 软件的基础上进行了广泛的二次开发。

20 世纪 90 年代以后，中国具有独立版权的国产 GIS 软件得到飞速发展，国产 GIS 软件的发展已较全面，其性能也在不断提高，已经为广大 GIS 用户提供了各种适用于不同硬件平台、适用于不同目标任务的 GIS 系列产品。

经过多年的发展，GIS 已经广泛应用于现代社会的方方面面，成为当前信息化社会的一项核心技术。随着大数据时代的到来、GIS 应用的普及、研究范畴的不断拓展以及支持时空数据种类的不断增加，GIS 中"地理"的特征在不断地弱化，更加强调 GIS 对于通用"空间"特征数据的处理、分析与可视化能力，GIS 正向着空间信息系统的方向发展。

2.2.3　GIS 技术架构

1. GIS 组成

GIS 由以下 4 个部分构成（图 2-4）：

1）计算机硬件系统

计算机硬件系统的能力与软件处理数据的速度息息相关，也很大程度上影响着数据输出的方法。GIS 的建立必须有一个计算机硬件系统作为保证，而计算机硬件系统是计算机系统中的实际物理装置的总称，GIS 的硬件配置一般包括计算机主机、数据输入设备、数据存储设备、数据输出设备、数据通信传输设备。

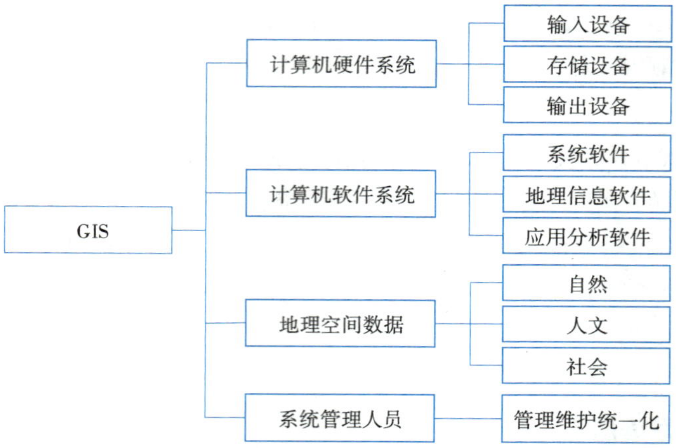

图 2-4　GIS 组成

2）计算机软件系统

GIS 的正常运行离不开多个应用程序的支持。GIS 运行所必需的各种程序通常包括计算机系统软件、GIS 软件和其他支持软件、应用分析软件。其中应用分析软件是用户最为关心的用于地理分析的部分，也是从空间数据库中提取有用信息的关键部分。应用分析软件的优劣决定了系统的优劣。

3）地理空间数据

地理空间数据的准确性与可操作性对系统信息的查询和分析影响很大。这些地理空间数据清晰直观地表达了地理、自然、人文等内容，参照事物的地理位置，以多种形式呈现出来，比如图像、文字、数字等，清楚地表述事物的空间关系、地理位置等属性。

4）系统管理人员

GIS 系统的正常运行与维护既离不开地理空间数据和计算机软硬件系统，还需要必不可少的组织环境与机构。系统管理人员直接关系着 GIS 系统中各项任务能否快速顺利解决。

2. GIS 分类

GIS 可根据内容可分为以下 3 类（图 2-5）：

1）专题地理信息系统（Thematic GIS）

该类系统具有较强的专业性，有针对性地服务特定对象，例如矿产资源信息系统、水产养殖管理系统、农作物估产系统等。

2）区域信息系统（Regional GIS）

该类系统有较强的区域性、地理性，主要对区域的信息进行整理和融合，但是对区域的范围大小没有约束，可以从市级、省级乃至国家级、世界级的全球区域进行区域信息处理。此外，除了按照以上区域分类，还可以以自然区域为单位进行区域划分，建立区域信息系统，例如热带雨林地区信息系统、中国长江流域信息系统等。有些区域的

图 2-5 GIS 分类

属性是介于以上两者之间的，例如广东省环境监控管理信息系统、沈阳市水稻估产信息系统等。

3）地理信息系统工具（GIS Tools）

GIS 工具包含了 GIS 系统基本功能所涵盖的工具，具有强大的工作能力，可以迅速数字化处理图形图像、查询信息、存储、分析信息、运算、输出等。初学者容易学习并掌握操作要领，极大提高工作效率。

3. GIS 功能（图 2-6）

1）数据采集

建立 GIS 数据库的第一要务是输入大量数据，将数据格式转化为计算机能很好处理的格式，从而建立完备数据库。该功能包含图形数据采集、栅格数据采集与属性数据采集三部分。

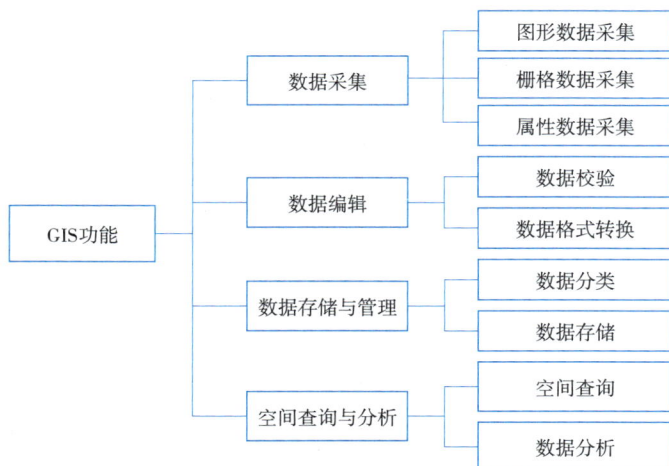

图 2-6 GIS 功能

2）数据编辑

数据编辑的主要任务有校验数据、格式转换。即检查输入的数据，确认无误后将校验后的外部格式的数据转化为计算机可识别的数据。

3）数据存储与管理

根据数据的属性进行数据的分类、筛选工作，存储到数据库后方便操作和管理，核心任务是如何用合适的方法最大效率地提高存储空间利用率。

4）空间查询与分析

空间数据的查询可以对属性、图形进行查询，功能强大，可以同时兼顾两者的查询；空间数据的分析是指查询空间数据并依照一定规律进行数据运算，分析方式随着应用不同而相应作出调整。

2.2.4　3D GIS 平台介绍与特点

3D GIS 是通过地理信息技术采集、分析和集成物理数据，在此基础上，利用三维仿真技术创建 3D GIS，实现信息数据向三维实物转化。与传统的 2D GIS 可视化相比，3D GIS 技术显示的 3D 地图更接近现实，更详细地描述了物体的几何形状和纹理细节。尤其注重人机交互的图像显示，保持高质量、稳定的响应，低延迟和实时性。

3D GIS 系统分析和处理问题的能力取决于三维空间模型。从现实世界中获取的三维空间数据是连续的、无边界的、处于不断变化状态的。在 3D GIS 系统中，目标实体只有经过离散化、抽象化处理，才能被构造出来。与传统的二维 GIS 系统文件管理相比，现在大部分 3D GIS 软件的数据库管理模式具有更强大的数据管理功能，可以更集中地存储和管理数据，并保持系统中各种数据的相对独立性，减少了数据冗余。正是因为 3D GIS 带来的技术上的提升，使得 GIS 的空间分析功能更加地丰富、全面，可以为智能运维管理工作提供更全面的技术模拟支持。

目前 3D GIS 平台较多，国外开发运用较多的软件有 Arcscene、Arcglobe、Skyline 和 Google Earth 等软件，国内开发运用较多的有 Super Map 以及 STARGIS 等，相关平台特点见表 2-2。

GIS 平台特点对比　　　　　　　　　　表 2-2

名称	特点
Arcscene	支持 3D 平面场景显示、栅格数据和 3D 矢量显示和处理，不支持 BIM 数据格式
Arcglobe	它适用于加载球形三维场景，并有自己的全局图像数据，不支持 BIM 数据格式
Skyline	可以创建、编辑和查询三维模型，支持大规模三维场景的显示，不支持 BIM 数据格式
Google Earth	它在矢量和网格的结合上具有很强的优势，主要是漫游和显示三维模型
Virtual Earth	软件能够根据相关工程项目信息数据进行三维数据图像交互处理分析
STARGIS	支持地上、地面、地下数据的多空间角度的一体化浏览，支持 BIM 数据加载融合

2.2.5　BIM 与 GIS 技术的数字化运维管理应用

BIM 与 3D GIS 的融合是一种互补的关系，可以有效解决信息孤岛现象，完成地上地下一体、室内与户外一体、动态静态信息整合，实现城市精细化管理，同时依托两者融合框架可为智慧城市建设与管理提供数字底板，为智能城市实现提供重要支持。

通过可视化的 3D GIS+BIM 技术，结合 FM 运维管理系统，通过控制资产的位置来控制设施资产的使用本身，可以包括设施入库的初始状态、空间位置；还可以管理设施在生命周期内不断变化的空间位置；同时，FM 管理系统还需要和人员、建筑组织机构、业务相互关联。

在智慧运维的多建筑运维体系中，主要包括以下 4 个部分：

二维码 2-3
苏州 CIM

1. 规范化标准体系

建筑、资产信息化标准，确保信息系统完整性，明确系统是否可以扩展。对建筑信息、土地信息收集，主要包括原数据组织的扩展、零星数据的汇总、纸质数据的信息化、建筑 CAD 图纸的整合并且转换为 3D 模型等，系统基础数据要符合 BIM 的数据标准，为后期的数据积累、扩充和完善提供必要的信息化建设基础。

2. 可视化技术应用

BIM 与 GIS 的数据互操作性的链接，可以实现两个系统之间三维数据转换。将 BIM 三维模型中的房间信息，包括空间面积、家具、设备等信息传递到房屋资产运维管理平台中。从而可以查看从 BIM 模型中传递过来的各个楼层的空间布置图、建筑平面上各个房间功能和精确尺寸面积信息，并且用不同颜色进行标记，直观地显示当前资产的平面空间分配信息。除此之外，还能够浏览漫游 BIM 三维设计模型，查询模型中设备对象的信息。

3. 资产的全生命期管理

基于 BIM+GIS 模型将各类设施、设备资产进行统一管理，建立基础台账信息，包括设备的名称、编码、型号、规格、材质、单价、供应商、制造厂、对应备件号、采购信息等。通过从采购、入库、维修、借调、领用、分配、定位、折旧、报废、盘点，实现设备资产全生命期管理，简化和规范日常操作，对管理范围内的设备进行评级管理、可靠性管理和统计分析，提高管理的效率和质量。基于 BIM 三维模型，跟踪设备、设施资产位置及其相关属性数据，提高资产管理的透明度。

4. 物业后勤的运维管理

基于 BIM+GIS 模型，可对多个基础设施和建筑进行运维管理，如提供全面的维修计划管理，编制设施管理巡检、维修维护计划，设定任务执行人或者组织，以及设定任务执行所需工具及物料、任务执行参考步骤等，准确地预测未来维修工作需要的资源和费用，有效地跟踪巡检工作，降低维修费用，降低设备的停机次数。

2.3 激光扫描技术

2.3.1 三维激光扫描技术工作原理

三维激光扫描技术在电脑端口的扫描系统以及数据处理系统上，依据扫描仪的硬件特性与传输特性进行设计。通过扫描控制系统来实现对扫描范围以及获取点云精度的把控，用数据处理系统来采集收集的原始数据，再通过空间坐标将三个方位的坐标值转换到全局坐标中，并进行多次激光点云的过滤，使得其函数曲线变得光滑，最终实现对三角网格数据的重建。

三维激光扫描技术突破了传统的单点测量方法，能够提供扫描物体表面的三维点云数据，其主要工作方式有三种：

1）脉冲测距法。通过测量发射和接收激光脉冲信号的时间差得到仪器中心至目标点的距离。

2）相位测距法。利用光学干涉原理，通过测定调制光信号在被测距离上往返传播所产生的相位差间接测定往返时间，从而计算仪器中心至目标点距离。

3）激光三角测距法。通过立体相机与结构化光源所获得的两条光线信息，利用三角形几何关系求得测量仪器中心至目标点距离。

根据所测元件反射得到对应距离，测站至扫描点距离可由每个测量点得到，加上方向角便可获取相应坐标，最终形成扫描目标物体表面点云数据。其中，扫描仪采集数据坐标为局部坐标，以扫描仪自身为原点，x、y 轴在局部坐标系水平面上，且扫描方向为 y 轴，垂直方向为 z 轴，如图 2-7 所示，三维激光扫描目标点 P 坐标（X，Y，Z）的计算公式如下：

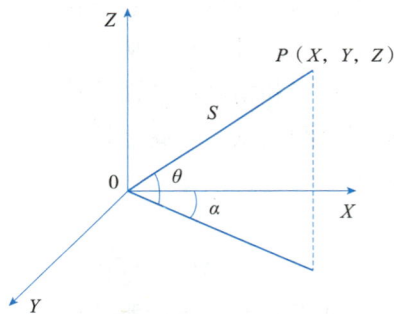

图 2-7 坐标空间关系

$$\begin{cases} X=S\cos\theta\cos\alpha \\ Y=S\cos\theta\sin\alpha \\ Z=S\sin\theta \end{cases} \qquad (2\text{-}1)$$

2.3.2 三维激光扫描系统分类

三维激光扫描系统有很多种分类方式，依据测量原理、扫描距离及运行的平台可分为机载、车载、地面、手持四类三维激光扫描系统。

1. 机载三维激光扫描系统

机载三维激光扫描系统是一个综合性扫描系统，将 GPS 定位系统、惯性导航系统、三维激光扫描系统等安装在飞机上，对目标物进行扫描测量，适合在较大区域内采集目标物三维数据。机载三维激光扫描系统对飞行器飞行区域以内采集目标物的三维点云数据，并且使用摄影测量系统配合录制目标物的全景影像数据，同时可以通过 GPS 系统进行定位（图 2-8、图 2-9）。

图 2-8　机载三维激光扫描仪原理示意图

图 2-9　某项目机载扫描数据成果展示

2. 车载三维激光扫描系统

车载三维激光扫描系统是以汽车为搭载平台，集成 GPS 系统、三维激光扫描系统、CCD 相机系统、惯性导航系统 INS 等，放置在汽车顶部。汽车在行驶过程中通过对目标物进行平面和空间的扫描，可以得到三维点云数据。扫描仪的位置通过 GPS 系统进行定位，姿态参数通过 INS 系统确定，最后对数据进行处理构建模型。该系统可以发挥出三维激光扫描动态、快速、灵活的优势，在一些大型工程建设中得到很好应用（图 2-10、图 2-11）。

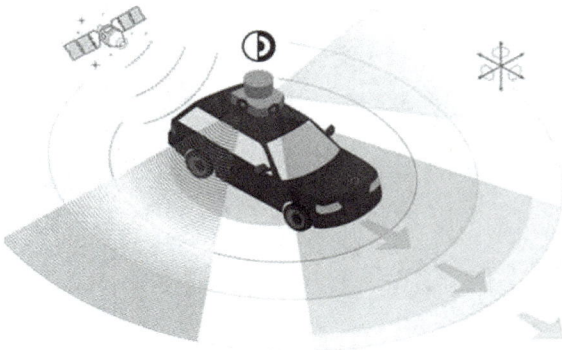

图 2-10　车载三维激光扫描仪原理图

图 2-11　车载三维激光扫描仪实拍图

3. 地面三维激光扫描系统

地面三维激光扫描系统应用最为广泛，由激光扫描系统、CCD 相机系统等构成。根据使用方式不同，有固定式和移动式两种，前者将扫描仪放置在三脚架上进行工作，后者可以灵活地放在背包等地方，通过在目标区域内走动收集点云数据。该系统应用的场景丰富，可以灵活应用在房屋立面测量、事故现场勘查、堆体方量计算、室内装修装潢、平立剖图绘制、数字园区、高校教学等领域的三维信息采集中（图2-12、图2-13）。

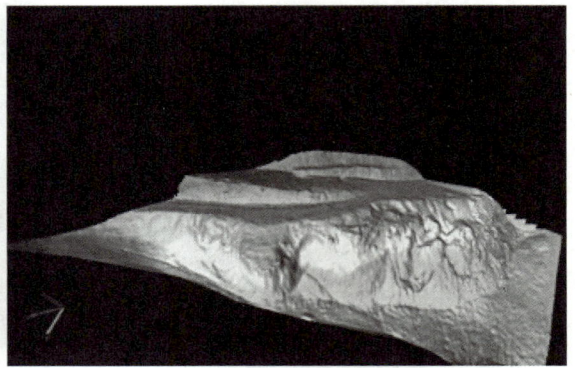

图 2-12　地面三维激光扫描仪堆体测量现场实拍图　　图 2-13　地面三维激光扫描仪堆体测量数据成果展示

4. 手持三维激光扫描仪系统

手持三维激光扫描仪系统可以集成激光雷达、全景相机、高精度惯导及高性能计算机等模块，操作简便，能够实时生成真彩点云模型，并通过远程协作实现内外业无缝衔接，可以灵活地应用在地形测绘、应急测绘、工程测绘、农林调查、矿业勘探等领域（图2-14~图2-17）。

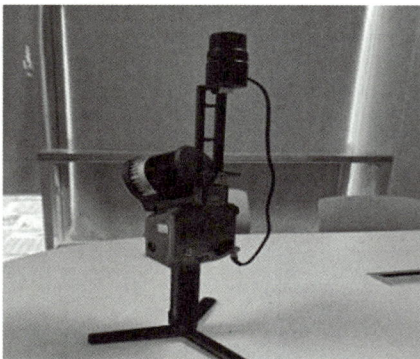

图 2-14　手持三维激光扫描仪　　　　图 2-15　作业流程手机操控

图 2-16　某建筑外立面

图 2-17　手持三维激光扫描仪系统采集数据成果展示

2.3.3　三维激光扫描技术应用范畴

三维激光扫描技术具有非接触测量、数据采样率高、高分辨率、高精度、全景化扫描等主要特点。随着电子信息技术的不断进步，三维激光扫描技术产业化应用方面的研究也在不断深入，其应用领域日益扩大，逐步从科学研究进入到人们的日常生活。

1. 工程应用领域

大型土木工程测量：主要是在道路、桥梁、地下坑道等工程施工现场，对施工之前的地形进行扫描，提供准确的数据支持，建立施工后目标三维图形，对施工进行质量把控，并记录相关数据。

复杂工业设备测量：工业设备一般管线林立，纵横交错，因此对工业设备进行规划、改造过程中，可以利用三维激光扫描技术生成高精度三维模型，为数据测量提供依据。

地质应用：可以在地质方面的地质调查、编录、环境监测、安全监测以及裂缝研究中提供技术支持。

变形监测：相较于常规变形监测技术，三维激光扫描技术可以得到精度均匀、密度高的数据，可以发现许多细节变化，数据中包含任意截取断面，能够分析目标的整体稳定性。

2. 文物保护领域

三维激光扫描测量仪能够实现高精度、无缝隙测量，可以用来对古建筑进行高精度模拟存储、结构探测和修复性测量等。同时，还能够通过高精度测量鉴别文物真伪，因此三维激光扫描测量仪是考古技术发展的重要突破。

3. 空间信息技术领域

激光扫描技术与全球定位系统（GPS）、惯性导航系统（INS）、电荷耦合（CCD）等技术相结合，在大范围内高精度数字高程模型（DTM）的实时获取、城市三维模型重建、局部区域地理信息数据的获取等方面均表现出强劲的优势，成为测绘科学与技术的一个重要补充。

4. 其他领域

三维激光扫描技术在其他领域也有相应的应用。在制造业中，基于三维激光扫描仪数据的快速原型法为产品模型设计开发提供了另一种思路，与虚拟制造技术（Virtual Manufacturing）一起，被称为未来制造业的两大支柱技术。基于三维激光扫描技术重建的三维模型，可直接应用到国防、执行机关及政府机构等社会安全辨认上。在电脑游戏业方面，利用三维激光扫描仪获取数据构建三维场景。在电影特技制作方面，也有着广泛的应用。三维激光扫描技术的介入促进了相关应用领域的发展，同时，应用领域的大量需求也成为促进研究的动力。

纵观三维激光扫描技术的发展史，最初仅被用于军事测量、武器预制等方面，接着转向医学领域、工业零件生产领域，现如今在建筑测绘、文遗保护、地质勘测等各行各业都拥有实用价值。激光测距定位这项核心技术，随着科技的发展越来越精确，且单点采集模式转变为连续多点自动采集，提升了测绘的精准度和效率。显然，三维激光扫描技术发展至今，在各个领域都发挥了一定的应用价值。本书将重点关注它在运维管理中的使用价值。

2.3.4 三维激光扫描技术在运维管理中的应用场景

在工程使用阶段，三维激光扫描技术主要应用于逆向建模与运维系统结合、加固改造设计、建筑物变形智能监测。

1. 逆向建模与运维系统结合

目前建设工程运营和维修的基础是完整的竣工图纸，但二维的竣工图不能很好地展现实际状况，而且往往竣工图与工程实际数据存在一定差异。采用三维激光扫描技术进行工程逆向建模，并在实测三维数据基础上生成 VR 全景，能让运维人员更加身临其境感受到实景化的体验，将来还能将实测模型与运维系统相结合，甚至能远程操控机器人进行工程运维管理（图 2-18、图 2-19）。

2. 加固改造设计

对于加固改造或改扩建工程，通过三维激光扫描技术可以十分方便地获得现有建筑、管线等物体的位置及尺寸信息，为设计人员全面了解现有建筑实际情况及后续设计提供准确数据。

3. 建筑物变形智能监测

传统的建筑物变形监测是通过定期反复观测来获取建筑物变形资料，需布设水准监

图 2-18 某建筑测量数据展示图 1

图 2-19 某建筑测量数据展示图 2

测网，且实地勘测需耗费大量人力物力，具有效率较低、工作量较大、采样密度不够高等缺点，其数据获取与处理方式已经不能满足目前建筑物变形监测的发展需求。

地面激光扫描技术以高精度、高效率而著称，相对于合成孔径雷达技术，无论建筑物变形大小，均可以获取三维方向的高精度变形值，相对于摄影测量技术而言，其获取的信息精度极高，建筑物点云不存在畸变。因此，基于地面激光扫描技术开展建筑物变形智能监测可以很好地满足建筑物变形监测的发展需求。

2.4 物联网技术（IoT）

2.4.1 物联网技术的概念

物联网（IoT，Internet of Things）是一项把所有物品通过射频识别等信息传感设备与互联网连接起来，实现智能化识别和管理的新技术。通常具有全面感知、可靠传送、智能处理的基本特征，但其核心仍是实现物与物、人与物之间的信息交互。

物联网万物互联的实现离不开 RFID、传感器网络等关键技术的支撑。RFID 射频识别是一种非接触式的自动识别技术，它通过射频信号来自动识别目标对象并获取相关数据，识别过程无须人工干预，可应用于各种恶劣环境。传感器网络是包含互联的传感器节点的网络。其中传感器节点是由传感器和能检测处理数据及联网的执行元件组成的设备，一般可由有线或无线通信交换传感数据。传感器则是机器感知物质世界最有效的工具，通过对声、光、电、热等物理以及化学信号的感知，为网络系统提供最原始的数据信息，现阶段，传感器已逐步变得更加微型化、智能化、网络化。物联网正是通过前端各类传感器的数据采集及其构成的传感器网络来实现真实世界的万物感知（图 2-20）。

2.4.2 物联网发展历程

2004 年日本提出 U-Japan 战略，希望在 2010 年将日本建设成一个"Anytime，Anywhere，

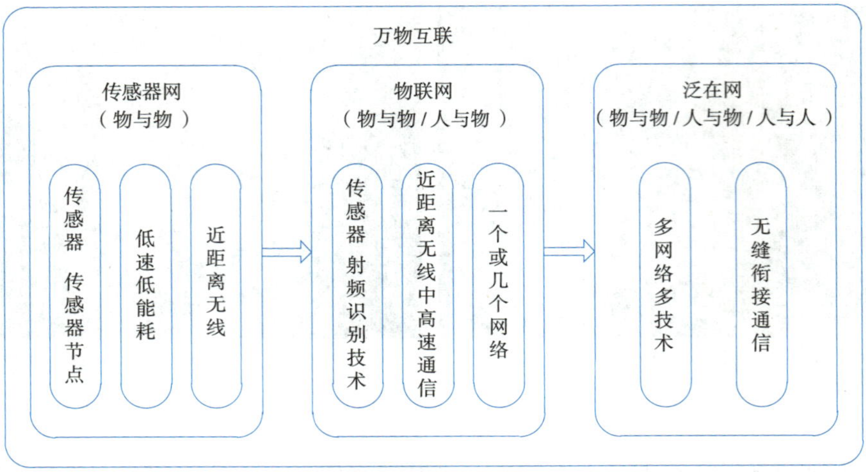

图 2-20　IoT 万物互联

Anything，Anyone"都可以上网的环境；2005 年，国际电信联盟提出了"物联网"的新概念。之后，一些发达国家纷纷将物联网作为新兴产业，并出台战略措施予以落实。国际上，物联网研究的代表主要有美国、欧洲、日本和韩国。

美国提出"智慧地球"概念，目前"智慧地球"已上升至美国的国家战略。在技术上，美国在物联网的很多关键技术上处于领先地位，如射频识别（Radio Frequency Identification，RFID）技术、无线传感网络、网格计算、传感器开发等。

欧盟是第一个系统提出物联网发展和管理计划的机构。早在 2009 年，欧盟委员会递交了《欧盟物联网行动计划》以确保欧洲在构建物联网的过程中起主导作用。

在日本和韩国，物联网的发展也得到了积极的支持和推广。日本大力发展泛在网络，建立泛在识别（UID）的物联网标准体系。2009 年，日本提出强化物联网在交通、医疗、教育和环境监测等领域应用的 I-Japan 战略，计划到 2015 年实现以国民为中心的数字安心、活力社会。同年，韩国通信委员会出台《物联网基础设施构建基本规划》，将物联网市场确定为新增长动力。

我国物联网研究起步较早，在政府和相关组织推动和指导下取得巨大进步。2003 年末，由国家标准化管理委员会、科学技术部正式确定了物联网等相关概念，从此我国物联网走向标准化发展。2009 年，"感知中国"理念进一步提高了物联网在我国的重视程度，同时确立了物联网产业作为信息产业浪潮的核心地位。2010 年我国政府工作报告将"加快物联网的研发应用"明确纳入重点产业振兴。国务院等部门积极研究制定促进物联网产业发展的扶持政策，由此，推动了中国物联网建设的快速发展。

此后，随着物联网的基础能力 5G 技术在基础网络建设、5G 专网建设、5G 芯片模组供给能力等提升，5G 物联网的应用得到极大提升。物联网作为新基建的重要组成部分，随着我国促经济、稳投资、大力开展"新基建"，物联网技术将在"新基建"工作中发挥极大价值。

近年来，传统物联网架构的处理和计算能力已不足以支撑物联网络的深度覆盖、海量连接、实时处理、智能计算等需求，在终端智能及边缘计算等发展背景下，智能物联网（Artificial Intelligence of Things，AIoT，一般也表示为 AI+IoT 或人工智能物联网）作为未来物联网发展的新趋势，近年来得到了广泛关注。

2.4.3 物联网技术架构及特点

1. 物联网技术架构

物联网作为一项新兴技术，虽然现阶段世界各国进行了深入研究和探索，但是物联网的技术架构尚未达成统一认识，目前主流的观点认为物联网的技术架构模式分为两类。

1）第一类是运营商模式。现阶段主要是运用在垂直领域市场，其中典型的商业运用是美国私有化虚拟运营商 Tasper Wireless。这一模式主要是使用运营商的专有协议，通过专用号卡与物联网终端建立链接。利用物联网平台的软件服务层（SaaS）分别开发出针对基础设施服务层（IaaS）的专用系统和解决方案。这一模式针对性较强，专用号卡使得终端便于维护和管理，但不利于接入端的扩展，同时由于需要开发专用系统，不利于成本的控制。

2）第二类是互联网模式。这一模式的物联网终端使用统一标准的接口和工具，物联网平台的基础设施服务层（IaaS）采用简单的应用逻辑，在设计软件服务层（SaaS）时只需要提供基础的应用，这大大降低了开发者的终端解决方案，目前较多应用在开关式应用、预警系统、能耗监测、传感器数据采集和分析等领域。

2. 物联网技术特点

物联网技术不是单纯的某一项技术，而是由诸多信息化、智能化技术系统集成在一起组成的物物连接的网络。根据信息的功能层次可以将物联网划分为感知层、网络层和应用层这三层递进结构（图 2-21）。

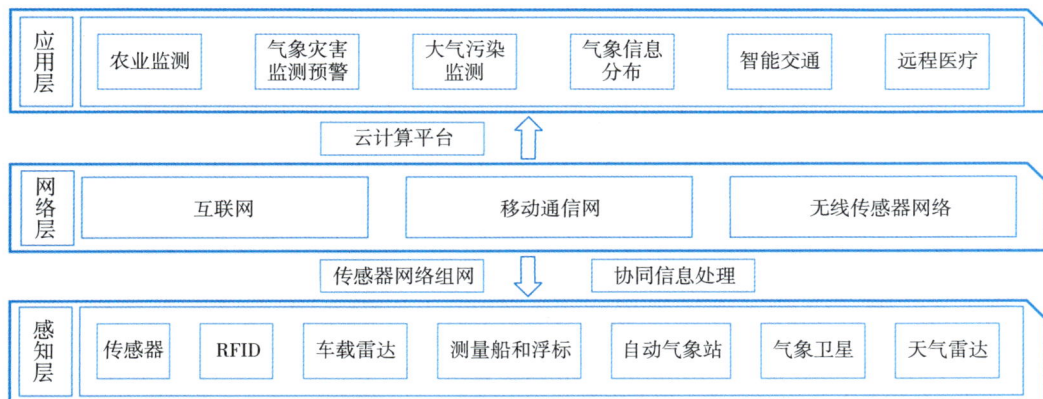

图 2-21　物联网体系

1）感知层。感知层是物联网技术的基础，是物与物、人之间建立联系的桥梁，现阶段感知层主要是通过相关设备获取信息，例如红外识别、图像采集技术、GPS 技术、RFID 技术、生物识别技术、NFC 技术、传感器技术等。

2）网络层。网络层是指将感知层收集到的信息上传到互联网或局域网内，并最终提供给应用层进行使用。互联网或局域网是物联网的核心，其中常用的是无线网络，主要指移动通信网络技术，特别是随着 4G 普及以及 5G 技术的发展，未来信息传输在时间和流量上的效率大大提高，给无线传输带来巨大想象空间，同时也为物联网技术发展带来质的提升。

3）应用层。应用层是指实现信息处理和人机交互的功能。在接收网络层相关信息数据后，通过智能处理，进而将各种结果反馈到人的过程，最终为决策提供帮助。随着计算机技术智能化的发展，物联网在水电、智能穿戴设备、智慧城市、智慧交通、医疗、物流等社会各个领域广泛应用。

结合物联网的三个功能层次来看，物联网技术主要包含以下三大特点：

1）全面感知。通过借助各种感知设备全时段获取物体的信息，大大提高了信息的广度和量度，为决策和管理提供事实基础，降低决策风险。

2）可靠传递。通过接入网络，借助各种不同的通信协议，随时随地可以进行信息的交互和共享。

3）智能处理。通过相关软件和工具对大量的信息数据进行挖掘、处理，做出智能化的控制和决策。

2.4.4 物联网技术在建筑智能运维管理中的应用场景和必要性

1. 物联网技术在运维管理中的应用场景

物联网技术在智慧建筑的应用主要集中在智能家居、智能家电、安防控制、能耗管理、环境监测、远程抄表、设备监控等建筑的运维管理方面，主要是借助传感器识别技术、自动化技术、网络及嵌入式系统等技术与建筑设施或设备融合在一起，进行智慧运维管理。

2. 物联网技术在运维管理中的应用必要性

物联网发展的二十多年，我国建筑的规模体量和复杂程度也在发生变化，建筑设备功能愈发复杂，传统人工运维管理的模式已经无法满足用户日益增加的需求和业主的经济目标，因此物联网下的建筑运维管理模式给建筑运维管理带来了新的发展方向和广阔的应用前景。

2.4.5 物联网技术在设施管理中的智能化应用场景

基于上述物联网技术，以及物联网和 BIM 技术的结合，物联网在设施管理中的具体应用分析如下。

1. 设备监控

物联网的传感器 RFID 技术可以远程完成监控或者调节建筑物恒温器等工作，甚至可以节约能源和简化设施维修程序。类似物联网应用具有容易实施、容易梳理性能基准的优点，并得到所需的改进。基于物联网的运维系统的管理人员可以实时查看设备的运行情况，一旦发现异常即可进行远程控制。系统中的中央空调模块，可通过监测空调出风量和供水回水温度，及时处理异常情况；管理人员还可以根据天气光照亮度情况，分楼层、分区域开启或关停全部或局部照明设备等。

2. 设施故障的高效反馈和维护

基于物联网的运维系统，承担运维部的调度指挥功能，可对系统内各类设备进行全天候实时故障监测，一旦发生故障就会发出声光警报，设施管理人员可立即发出维修指令。通过这种方式，后勤管理人员可以第一时间获取故障信息、确认故障原因并立即排除，提高工作效率。对于用户报修的故障，建立起高效维修管理机制，可以及时获取报修信息，实现有效沟通与维修过程全程监控，便于追踪查询维修完成情况，并生成多维度统计报表，便于管理者从维修情况了解设备实际情况，客观反映维修人员工作业绩。

3. 基于物联网的智能化运营管理

智能化运维管理系统具有自动化控制、能耗监测及统计分析等功能。通过物联网技术实现设备实时监控，包括对中央空调设备、锅炉设备、照明设备、电梯设备、生活冷热水设备、集水井设备、空压机设备、负压机设备、变配电设备和计量设备等运行状态监控，实现能源计量、数据分析、数据上报和系统管理等功能。后勤智能化管理系统包括监控中心、监视模块、信号收发器、无线功率传感器、无线设备和报警模块等。系统在设备上安装具有无线射频通信功能的无线功率传感器或无线设备标签，需要监控设备的区域安装位置监视器，利用通信功能的信号接收器，把无线功率传感器或者是无线设备标签发出来的设备运作状态及其位置信息转发到控制中心。

系统通过统一的数据交换网络使得信息从监测点无缝传输到平台，对设备的运行状况进行实时动态监控，设备一旦出现故障，平台立即将报警信息通过监控图像、声光报警、短信推送等方式，通知到现场维护人员、系统监控人员及远程支持人员。系统通过设备运行的能效分析和智能管理，提高设备的工作效率，减少能源浪费。通过对平台静态数据的动态管理、动态数据的对标管理、对标数据的智能管理，最终实现建筑设备的安全、高效、舒适、节能和精细化运行的管理目标。

4. 基于物联网的智能化维护

1）维修模块

整合监控中心与维修中心，设立统一的后勤服务调度中心，全天候持续运行。设置专职调度员实时接收来自各种渠道的报修和设备监控系统的报警，中心通过平台系统进行任务发布与进度追踪。所有报修可通过电话、PC客户端、微信等多种渠道一站式报往调度中心，后续由调度中心发往各班组，并进行完工反馈，实现全流程闭环管控。由后勤服务调度中心发往各班组的维修信息通过班组内接报分屏实时滚动提示，涵盖接报时间、故障区域、故障内容、派工时间与人员、其他班组协助需求等主要信息。有需求的部门通过内网随时可查询高度透明化的进程信息，可清晰地了解运维管理部门对服务需求的响应情况、工作进展或导致无法及时完成的客观原因。

2）巡检模块

运维设备管理中电力系统、暖通系统、供水网络、消防系统、监控系统等涵盖的现场设备种类繁杂、数量庞大，安全巡检工作极为重要。巡检模块的建成，通过传统模式向移动端转型，提高了巡检效率与后续管控力度。在需要巡检的重要设施设备附近张贴二维码，做到重点部位全覆盖。巡检人员每次巡检时通过对现场设备二维码扫码定位，即可快速在移动端（手持式PDA设备）录入巡查信息，巡检完成后连接内网上传数据至信息管理平台。未按计划完成的巡检点位，系统将以红色条目警示管理者，确保巡检到位。

系统中录入设备品牌、供应商、维保单位和维修记录等设备基础信息，对需要定期保养的设备制定保养内容、保养标准和保养计划。定期生成保养任务，并在临近保养日期时自动提醒，避免因忽视周期性保养引起的设备故障。保养人员根据任务计划执行保养，现场检查设备并记录保养内容，通过对比保养标准及时发现异常情况并进行排查，不能排除异常时作为设备故障处理，填写维修单进行维修记录。巡检管理与保养管理模块的规范应用，将传统的被动维修转变为积极主动的预防性维修，通过对设备运行维护进行有效监管和控制，实现设备全生命期管理。

5. 设施的信息追踪和库存管理

把传感器安装在各个设施上、运输的各个独立部件上，从一开始中央系统就追踪这些设备的安装，直到结束。在设施管理中，在设备上按照传感器或者RFID Tag，设施管理者可以清楚地知道设备的状态和使用情况。在库存管理过程中，用RFID Tag帮助设施管理人员统计库存数量，在维修和使用阶段，快速告知现场管理人员进行采购和补充货物，从而降低损失和节约成本。

6. 数据分析和决策

物联网提供的数据，可以帮助建筑设施的管理者很好地作出决策。物联网和设施管理系统结合，可以提供完整的工作场所管理解决方案，能将来自传感器和设备的数据与强大的分析技术结合起来，以优化从核心设施维护到资本项目管理、空间管理和能源管理等在内的一切工作。随着数字化和实物基础设施继续融合，通过物联网的运营方法，可以在维护、空间管理以及财务和环境方面快速作出决策和贡献更多价值。

同时，物联网还可以追踪建筑物内人的行为，通过人们所使用的设备类型，以及其他关于人们使用设施的相关数据，可以聚合起来以更全面地了解。设施使用数据和物联网数据的结合，将会有力地支持设施管理者的分析及预测，并快速制定实施方案。

相较之下，物联网的发展和应用在层次定义工作方面也卓有成效，已经构筑了端到端物联网解决方案的分层框架。同时，各参考架构在层次划分上显示出一些共性，以支撑不同垂直行业的需求和用法。其基本层次划分如下：智能传感器层，网络连接层，互联所有层次的 IoT 云平台，数据存储与分析层，应用层，后台企业系统。

与此同时，基于 BIM 的物联网设施管理还可以和云计算结合。云计算在智能建筑里面应用比较多的是建筑群能耗计量与节能管理系统，不需要每个楼里面都采用建筑群能耗计量与节能管理系统，只要用一个云计算平台，把这些系统统一起来，形成一个总的能耗计量与节能管理系统。

2.4.6　BIM 与 IoT 结合的运维管理应用

BIM 和物联网结合可以用于日常维护与资产管理。单纯 BIM 模型本身，在建筑、设备、设施的日常运维方面，可直观反映其结构、组成、位置及相应设计参数、施工工艺、维护维修内容（如养护、测试、维修流程及操作工艺、需要的工具及材料）等参数化信息。BIM 与物联网技术相结合则可在设施与设备现场为每个设施设备分配一个指定的 RFID 标签或二维码。阅读器读取 RFID 标签信息后传送到管理服务器，系统软件实现对标签信息的管理。在服务器设备上粘贴 RFID 标签，通过感应装置（阅读器）和网络传输（有线或无线）将设备信息传递到管理服务器，通过系统软件可以实现设备的定位，进而实现设备自动盘点、资产信息自动更新、机柜空间使用情况统计和新装设备位置规划等管理功能。

在设施管理中，物联网中应用不同的传感器，如温度传感器、湿度传感器、声音传感器、光照传感器和二氧化碳传感器等。这些传感器收集到的信息会存储到建筑管理系统中，或者专门的状态信息数据库中，并将各个传感器的信息和数据库连接到一起。

在进行运维检修、定位查看时，使用智能终端设备获取现场设施设备对应的电子标签，并与 BIM 模型数据进行数据交换，在可视化环境下显示对应的 BIM 模型，还可查询相应设备的属性、状态及运维信息，进而更加有效地制订维护计划，避免过度维修或维修不足，降低维修成本，提高维修质量。

基于 BIM 的物联网基础设施管理体现出高度复杂性，因其涉及设备、连接方式、协议、数据吞吐量、数据采集周期、网络的时间敏感性以及应用要求等方方面面。在此三维模型和设施系统结合的情形下，水平解决方案更为实用，其有效的总体架构能够为开发者和管理者透明地处理这些变量。BIM 平台可以为用户提供所需的功能，包括平台灵活性、可扩展性、工具、SDK 和软件库等。尽管如此，整个物联网和 BIM 的连接，数据安全和数据流完整性仍然面临挑战，整合平台的实用化仍有待进一步研究。

2.5　人工智能、大数据及云计算技术

2.5.1　人工智能

1. 人工智能概述

随着近几年人工智能被国家列为产业融合发展和转型升级核心技术，建筑业作为国民支柱产业，利用人工智能作为推进数字化转型的关键技术，是推动建筑业高质量发展的关键。跟随国家政策指引，国内外对人工智能相关研究数量也在飞速攀升，梳理国内建筑业人工智能研究主题，为前沿研究探明研究方向和路径，是推动建筑业人工智能快速发展重要保障。

人工智能技术随着第四次工业革命的发展已经成为核心技术，随着相关政策的发布，国内对人工智能技术的关注度持续上升。国内外对人工智能的概念进行了多维度阐述，并针对人工智能制定相关标准，如表 2-3 所示。

人工智能标准 表 2-3

组织	文件	内容
国际标准化组织/国际电工委员会第一联合技术委员会（ISO/IEC JTC1）	《信息技术人工智能概念和术语》	技术发展特点形成脉络和相关术语和概念
	《信息技术运用机器学习的人工智能系统框架》	提出了机器学习技术框架，包括监督学习、无监督学习、半监督学习、迁移学习和增强学习等机器学习方法，并界定了机器学习全流程
	《信息技术人工智能管理体系》	管理体系类标准规定了在组织范围内建立、实施、维护和持续改进人工智能管理体系的要求和指南
	《信息技术人工智能可信概述》	从宏观角度提出人工智能可信赖问题，分析了人工智能系统存在技术脆弱性影响因素
	《信息技术人工智能风险管理》	构建人工智能技术和系统开发及应用过程的管理指南，描述人工智能系统风险评估要素及风险应对措施
国际标准化组织（ISO）	《智能制造主题白皮书》	定义智能制造概念，识别智能制造相关方，梳理相关技术，提出发展原则并分析未来影响
国际电工委员会（IEC）	《人工智能跨行业应用》	人工智能技术及其与垂直行业的融合，为更多创新应用、商业模式落地以及标准化体系构建提供指导
电气与电子工程师协会（IEEE）	《人工智能和自治系统的伦理设计全球倡议书》	聚焦人工智能领域伦理道德标准，建立人工智能伦理的设计原则和标准
美国国家标准技术研究院（NIST）	《美国人工智能领导力：联邦参与制定技术标准及相关工具的计划》	提出了人工智能标准的九个重点领域：概念和术语、数据和知识、人际互动、指标、网络、性能测试和报告方法、安全、风险管理、可信赖

人工智能概念根据分类可以划分为弱人工智能（ANI）、通用人工智能（AGI）、强人工智能（ASI）三个方面。弱人工智能不具备自主意识，仅能执行预设的特定任务。强人

工智能则是更接近于人类思维的智能系统。当前业界普遍讨论的人工智能概念指的是利用数字计算机或者数字计算机控制的机器模拟、延伸和扩展人的智能，感知环境、获取知识并使用知识获得最佳结果的理论、方法、技术及应用系统。

根据人工智能生态框架可以将人工智能的相关研究划分为三个方面，包括基础层、技术层和应用层。基础层研究聚焦算法研究，目前基础层研究算法需求和芯片研究是国内发展亟待突破的瓶颈。构建芯片产业发展生态，推动数据的高效利用是人工智能基础层未来的发展态势。技术层研究主要包括各类算法与深度学习技术，通过深度学习框架和开放平台实现对技术和算法的封装。因此如何实现算法技术的突破，构建深度学习框架，完善人工智能技术的测试能力是重要研究方向。应用层则是实现人工智能技术与各个场景的深度融合，推进人工智能技术的应用发展，包括制造业、医疗、教育等方面的应用。

2. 人工智能在智能运维应急管理中的应用场景

1）人脸识别技术在安防管理中的应用

近年来，人脸识别硬件的进化速度很快，处理器和图像采集设备性能提升、成本日渐降低，镜头模组的更高分辨率、更小体积、更低功耗等，都意味着几乎所有的智能设备原则上都已具备安装和部署人脸识别的技术基础和可能性，数码相机、摄像机、拍照手机的不断普及，极大地拓展了人脸识别技术的使用空间。

目前，安防系统中人脸识别系统主要是基于对监控视频内的动态的人脸进行检测、识别、报警、查询的系统，在安防领域的应用无外乎如下 4 种。

（1）1 对 1 身份确认

如火车站、宾馆等场合需要核实身份证与持证人员是否为同一个人，此类应用与金融行业的身份认证基本一致。

（2）1 对 N 实时比对报警

如在火车站、地铁站、机场等重要节点设置人员通道，对在逃人员等进行实时布控，一旦出现立即予以抓捕。又如商业应用，通过实时对比进店人员，发现 VIP 并提高服务质量。

（3）静态库或身份库的检索

如对常住人口、暂住人口的人脸图片进行预先建库，通过输入各种渠道采集的人脸图片，能够进行比对和按照相似度排序，进而获悉输入人员的身份或者其他关联信息。

（4）动态库或抓拍库的检索

对持续采集的各摄像头点位的抓拍图片建库，通过输入一张指定人员的人脸图片，获得其在指定时间范围和指定摄像头点位出现的所有抓拍记录，方便快速浏览，当摄像头点位关联 GIS 系统，则可以进一步按照时间顺序排列检索得到抓拍记录，并绘制到GIS，得到人员运动的轨迹。

当前比较常引用的 1 对 1 身份确认技术，应用深度学习后，正确率不断提升，甚至已经超过人类的识别正确率（97.5%）。

2）语音识别技术在安防管理中的应用

（1）人员身份认证

在安防管理中，通过提取相关工作人员语音生理和行为特征并结合人脸、指纹识别等技术，将工作人员的相关信息记录到安防管理平台或者上传到云端。在需要进行人员身份认证的场景中，调取储存的信息进行身份校验和鉴别，大大提高对人员的管控。

（2）语音报警提醒

在安防管理中，出于成本、环境等各方面的考虑，摄像头布置范围有限，存在着很多的监控盲区，因此更需要通过语音识别技术来管理摄像头无法监控的区域。另外，将语音技术、视频技术与BIM模型相结合，实时采集语音报警的相关位置，通过相关算法调取附近的监控画面，快速准确定位到具体位置，为安防管理提供快速决策依据。

（3）降低成本

语音识别是成本最低的生物识别技术，既不像视频监控一样需要依赖昂贵的成像芯片和光学镜头，也没有电脑和移动终端的限制，只需要一枚麦克风即可进行语音采集、身份认证以及语音报警信息采集等功能。

目前，语音识别技术在安防管理中的应用案例还并不多见，主要原因是语音识别技术的准确率跟周边环境有很大的关系，在嘈杂环境中，如何获取高清降噪的真实数据、增加语音识别的准确性，是影响语音识别技术在安防管理以及其他领域应用的技术难点。

相信随着语音识别技术的不断发展，进一步提高识别精准性、增加语音系统词汇量以及商业化成本的降低，语音识别技术的应用将会更加广泛。

3）声纹识别技术在安防管理中的应用

随着科学技术的迅速发展进步，人们越来越关注个人信息安全和在公共领域中身份验证的可靠性、便捷性和智能化。对比常规ID卡片的不易携带和人脸识别对光线的要求，声纹识别具有操作方便、支持远程验证、设备性价比高、系统准确性高等特点，被人们认为是最自然、最经济的生物识别技术，具有广泛的前景和应用价值。

在建筑安防管理中，声纹识别技术可在以下场景中进一步地拓展和应用。

（1）智能、便捷地识别工作参与者的身份

在建筑运维管理的工作中，基层运维人员具有高流动的特性。在传统运维管理过程中，管理者多用不同账号区分不同工作人员，也因此带来账号管理混乱、违纪倒班等一系列问题。因此在实际的工作分配及交流过程中如何快捷地识别参与者成为一个难题。

通过声纹识别技术，无须特殊的设备，在运维工作中工作人员在手机、麦克风等终端通过语音交流时即可实时识别参与者的身份，管理者在分配工作时能够方便快捷地进行确认，而不必二次确认工作人员的身份。例如，中控室内工作人员在视频监控系统中发现一处异常区域，通过对讲系统发布任务后，相关的工作人员可以在同一任务工单中通过语音沟通现场情况，并根据语音分析出工作人员身份，极大地提高总控室与现场人员的沟通效率。

（2）门禁身份验证

声纹门禁就是利用声音来控制门的出入权限，每个人利用自己的声音做钥匙，利用声纹识别技术，特定人员对着语音采集仪说出预先录制的语句，就可以实现身份识别，从而通过门。声纹具有不易遗忘、防伪性能好、不易被盗、随身"携带"和随时随地可用等优点，与门禁系统相结合可以有效地提高门禁系统的安全性和便利性。

（3）与室内定位系统相结合的智能巡更、巡检管理

理想的巡检系统，可以有效提升特定区域、厂区、建筑、设备和货物的安全系数，不过目前仍有许多企业采用比较传统的巡检方式：巡查人员在巡查点的记录本上签到，以此进行巡检管理。这种方式很容易受气候条件、环境因素、人员素质和责任心等多方面因素的制约。将声纹识别技术和 GPS 定位、室内定位系统相结合，有效提高巡检质量，提升巡检对象的安全系数。

例如，在建筑内部巡检过程中，传统的方式需要楼巡人员提前熟记巡更的路线和巡检的事项，并在有经验的师傅带领下熟悉相关流程。采用新技术后，通过室内定位系统可明确楼巡人员所属的位置，智能终端通过语音提示楼巡人员下一步巡视路线和巡视检查项，楼巡人员通过语音对讲明确检查结果。该系统不但降低了对人员培训的投入，也利用声纹识别技术从技术上杜绝补签、冒签等弊端，切实提高巡检的质量。

（4）异常事件参与者身份确认旁证

在日常运维管理工作中，如果现场发生人员纠纷时，需要保安、运维人员及时到达现场进行调解和疏导，如何保证保安人员和运维人员的调解和疏导规范有效，如果引发争议如何明确责任也是运维工作中的一个难题。

通过保安人员和运维人员智能终端设备传回至中控室的声音数据，结合现场视频监控画面可完整地还原现场发生的状况，并通过声纹识别技术明确参与者身份，若后期产生更大的纠纷，可作为旁证提供给司法机关。

（5）远程授权

在运维管理工作中，重要机房的门禁、重要指令的发布、关键的操作命令等敏感操作若使用密码确认、ID 卡确认则存在泄漏风险，而无论人脸识别或指纹识别，则均需要相关人员在现场进行确认，在很多时候造成了极大的不便。而利用声纹识别技术则可以在保证安全的同时支持远程授权的操作。如图 2-22 所示，通过对动态密码语音中的密码内容及请求人身份的双重识别，实现对操作人身份合法性的双重验证。

系统下发动态密码 ➡ 用户根据提示读出动态密码 ➡ 系统使用语音识别对动态密码内容进行检测 ➡ 系统对用户的声纹特征进行匹配

图 2-22 动态声纹识别流程

2.5.2 大数据

1. 大数据的概念

大数据是一种已无法用普通的操作系统及方式获得，且超出原有数据库系统的分析能力范围，需要新处理模式才能获得的规模巨大、类别繁多的数据集合，在合理时间内，通过高效获取、处理与分析，转化为支撑企业经营决策的深度洞察，获取海量的数据信息已不是大数据技术存在的目的，其战略意义在于专业而规范地处理这些各具特色的海量信息，进而增加这些数据信息的使用价值。

目前，大数据技术的研究与应用在现代社会越来越发挥着重要的作用。大数据是一种数量庞大且数据类型多样的信息资产，具有流程优化能力。

2. 大数据特征

大数据的 5V 特性包括：Volume（大量），Velocity（高速），Variety（多样），Value（价值密度低），Veracity（真实），具体的解释如图 2-23 所示。

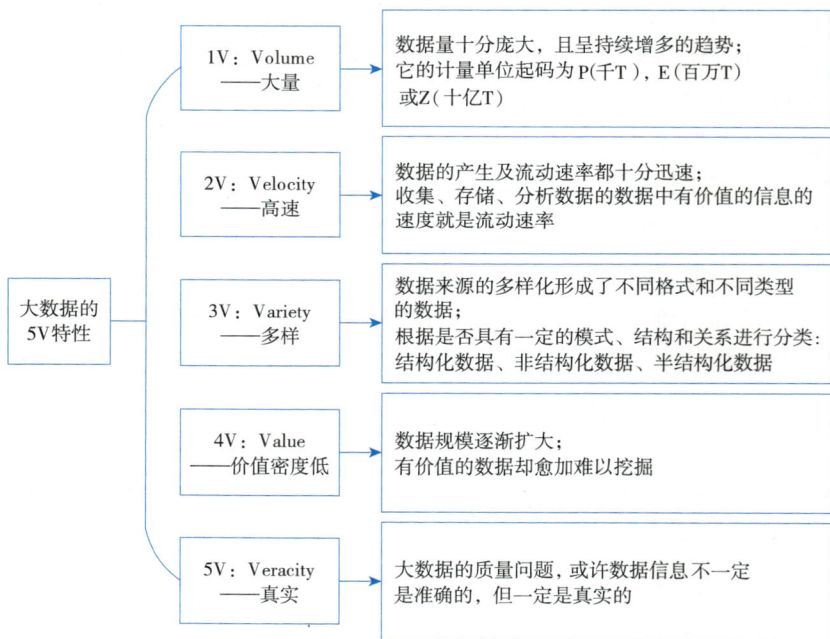

图 2-23　大数据的 5V 特性

第一，大量。数据量大，衡量单位为 PB 级别，并且存储内容多。

第二，高速。大数据在获取和分析速度上要及时且速度，并且要保证在短时间内让更多的人接收到信息。

第三，多样。大数据的数据来源是从各种渠道上获得的，比如说各种网页、相关平台、文本数据，以及各种图片和音频资料等，所能获得数据的种类是多种多样的。

第四，价值密度低。信息价值和商业价值是大数据本身所具有的两种价值属性。首先大数据技术可以更加全面搜集到有价值的数据信息，并且还可以利用大数据技术对这些信息进行科学地分析，审计人员利用大数据技术进行审计就可以得到更加有价值的过程和结果。

第五，真实。数据的重要性就在于对决策的支持，数据的规模并不能决定其能否为决策提供帮助，数据的真实性和质量才是获得真知和思路最重要的因素，是制定成功决策最坚实的基础。追求高数据质量是大数据一项重要的要求和挑战，即使最优秀的数据清理方法也无法消除某些数据固有的不可预测性。例如，人的感情和诚实性、天气形势、经济因素以及未来。

3. 大数据的数据处理流程

数据处理流程包括采集、预处理、统计与分析、挖掘、可视化与应用五部分。

1）数据采集

数据采集是将不同类型的数据分类存入数据库中，并可以使用一些指令查询和处理多个数据库中的数据的过程。

2）数据预处理

大数据的预处理主要包括数据清理、抽样分析、格式转换、特征重组、精确范围等内容，从众多数据源获取数据，然后通过预处理过程使数据具有统一的格式，方便下一步数据分析和挖掘。

3）数据统计与分析

采用假设检验、相关分析及其他分析技术，将储存在数据库内的资料，经过简单统计与分析，达到共同分析需求。实时性数据分析技术包括 GreenPlum，Oracle 公司 Exadata 等，以及基于 MySQL 的 Infobright 等，并且某些批处理或以半结构化数据为基础的数据分析也可采用 Hadoop 技术。

4）数据挖掘

数据挖掘是使用 SVM 等算法找到数据间未知的关系，该过程涉及算法十分复杂、计算量巨大。

5）数据可视化与应用

数据可视化与应用，就是用图形或者图像这种通俗易懂的形式，把数据分析结果展示在用户面前，并且能够与用户交互式沟通。

4. 大数据下的建筑运维管理

随着大数据时代的到来，数据呈爆炸式增长，多领域、多学科均引入大数据技术进行分析和处理问题，人们将各项数据进行收集、归纳，整理出多种"标签"，对各类数据进行释义，用于指导今后的各项工作开展。建筑运维工作作为一个跨专业的综合类管理工作，在日常经营过程中，各项工作综合起来蕴含着庞大的数据资料需要处理，想要提升工作效率以及经济效益，则更需要将各种数据资源进行整合从而达到最优化，进而实现利益最大化。

建筑项目在全生命周期的信息管理工作的核心就是管理信息，建筑的全生命周期所产生和传递的信息量非常庞大，现阶段建筑运维管理工作往往需要花费大量的人力、物力、财力，进行综合协调管理，如何正确地抓取、存储、提取有效的数据信息是全生命周期管理的重点和关键。举一个简单的例子：一栋写字楼内有 1 家物业管理公司、10 种类型的设备、100 家公司在楼内同时办公。当某个设施在正常使用的情况下发生故障后，传统的运营管理模式则由物业管理人员或者实际使用者进行发现、上报物业公司，物业公司到现场查明故障原因后，联系维保公司进行维修，维保公司到场后排查一系列问题查明原因后，联系设备厂商拿到备件，对设备进行更换。一项最简单的问题从上报到维修需要平均 5 个小时才能更换完毕，经过客户公司、物业公司、设备厂商、维保公司四个部门之间进行协调沟通解决。

经济时代最讲究工作效率，时间往往成为事情发展的关键因素，排查问题不及时解决则极易因小失大。随着大数据时代的到来，人们可以收集到设备运营维护的信息及产品寿命，整理成维保系统，做到及时更换解决，始终防患于未然。在建筑运维的过程中，仅以设备设施维修管理工作为例，每种类型的设施设备中至少包含 10 项检查内容，每年对这些设施设备进行月度维护，每种类型的设备包含 20 项与之相关的信息（型号、生产商、出厂日期、功率等），那么这栋建筑可能会产生 24 000 项设备设施基础信息，如果对这些信息进行跟踪记录的话，那就要储存超过 240 000 项数据信息，这就需要一定的人力成本去储存维护以上资料，进行严格的档案管理。计算机科技的发展，对处理这些问题有着强有力的效果，我们可以将建筑运维的信息资料进行数据化处理，如信号模式工作接收、数字化工作派遣、系统化资源安排等，这样做可以极大节省设备设施管理过程中的人力、物力、财力以及时间精力等。建筑设备设施管理工作只是建筑运维管理中的一个环节，通过大数据采集进行精准分析管理，即可减少消耗，如经营管理、消防检查、安防监控等工作方面可以如法炮制。

作为建筑运维管理工作数据基础，就需要 BIM 的数据库储存完整、全面、有效的信息，用以支持应用层面技术功能的实现。因此借助大数据技术，将包含全生命周期内各阶段的数据资料进行整合梳理再投入使用，这样就可以建立大数据下的 BIM 技术数据库。在建筑运维管理过程中使用大数据的可以产生智能、精准、高效管理的效果，实现使用数据进行信息传递的管理模式。查找问题不再依靠人力逐一情况进行排查，可以通过数据的归类分析处理问题，做到精准判断，防患于未然。综合以上两个特点，不再产生多余的人力成本在发现和沟通问题上，就可以进一步地为高效开展建筑运维管理工作打下基础。

2.5.3 云计算技术

1. 云计算技术的概念

云计算技术是一种利用虚拟化、分布式并行处理和互联网等关键技术，将众多计算机资源整合在一起，动态按需地为用户提供虚拟服务器、应用平台或应用软件等 IT 资源的新型信息技术。

云计算是当代社会先进的科技产物，是基于现代互联网的大力发展背景下演化而来，其优势在于可以实现云计算等相关的云平台，能够更加便捷地服务相关用户。在相关技术资源上也能够实现资源利用的最大化，通过云计算这一技术能够实现网络下对于相关数据处理的无缝连接。

云计算的服务群体不局限于企业用户，个人用户通过云计算技术也能够实现相对应的便捷和服务。由于云计算平台主要是通过相关的算法和技术实现，所以其花费的相关硬件成本不高，而在后期的技术升级方面也只需要进行代码的更迭，无须额外更换或添加相关硬件，其相关的运行效率能够得到相关的提升，使用此技术也能够从一定程度上提高企业的服务水平和发展水平。其后期的升级和维护也无须受制于地点等因素，只要在有网络的环境下就能轻易完成。

2. 云计算发展历程

云计算技术的思想起源最早出现在 20 世纪 60 年代，当时有人提出将计算能力作为一种类似水电一样的公共资源供人们购买使用。经过几十年的发展，云计算技术已被广泛应用于社会的各个领域，有力促进了社会的发展，引发了继个人计算机变革、因特网变革之后的又一次 IT 技术发展浪潮。图 2-24 为三次 IT 技术发展浪潮的示意图。

图 2-24　IT 技术发展浪潮示意图

云计算技术的产生过程大致经历了 3 个阶段，分别是：IT 资源大集中、虚拟化技术应用和云计算架构建立。

1）IT 资源大集中阶段

这个阶段将原本分散的 IT 资源集中起来，形成规模化的数据中心。在资源集中的过程中，通过不断地整合资源和业务，大部分企业的数据中心实现了自身的标准化，使企业能够在可控的情况下有计划地扩展现有业务、部署新增业务，有效解决了以往由于 IT

资源分散导致的混乱和无序问题。在这个阶段的后期，很多企业在整合资源的同时也开始了容灾系统建设，以提高计算机系统在遭受水灾、火灾和地震等自然灾害，或断电、断网、病毒入侵和操作失误等人为灾难时，保护用户数据安全，甚至继续为用户提供不间断应用服务的能力。总的来说，第一阶段解决了企业 IT 资源分散管理和数据中心抵抗灾害的问题。

2）虚拟化技术应用阶段

即便完成了 IT 资源大集中，但由于软硬件采购成本、调试运行成本以及系统建设周期并未显著下降，所以企业在建设数据中心时依旧面临着成本较高、周期较长的问题。此外，大规模集中的 IT 基础设施出现了大量资源利用率不足的问题。不同的运行系统需要单独占用硬件资源，致使系统运行效率低下、能耗较高，且大量部署的物理服务器也需要占用较大的空间资源。为了提高资源利用率、提升系统运行效率、降低系统建设成本，企业开始在数据中心中进行虚拟化部署。虚拟化技术屏蔽了不同物理设备之间的异构性，可将基于标准化接口的物理资源虚拟成在逻辑上完全一致化和标准化的逻辑计算资源（即虚拟机）和逻辑存储空间。通过虚拟化技术，企业可以将多台物理服务器整合成单台能同时运行多个应用的虚拟机，极大提高了物理服务器资源的利用率。此外，虚拟化环境可以实现计算与存储资源逻辑化变更的特点，以及虚拟机克隆技术的出现，不仅有效提升了数据中心的运行效率，而且使业务部署周期可由原来的数个月缩减到一天以内，大幅降低了系统建设周期。虚拟化技术的应用，还大大减少了数据中心服务器的数量，解决了数据中心计算能耗高和空间占用大的问题。总的来说，第二阶段提高了数据中心的资源利用率和系统运行效率，并且降低了运营成本。

3）云计算架构建立阶段

虽然虚拟化技术的应用降低了数据中心的运营成本，但总体上看各种软硬件基础设施的建设成本依旧高昂，且新建系统经过 3~5 年的使用之后会逐渐出现硬件设备老化问题，软件应用也需要不断更新升级，因此对这些软硬件设施的维护更新同样要耗费较多的资源。此外，由于资源的投入难以与不断增加的业务需求相匹配，而系统在短时期内的扩展性又十分有限，因此在一定时期内企业的业务扩展受到了限制。于是，企业希望在脱离硬件设备的情况下，就能获取到动态弹性、按需计费的 IT 资源，以提升业务的可扩展性，并进一步降低业务成本。这种面向服务的 IT 资源需求逐渐演化出云计算架构。企业可以在单位内部建立自己的云计算架构（即私有云），也可以完全采用第三方提供的云服务（即公有云），但基本趋势是企业正在逐步采取按需租用 IT 资源的方式开展自身业务，企业无须自己建设数据中心。总的来说，第三阶段解决了企业对 IT 资源的动态需求问题，使企业所具有的 IT 资源与自身业务需求相适应，同时降低了企业使用 IT 资源的成本。

这三个发展阶段中，IT 资源的集中解决了由于 IT 资源分散管理导致的混乱和无序问题；虚拟化技术的应用不仅提高了数据中心的资源利用率和系统运行效率，也降低了系统运营成本；云计算架构的建立则最终实现了 IT 资源的按需动态供给，人类社会从此进入了云计算时代。

3. 云计算技术特点

不同机构和学者对云计算的技术特点有不同的理解，但一般来说，大家普遍认可的云计算技术特点有：计算能力强大、按需计费、网络接入方便、可扩展性好、资源利用率高和可靠性高等。具体为：

1）计算能力强大。云技术服务商通过部署大量服务器，建立了超大型数据中心，并利用互联网将众多计算机资源整合在一起，可提供超强的计算能力。

2）按需计费。云计算技术使得 IT 资源可以作为一种类似水电、煤气那样的商品在市场上被售卖，用户可以按需购买。这种 IT 资源使用模式不像是"买"，更像是"租"，因此价格低廉。

3）网络接入方便。在网络畅通的条件下，用户可以使用手机、计算机等设备随时随地访问云端，购买和使用 IT 资源。

4）可扩展性好。用户可以根据自身需要在"云"端快速部署应用软件，扩展原有业务或者增加新的业务，便于产业更新升级。

5）资源利用率高。用户可以根据自身情况申请增加或删减 IT 资源，云服务商则及时进行相应的资源分配或回收。这样一来，不仅有效避免了资源浪费，而且提高了资源的可复用性。

6）可靠性高。云技术供应商使用了多种措施保障云服务的安全性和稳定性，因此云计算技术具有较高的可靠性，云服务器中出现数据丢失、数据被盗窃，或者发生运行故障的可能性较低。

4. 云计算部署模式

按照服务对象和服务范围的不同，当前云计算技术的部署模式分为私有云、公有云以及混合云三种。

1）私有云

私有云是指在用户指定地点，专门为客户配置 IT 基础设施，向其提供 IT 资源的云服务部署方式，主要面向个体、团体。在这种方式下，用户对包括服务器、平台、应用软件和数据等在内的所有 IT 资源拥有绝对的控制权。因此，私有云在保障用户数据安全、提高云服务质量方面具有较大优势，通常为政府、银行等机构选择使用。

2）公有云

公有云指的是由云技术供应商通过互联网向用户提供云服务的部署方式，主要面向公众。在这种部署方式下，IT 基础设施完全由云服务商负责安装和维护，用户只需根据自身的业务需求直接向云服务商购买，就可以获取相应的 IT 资源。为满足用户的使用需求，云服务供应商需要部署安装大量的服务器，建立超大型的数据中心。目前，世界上著名的互联网企业，如微软、谷歌、亚马逊、阿里巴巴和腾讯等，均可提供公有云服务。

3）混合云

混合云结合了公有云和私有云的部署方式。根据用户具体情况来进行群体划分。对于机密性较高的数据和应用采用私有云部署方式，对于非机密的部分则外包给公有云。混合云为用户提供了灵活的云技术部署方式，节约了成本和资源。

5. 云计算服务模式

云计算技术的服务模式主要有 3 种，分别为：基础设施即服务（IaaS）、平台即服务（PaaS）以及软件即服务（SaaS）。

在基础设施即服务模式下，云服务商通过互联网向用户提供虚拟服务器、存储设备等计算机资源，选择 IaaS 的用户相当于向云服务商租赁了一台云服务器，可以在云服务器上部署平台、安装和运行应用软件。

在平台即服务模式下，云服务商利用互联网向用户提供平台，用户可以在这些平台上开发、部署、运行和管理自己的应用软件，但没有控制底层基础设施的权限。常见的平台有操作系统、编程环境等。

在软件即服务模式下，云服务商在云端安装应用软件，并通过互联网提供给用户使用，用户可以在云客户端使用软件，管理应用程序，但不能控制应用软件背后的平台和基础设施。

6. 云计算技术在智能运维管理中的应用场景

1）不动产档案信息化管理

城市不动产档案管理在我国城市土地资源管理中是一个重要的组成部分。鉴于城市不动产档案管理在城市不动产的管理与运用中的重要性，基于 BIM 云技术的不动产档案信息管理平台通过综合应用土地资源管理、系统设计、网络数据和建筑信息模型等原理和方法，利用 BIM 和云平台的方法和技术来提升城市不动产档案平台的信息化和可视化程度，解决目前不动产档案管理不能适应不动产档案信息载体的改变、信息化程度低，以及不能适应信息共享和协同工作需求的问题。

2）铁路巡检

铁路安全运行离不开先进的技术设备和高效的管理模式，随着现代综合交通运输体系发展规划的提出，我国将进一步在铁路运输量以及高速铁路里程建设上迈出坚实的一步。有必要对铁路巡检流程以及机务信息管理展开系统化的研究，利用机器视觉和云技术的巡检过程是一种智能化的检测手段，可以优化整个检测流程，能够满足各铁路局针对机务段的改革要求。

2.6　虚拟现实和增强现实技术

2.6.1　虚拟现实技术

1. 虚拟现实技术的概念

虚拟现实（Virtual Reality）简称 VR 技术，以计算机为中心囊括电子信息、仿真技术等，利用并综合多种高科技的最新发展成果，借助计算机等设备创造出一个逼真的多种感官体验（即视觉感知、触觉感知、嗅觉感知等）的虚拟世界，让处于虚拟世界中的用户产生一种身临其境的感觉。

虚拟现实系统是由软件和硬件两部分组成，软件有二维图形软件、三维建模软件、虚拟现实引擎和开放平台；硬件主要有输出设备和输入设备。输入设备是用户与计算机之间的桥梁，输出设备是向用户呈现虚拟环境的显示，主要是眼镜及头戴式显示器等。

目前，虚拟现实已经应用于医学、文化、教育和建筑等多个领域，如图 2-25~图 2-28 所示，其技术实现主要有三个层次：非沉浸式系统，通常应用于台式计算机，其中的虚拟环境是在没有任何特定硬件或其他进程的情况下生成的，用户可在使用的同时保持对现实环境的感知和控制，3D 游戏是非沉浸式系统最常见的应用，该系统提供了部分基于虚拟环境的体验，通过对真实环境进行建模并将用户包围其中，给予用户一种沉

图 2-25　VR 眼镜

图 2-26　VR 无线蓝牙手柄

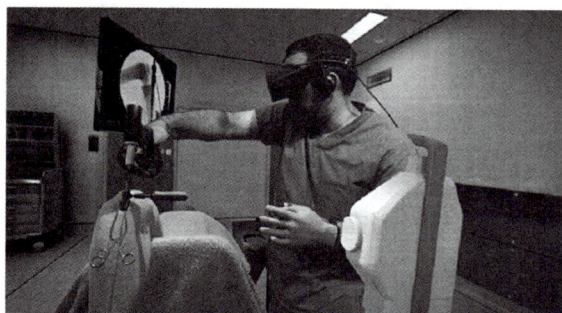

图 2-27　虚拟现实应用于手术培训和评估

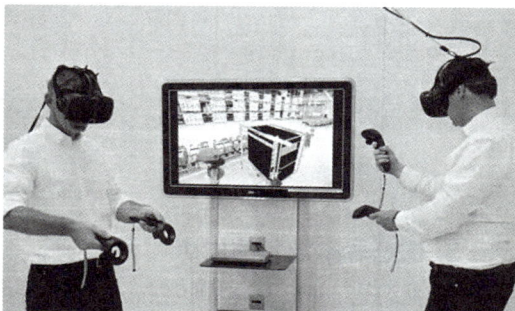

图 2-28　虚拟现实应用于工业领域

浸在虚拟环境中的错觉。该系统对于图形计算以及有着教育和培训目的大型投影系统具有重要意义；完全沉浸式系统，代表了虚拟现实的本质概念和最终目标，一种沉浸式的世界。它完全忽略了设备和物理感官，将感官输入直接投射入大脑中，同时不断地将用户的意识直接投射到虚拟空间中。现在虚拟现实技术仍处于半沉浸式系统阶段，但在视觉的基础上同时提供了听觉、触觉和嗅觉等多模式的感官体验。

2. 虚拟现实技术的原理

虚拟现实技术的主要技术原理是利用计算机等模拟生成一种与现实最为接近的真实世界，通过头盔或者眼镜等便携式装备使用户沉浸在所呈现的虚拟画面中，获得身临其境的感觉。

虚拟现实技术系统通过人体姿态跟踪，同时在用户佩戴头戴式设备中的 3D 近眼显示器或多投影环境中生成一些逼真的图像、声音和其他感觉，模拟了一个人在虚拟空间中的实际存在，让用户能够以最大程度身临其境地感受虚拟世界。用户佩戴虚拟现实设备能够环视整个虚拟空间，同时可以在现实环境和虚拟空间中同步移动。用户并非只在观察眼前屏幕所渲染的内容，使用特殊的用户界面可使参与者完全沉浸在虚拟环境中，并可与模拟物体进行交互。虽然不能提供真实的触感以及重量，但能在视觉上给人一种这些物体确实存在的感觉。通过额外的控制器设备，如手柄或动作捕捉系统，用户能够以一种直观并且自然的方式与虚拟物体实时交互，对他们进行理解和分析。

随着时代的发展，越来越多的 VR 体验馆在大型商场中出现，甚至在三四线城市中也是很常见了（图 2-29）。

图 2-29　VR 体验区场景

3. 虚拟现实技术的特点

一般而言，VR 虚拟现实技术在实际的运用过程中具有三大特点：交互性、沉浸性、构想性。

1）交互性

交互性是指用户与虚拟环境中进行互动并获得自然反馈的行为。虚拟现实技术的发展与应用，使交互的形式越来越丰富多样，互动设备甚至都不是"可见的"。虚拟现实系统通过动作捕捉、语音识别、眼球追踪等识别用户的动作行为，并通过传感设备提供实时的反馈。

2）沉浸性

沉浸性是该技术能够在用户的视觉上产生一种沉浸于虚拟环境的感觉。沉浸式的目标是营造一种让观众真假难辨，并沉浸在场景中的体验效果。虚拟现实技术可以创造逼真环境和系统实时感知反馈的视觉空间，为观众营造一种亲近感和自由感，并通过提供互动体验、角色代入体验等手段，在虚拟空间中提供适当的心理引导，可以让观众沉浸在虚拟空间中，让他们对所呈现的内容有更深入的认知和理解。

3）构想性

构想性是指该技术能够以视觉形式反映设计者的思想。超越理性与感性认识，构想性使用户思维得到深化与开拓，并启迪用户创新。虚拟与现实相结合的虚拟化空间可以实现在现实世界中无法完全实现的展示效果，通过虚实结合的设计，实现现实中无法实现的大维度想象空间，进而使环境空间表达更加丰富多样和极具想象力。

4. 虚拟现实技术在智能运维管理中的应用场景

1）人才培训

日常中练不到、用不起的培训需求，仿真训练的方式优势显著。智能运维管理系统中的培训仿真模块能实现机电设备运维操作全过程的模拟，其不仅能帮助受训者在安全的环境下进行相关知识学习与设备使用练习，使各类风险尽可能降到最低，还能够科学有效地降低成本预算，提升学习与保留率，总体来讲利远远大于弊。例如设备巡视、倒闸操作、异常处理、事故处理和带电检测等内容。

2）故障模拟

在虚拟现实训练系统中，教员可根据需要选择或实时插入设备故障模拟，并驱动事故模拟场景。受训人员能在与实际事故无差别的安全场景中亲身体验，感触各种作业环境中存在的危险因素，以及操作规范性不足会导致的严重后果，利用系统的视听触觉反馈加深印象。

3）资产管理

虚拟现实技术的应用可以帮助在资产规模扩张过程中，对资产进行初期管理。利用虚拟现实技术进行三维建模，对建筑内部资产的管理进行三维模拟，利用监控模块，对现实场景进行实时监控和分析。利用交互设备，管理者进入虚拟空间内操作模拟软件，调整时间流速，在虚拟空间内观察整个建筑内资产的发展状况，监测设备运行状态。通过对不同的资产管理方法的运行状况的模拟，进行大数据分析，确定优势方案。参考最优方案，对现实里的设备资产进行管理，实现虚拟现实技术在资产管理当中的高效应用。

2.6.2 增强现实技术

1. 增强现实技术的概念

增强现实技术（Augmented Reality Technique，AR）是一种基于摄像影像特定位置和特定角度并且能够使用自定义三维图像的实时技术，也可以理解为体验者通过计算机提供的虚拟模型与真实世界进行无缝融合，从而能够获得更加真实的体验，增强对现实世界的感知。AR 技术的发展其实得益于 VR（Virtual reality technology）技术的发展，又通过计算机技术和设备的不断升级和更新换代，衍生出了 AR 技术。然后又随着计算机技术的不断提高，软硬件的不断升级，现在的 AR 技术已经发展到能够提供定制内容以外的更加个性化的体验，并以此为长期目标（图 2-30）。

图 2-30　增强现实应用于手机游戏中

如今，伴随着科技的浪潮，AR 已被应用在越来越多的领域当中，比如医疗（图 2-31）、军事、教学、广告营销、互联网、游戏开发等。在传统的医疗行业中，外科医生做手术通常只能用肉眼去观察，这往往不利于手术的精准度，同时也使得手术效率大大降低。随着 AR 技术的不断成熟，在如今的医疗行业中，AR 技术的价值越来越得到凸显，不仅能够帮助医生更加清晰地观察病人的伤口，增强了医生在操作手术时的可视性，同时也增强了医生对患者解释病情的可操作性和说服力。

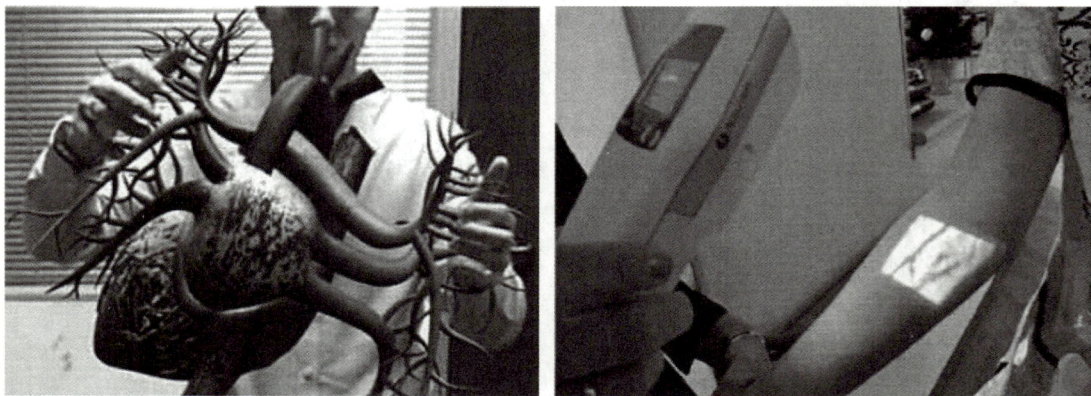

图 2-31　AR 技术在医疗中的应用

在这众多领域当中，AR 技术的价值无疑都是体现在增强对虚拟事物的视觉、听觉和触觉等方面，能够让体验者虽然没能亲眼所见，却可以 360° 全方位无死角地观察事物细节，达到一种身临其境的感觉。

2. 增强现实技术的原理

AR 技术的工作原理可以以增强现实技术的定义为依据，AR 是对现实的增强，是虚拟影像和现实影像的融合。所以化繁为简，用简单的方式去理解 AR 技术，即利用计算机图形显示技术生成真实环境中不存在的虚拟信息，然后将虚拟信息精准叠加于真实环境中，给使用者一个增强感知（视觉、听觉、嗅觉等）的新环境。AR 技术的工作原理见图 2–32。

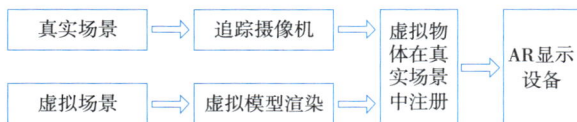

图 2-32　AR 技术的工作原理

3. 增强现实技术在运维中的应用

1）智能巡检

将增强现实技术应用到运维管理领域中。巡检员在现场巡检时，在移动设备上打开基于 AR 的巡检应用，扫描需要巡检设备的二维码定位，应用将自动完成设备定位，并将对应的三维构件以及附近的场景加载出来。应用自动将虚拟场景中的三维构件与摄像头所拍摄真实环境下的设备进行叠加显示。同时，根据设备维修作业指导书，显示设备的检修步骤，巡检员只需根据提示信息逐步检查，完成设备检修即可。巡检员在整个过程中，可以切换和对比虚实场景，还可以调阅相关静态和动态数据，如设备图纸和动态运行指标等。

2）轻量化运维监控处理

对基建信息、运维信息的转化和冗余进行处理，在完成 BIM 建设的基础上，对配电系统、特种设备、能源、空调、台账、机房等既有监控系统进行轻量化处理，具体内容包含五个方面：实现各专业现有系统的全面整合，做到维保事项可视、可控、可追溯，形成事前预防、事中监督、事后评估的全过程管理；实现信息群岛，对采集的数据进行分类筛选、利用，真正实现大数据的一站式管理；增强可视化程度，界面的互动效果更好；当发生突发事件时，可快速调取相关参数信息，提高应对及保障水平；VR 与 AR 等新技术相结合，实现巡查中的数据信息获取，同时辅以培训手段，提高工作人员的实操能力。

2.6.3　增强现实和虚拟现实技术的区别

AR 技术的出现和广泛应用得益于 VR 技术的发展，是在虚拟现实技术的基础上逐渐发展起来的，因此两者既有联系又有区别见表 2–4。

AR 与 VR 的区别与联系　　　　　　　　　　　　　　　　　　　表 2-4

项目	AR（增强现实）	VR（虚拟现实）
特点	半真半假	全是虚的
适用场景	Google Glass	PlayStation
适用场景	游戏、移动 App	《极乐王国》
适用场景	游戏、移动 App	游戏、影片、商场娱乐

表 2-5 所示为增强现实（AR）与虚拟现实（VR）的特征比较。

增强现实（AR）与虚拟现实（VR）的特征比较   表 2-5

类型	AR（增强现实）	VR（虚拟现实）
特征	虚实融合（Combines real and virtual）	沉浸感（Immersion）
	实时交互（Interactive in real time）	交互性（Interaction）
	三维注册（Registered in 3-D）	构想性（Imagination）
AR 优势	较低的硬件要求；更高的注册精度；更具真实感	

本章小结

本章主要介绍为智能运维与管理提供支持的相关数字化、信息化、智能化的基础性底层技术，主要包括：建筑信息模型（BIM）、地理信息系统技术（GIS）、激光扫描技术、物联网技术、人工智能、大数据及云计算技术、虚拟现实和增强现实技术等。对上述技术的概念、原理，以及在智能运维与管理领域的主要应用场景和价值进行了详细阐述。

思考与习题

2-1 思考施工模型、竣工模型以及运维模型之间的区别。

2-2 思考本章主要智能运维基础性底层技术的瓶颈或使用缺陷。

2-3 思考有哪些其他现有技术或者新兴技术可以用在智能运维与管理中，使用场景或者价值是什么？

参考文献

[1] 牛涛，张辉. 城市轨道交通智能运维系统方案研究 [J]. 铁道运输与经济，2022，44（4）：99-105.

[2] 郑展鹏，窦强，陈伟伟，等. 数字化运维 [M]. 北京：中国建筑工业出版社，2019.

[3] 汪再军. BIM 技术在建筑运维管理中的应用 [J]. 建筑经济，2013（9）：94-97.

[4] 朱洪顺. 基于 BIM 技术的建筑运维管理框架设计及功能价值分析 [D]. 成都：西华大学，2022.

[5] 唐振羽. 基于 "BIM+" 的智慧交通建设全生命周期信息管理技术研究及应用 [D]. 绍兴：绍兴文理学院，2022.

[6] 刘波，胡新余，周晓帆，等. 基于设计施工运维一体化的 BIM 应用体系研究 [J]. 建筑结构，2023，53（S1）：2415-2419.

[7] 王兴鲁，王晓刚，陈翔，等. 基于 BIM 的高速铁路工程建设运维一体化应用研究 [J]. 铁道标准设计，2023，67（10）：186-193.

[8] 花园园，张颖，杨辉，等 . 基于文献计量的 BIM 运维管理研究现状及热点分析 [J]. 建筑经济，2021，42（S2）：75-78.

[9] 唐振羽 . 基于"BIM+"的智慧交通建设全生命周期信息管理技术研究及应用 [D]. 绍兴：绍兴文理学院，2021.

[10] 郑寿涛 .GIS 在运营商运维体系中的应用思考 [J]. 电信网技术，2012（11）：32-35.

[11] 胡祎 . 地理信息系统（GIS）发展史及前景展望 [D]. 北京：中国地质大学（北京），2011.

[12] 吴腾飞 . 基于 BIM+GIS 技术的老旧社区韧性改造策略研究 [D]. 大庆：东北石油大学，2023.

[13] 秦其明，袁胜元 . 中国地理信息系统发展回顾 [J]. 测绘通报，2001（S1）：12-16.

[14] 华一新，赵鑫科，张江水 . 地理信息系统研究新范式 [J]. 地球信息科学学报，2023，25（1）：15-24.

[15] 李鑫怡 . 基于 GIS 的电力光缆故障定位系统的设计 [D]. 鞍山：辽宁科技大学，2022.

[16] 杨洋 . 三维 GIS 管廊模型运维管理平台研究 [D]. 唐山：华北理工大学，2021.

[17] 唐鑫 . 基于"BIM+GIS"技术的内河高桩码头设计应用研究 [D]. 重庆：重庆交通大学，2022.

[18] 石鹏 . 基于 BIM 与物联网的建筑运维管理系统研究 [D]. 郑州：郑州大学，2021.

[19] 郭斌，刘思聪，刘琰，等 . 智能物联网：概念、体系架构与关键技术 [J/OL]. 计算机学报，2023（8）：1-20.

[20] 崔燕飞 . 大数据视角下物流企业战略成本管理研究 [D]. 昆明：云南财经大学，2023.

[21] 林毅明，刘晓梅，熊顺 . 云计算技术在智能交通中的运用 [J]. 中国管理信息化，2021，24（22）：202-203.

[22] 张远传 . 融合云计算技术的大跨度桥梁健康监测预警方法研究 [D]. 广州：华南理工大学，2022.

[23] 孙宇洁 . 基于虚拟现实技术的科普类产品设计研究 [D]. 长春：吉林大学，2023.

[24] 张仕昊，张国峰 . 虚拟现实技术在工业博物馆展示设计中的应用探究 [J]. 科技资讯，2022，20（23）：10-13.

[25] 谢伟，刘敏，兰玉彬，等 . 基于虚拟现实技术的智能变电站运维培训系统分析 [J]. 集成电路应用，2020，37（3）：58-59.

[26] 王若旖，赵之瑜，韩雨瑶，等 . 浅析虚拟现实技术在变电站资产管理中的应用 [J]. 中国设备工程，2021（21）：54-55.

二维码 2-4
第 2 章 思考与习题参考答案

第③章

建筑智能运维管理系统

二维码 3-1
第 3 章 教学课件

本章要点 📖

1. 构建运维管理系统的设施、空间、能源、安全管理信息需求；
2. 运维管理模型的数据表示、交换标准，以及模型的交付和维护；
3. 智能运维管理系统的组成及总体架构。

教学目标 📑

1. 理解并能分析运维管理系统构建的需求；
2. 系统了解运维管理系统的数据信息基础和系统组成；
3. 掌握构建智能运维管理系统的能力。

案例引入 📄

杭州奥体中心体育游泳馆智能运维案例

2023年，第19届亚运会在中国杭州举办。作为亚运会运动场馆之一的杭州奥体中心体育游泳馆（图3-1），基于"三维可视可控"建设理念，建立起数字化信息平台，实现场馆物理世界与数字世界的1:1透视可控，引入智慧场馆数字化监管平台实现场馆智能运维管理。依托智慧场馆数字化监管平台，工作人员可通过数字化技术与摄像监控的无缝对接，从大屏"走进"虚拟模型，对场馆、走廊、通道、公共区域、重要路口及机房等一一查看，开展"云上巡逻"，保障场馆安防以及设备的正常运行。数字化监管平台链接着场馆内上万个设备，共接入场馆巡检、能耗、照明、智慧灯杆、安防等十余个系统数据，实时掌握场馆运行状态，一旦出现异常，便会自动报警，通知相关人员即刻前往处理。依托数字化手段，硕大的体育场馆，一个班组仅十余人即可负责日常的安防与设备维护。场馆智慧运维管理软件研发团队通过新算法的研发，打通不同平台的数据，推进跨系统融合，进一步提升场馆的智慧化水平，大大减少人力成本，实现场馆运维管理、运营管理、赛事保障的智慧化高效管理。

建筑的运维时间跨度长，运维信息量大，且数据格式多样。传统的运维管理模式缺乏高效的管理机制，且运维工具单一，数据传递不及时，运维管理效率低。针对传统建筑运维管理模式存在的问题，融合了BIM、GIS、大数据、IoT、AI和云计算等数字化技术的智能化运维管理系统，将设施设备管理、空间管理、能源管理、安防管理、物业管理、综合管理等多个建筑运维子系统信息数据有机地结合在一起，实现人、建筑和设备的互联互通，最大限度避免数据丢失，整合共享信息，实现各方协同工作，提高管理人员管控能力，提升运维效率，降低运维成本。

图 3-1　杭州奥体中心体育游泳馆

3.1　运维管理系统的基础

智能运维管理的关键在于实现信息数据的互联互通和共享协同。因此运维阶段相关信息需求、数据交换标准以及承接于设计、生产、施工环节流转至运维环节的竣工模型的交付构成了智能运维管理系统的基础。

3.1.1　运维管理信息需求

建筑建设工程中，设计和施工阶段的信息和数据往往得到较多关注，对运维阶段的信息需求则关注较少。传统模式下，竣工移交至运维阶段竣工图纸和文件，其包含的信息通常不完整、不精确且存在数据整合应用不便等诸多问题，仅依靠这些信息数据不足以支撑建筑智能运维管理的需求。运维管理信息收集和储存的核心，是对项目信息的继续储存、有效整理和重复利用。运维阶段的信息涉及面广，包括：国家及行业相关法律、法规、政策规程信息；项目竣工验收资料；运营单位日常管理规程信息；空间布置、设备布置等设施管理信息；设备使用和控制信息；消防信息；物业管理方案；往来人员合同、会议记录等文件信息；治安、灾害防护信息等。其中，法规、政策、合同、记录等静态信息数据相对固定且容易获得，因此，运维阶段对信息需求的整理主要集中于各主要运维管理对象（如设施维护、空间管理、能源管理、安全管理等）的数据信息。

1. 设施维护信息

建筑物内各类设施众多，且是支持建筑正常运作的基础，因此，运维阶段对设施的维护工作是运维管理的重要组成。某项目移交的机电设备清单节选见表 3-1，具体到某单一设备，其具体信息需进一步明确（某项目空调设备静态信息节选见表 3-2）。

某项目移交的机电设备清单节选 表 3-1

序号	设备名称	规格型号	功率	数量	设备位置	备注
1	轴流式消防排烟风机	型号：HTF-III-6.5；规格：风量 21987M3/H，全压 1198Pa	11kW，380V	1	总部办公楼	13层
2	混留加压送机	型号：SWF-I-10；规格：风量 47000M3/H，全压 1100Pa	18.5kW，380V	4	总部办公楼	屋顶层
3	轴流式消防排烟风机	型号：HTF-III-6.5；规格：风量 21987M3/H，全压 1198Pa	11kW，380V	1	总部办公楼	机房层
4	直流式静音风机	型号：DPT20-75；规格：风量 750M3/H，静压 230Pa	0.1kW，220V	46	总部办公楼	卫生间
5	直流式静音风机	型号：DPT25-2100；规格：风量 2100M3/H，全压 460Pa	0.43kW，220V	21	总部办公楼	新风机房
6	直流式静音风机	型号：DFBZ2.8 规格：风量 826M3/H，全压 39Pa	0.025kW，220V	1	总部办公楼	消防电梯机房
7	消防高温轴流风机	型号：HTFC-III-6；规格：风量 17880M3/H，全压 1000Pa	7.5kW，380V	2	研发楼	7层
8	静音管道风机	型号：JDF-J-200-120；规格：风量 1200M3/H，全压 400Pa	0.3kW，220V	14	研发楼	卫生间
9	消防高温轴流风机	型号：HTFC-III-6；规格：风量 17880M3/H，全压 1000Pa	7.5kW，380V	1	研发楼	屋顶层
10	柜式离心风机	型号：HTFC-18；规格：风量 12210M3/H，全压 330Pa	2.2kW，380V	1	研发楼	屋顶层
11	消防高温轴流风机	型号：HTFC-III-6；规格：风量 17880M3/H，全压 1000Pa	7.5kW，380V	1	研发楼	机房层
12	低噪声轴流风机	型号：JSF-900；规格：风量 40500M3/H，全压 978Pa	15kW，380V	4	研发楼	机房层

某项目空调设备静态信息节选 表 3-2

品牌	大金	空调功率	5匹以上	空调技术	变频
适用面积	60m² 以上	3C 证书编号	2013010703602070	断电保护	有
制冷功率	28.55kW	制冷量	101.5kW	制热量	114.0kW
制热功率	29.10kW	型号	RUXYQ36AB	室内机噪声	24~35dB
能效等级	1级	室外机噪声	60A/40A	冷暖类型	冷暖型
室外机净质量	550kg	是否循环风量	是	空调类别	中央空调
电压/频率（V/Hz）	380/50	显示方式	LED 显示	制冷剂	新冷媒（R410a）
外机尺寸（宽×高×深）（mm）	3314×1530×2480	电源线长	1m	堆码层数极限	6层

设施管理人员需要建筑物各设施的基本生产信息，主要包括：制造商、供应商、出厂序号、产品型号等信息（表 3-1、表 3-2），另外，设施操作人员还需要设施操作说明和使用须知等。

对于设施出现故障时所进行的检查和修理的反应性维护，则需要维修人员信息，包括维修人员类型、数量和技术水平等。设施维修人员同时也需要设施的维护规范和备品配件信息。某智能运维平台变压器设备监测示例见图 3-2。

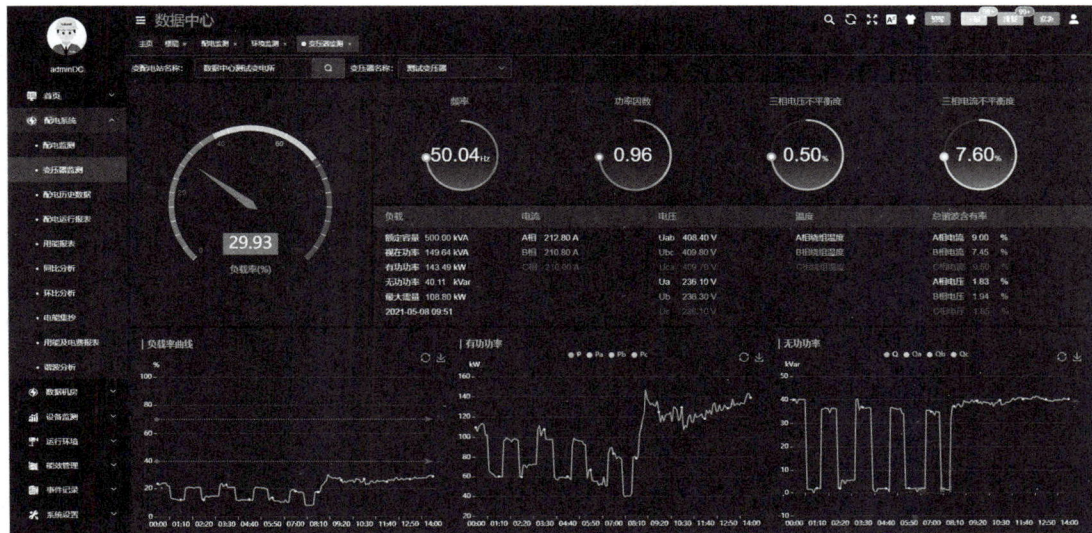

图 3-2　某智能运维平台变压器设备监测示例

对于设施的预防性维护，指通过计划性检查和保养，以延长设施寿命，保障其功能性和稳定性。在制定可行的维护计划中，需要掌握设施的历史维护信息，比如维护频率、故障原因、维护人员信息，还需要设施使用者信息，包括使用频率和使用要求等。

2. 空间管理信息

空间是建筑提供生活、工作等使用功能以及承载各设施系统的基本单元。空间管理是通过合理安排空间位置，合理规划空间流程，提高空间利用效率、缩短工作流程、迅速处理资料，进而提供良好的工作和生活环境，创造人与空间的和谐环境。

从结构上讲，空间并非单纯的封闭结构，相互连接的空间之间至少两个（或以上）的开口。从功能上讲，空间可区分为"房间"和"通道"。其中，"房间"是区域分隔形成的范围，作为活动场所，而"通道"则在空间中起联通的作用，联通人员、物资、信息等形成空间上的系统。智能运维管理中的空间管理信息即通过信息化的手段、过程和方法，统筹兼顾，分析优化，将建筑空间进行信息整合，形成系统的数据信息系统。

从建筑物空间管理信息的层级从高往低，包括区域（如商贸区、办公区等）→楼层（如一层、二层、标准层、设备层、顶层等）→功能区（如办公区、商贸区、设备区、结构区、公共服务区、垂直区等）→具体空间（商铺、办公室、厨房、机房、走道、风井、烟道等）。对建筑物开展空间运维管理的信息需求主要包括：①建筑整体空间规划，包括建筑的室外、室内总平面图。室外总平面图包含项目周边的市政管网（给水排水、消防、供暖）、市政道路的准确信息；室内总平面图包含详细的建筑、结构以及机械电气水暖竣工图等。②各类空间属性信息，包括空间容量、类型，区域划分，计划用途，实际状况等。③建筑面积信息，包括总面积、可转让、可使用、可分配面积等。④空间内各类设施具体位置信息，包括设施所在区域、楼层、房间等。空间管理信息见图 3-3。

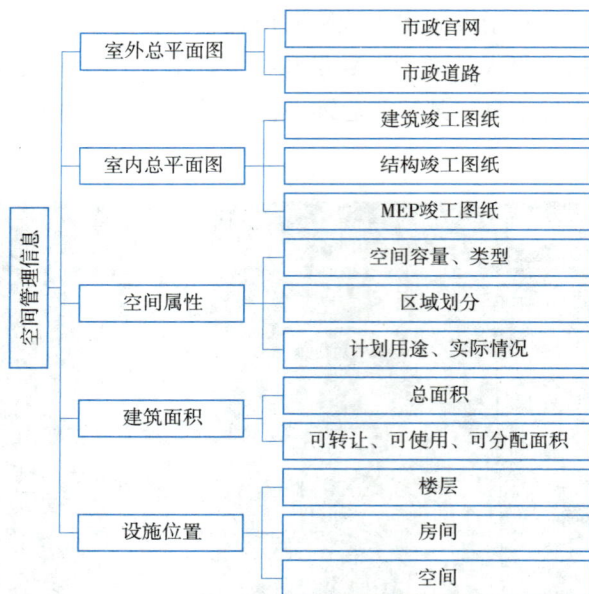

图 3-3　空间管理信息

3. 能源管理信息

　　建筑物的用能和耗能，与建筑物内设施及其使用情况以及建筑构件的种类、数量、性能等有关。因此，建筑能源管理信息主要包括：建筑内各类设施的耗能信息、使用信息，建筑材料、配构件属性等，见图 3-4。能源管理需要采集建筑整体、某类系统或某区域内一段时间内或实时的能源消耗。

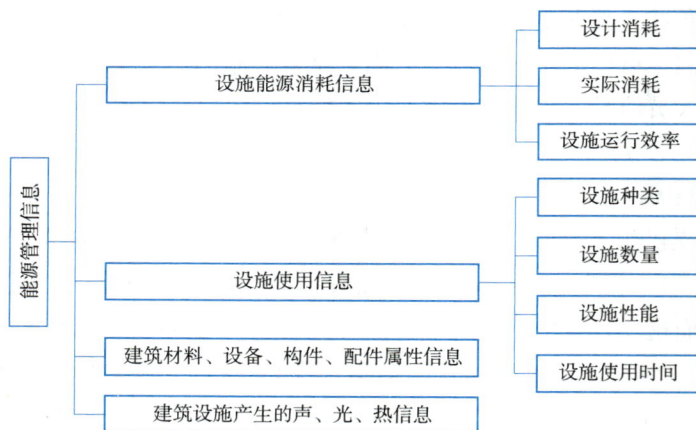

图 3-4　能源管理信息

4. 安全管理信息

　　建筑安全管理与环境、设施、材料等复杂程度密切相关。做好建筑的安全预防和应急计划，需掌握危险设施及化学物品，安全出口和紧急疏散通道，材料、设备防火等级等信息。另外，为确保安全管理正常运行，还需对建筑的通信、电梯、水电及暖通空调、防盗报警、消防等系统进行实时监控以及对监控信息进行及时分析和处理。安全管理信息见图 3-5。

3.1.2 数据表示及交换标准

建筑运维管理系统的构建，需要承接前期设计、生产、施工等阶段的各业务应用。各阶段和各业务应用之间不可避免地需要进行数据共享与交换。然而，不同应用软件的数据格式各异，极大地增加了数据搜索、提取和管理的难度，造成重复输入信息、产生大

图 3-5　安全管理信息

量冗余信息以及交换信息不一致等问题，进而可能影响质量以及导致资源浪费和效率低下。因此，基于统一的数据表示及交换标准是构建建筑运维管理系统的基础之一。

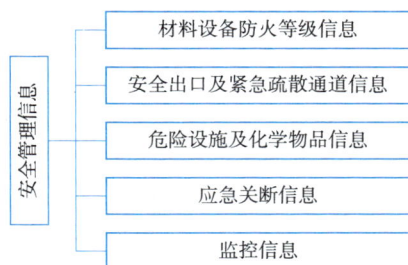

1. 建筑信息模型数据标准

由"国际互操作联盟"（International Alliance for Interoperability，IAI）及其后继组织"建筑智慧国际联盟"（building SMART International，bSI）提出、开发并维护的通用、开放数据标准——工业基础类（Industry Foundation Classes，IFC），促进建筑领域各软件之间的数据共享与交换。最初版本的"IFC 1.0"重点定义了建筑、暖通空调、工程管理和设备管理四个方面，在持续发展过程中，其对建筑领域的数据表达得到了拓展与优化。2016 年发布的"IFC 4 add 2"版本，包括 776 个实体（Entities）、397 个类型（Types）以及 413 个属性集（Property Sets），涵盖建筑、结构、暖通、电气、施工管理和运维管理等 8 个领域，突破了建筑行业的各类软件系统之间的信息壁垒，已成为建筑领域 BIM 应用的实际数据标准。其中，IFC 标准中的部分重要术语解释如下。

1）实体（Entities）：IFC 标准中的每一个对象都被称为实体，实体相互之间可进行信息交互。

2）属性（Attribute）：IFC 实体所具有的特征或参数。

3）属性集（Property Sets）：由多个属性组成，旨在提供具有一定通用性的属性集来描述特定对象。

4）类型（Types）：一组具有相同属性和行为的 IFC 实体类型的集合。

5）关系（Relationship）：IFC 实体之间的相互作用或数据交流关系。

IFC 标准运用数据建模语言 Express 描述了一个实体 – 关系模型（Entity–relationship Model，E–R 模型），其中包括基于对象对建筑业信息进行了描述，从下到上分为四层（图 3-6），每层均包含一系列的信息描述模块，每层只能引用同层和下层的信息资源，而不能引用上层的资源，下层信息不会受到上层资源变化的影响。

1）资源层（Resource Layer）：IFC 体系架构中的最底层，能被其他所有层引用，主要用于描述标准中的基本信息，是不针对具体行业且无整体结构的分散信息，如材料资源、几何限制资源、成本资源等，作为描述基础，应用于整个信息模型。

2）核心层（Core Layer）：IFC 体系架构中的第二层，能被共享层和领域层引用，主

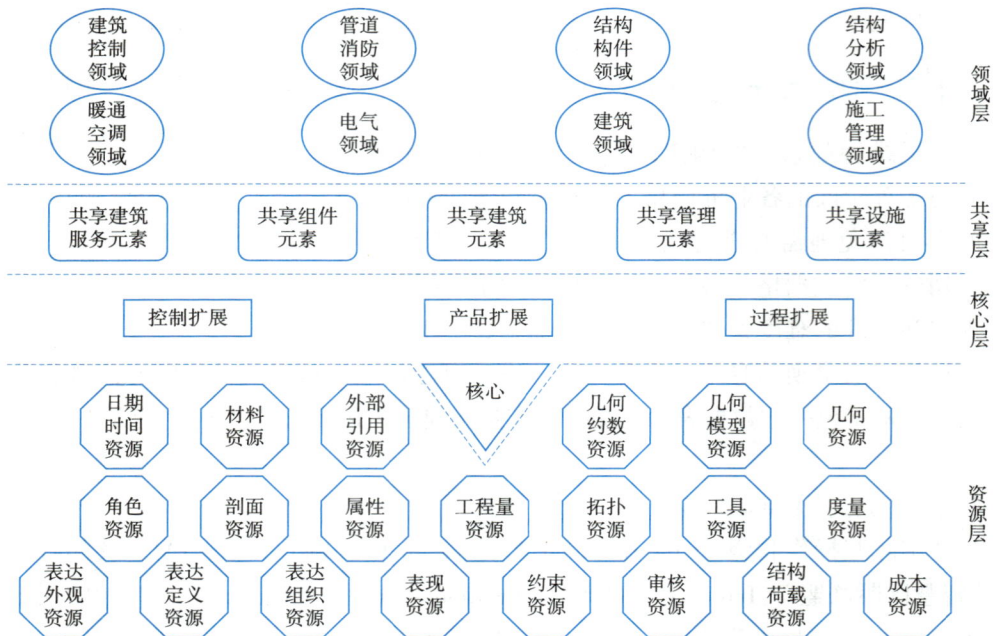

图 3-6　IFC 标准层次结构

要包括核心（The Kernel）和核心扩展（Core Extension）两个层次，提供基础的 IFC 对象模型结构，将资源层信息组织成整体，用于描述建筑工程信息的整体框架，以反映现实世界的结构。

3）共享层（Interoperability Layer）：IFC 体系架构中的第三层，主要被领域层引用，包括共享空间元素（Shared Spatial Elements）、共享建筑元素（Shared Building Elements）、共享管理元素（Shared Management Elements）、共享设备元素（Shared Facilities Elements）和共享建筑服务元素（Shared Bldg Services Elements）五大类，主要用于领域层模型的信息交互，且使各系统的组成元素细化。

4）领域层（Domain Layer）：IFC 体系架构中的最高层，主要作用是深入到各具体应用领域，如建筑控制领域、施工管理领域等的内部，形成专题信息。

IFC 标准用于描述 BIM 模型所有信息，为实现系统间的信息共享和交换，IFC 标准还定义了三种开放且与平台无关的文件格式（IFC-SPF、IFC-XML 和 IFC-ZIP）来表示建筑信息。其中，IFC-SPF 是一个遵循产品模型数据交换标准（Standard for Exchange of Product Model Data，STEP）的纯文本格式，后缀名为".ifc"，其数据存储紧凑，可读性高，是目前使用最广泛的 IFC 文件格式。IFC-XML 是一个遵循 STEP 标准的可扩展标记语言（Extensible Markup Language，XML）文件格式，后缀名为".ifcXML"。IFC-ZIP 是 IFC-SPF 文件或者 IFC-XML 文件的压缩格式，后缀名是".ifcZIP"。

2. 施工运维建筑信息交换标准

竣工交付的图纸资料和工程信息对建筑运维管理至关重要。传统模式中，建筑工程竣工时通常交付大量纸质资料或数字化竣工文档，如各专业的图纸、进度记录、预防性的维护计划等。一方面，施工方制作交付资料时，对大量设计信息（如建筑中所有设备的位置、序列号和替换部件提供商等），必须在施工完成后进行实地调查和采集，这是一个低效且需大量重复劳动的过程。另一方面，运维方在运维阶段对这些交付资料的使用和管理又需消耗大量人力和时间，交付资料的利用率却很低。

施工运维建筑信息交换标准（Construction Operations Building Information Exchange，COBie）是一项建筑信息传递和储存的国际标准，描述了一个扩展信息的 BIM 模型，提供了在设计、施工到运维管理过程中获取信息的标准，规定了建筑全生命期各阶段参与方必须记录和交付的资料信息，供后继管理人员方便使用，将原来基于纸质的竣工信息交付方式改为基于国际开放标准的信息交换方式。例如，COBie 要求建筑设计方提供建筑的空间布局、系统列表、设备类型、设备位置等信息；施工方提供设备型号、序列号、制造商资料、质量保证书、替换部件信息等；运维方提供维护计划、相关工具及人员要求等。COBie 利用 IFC 等标准格式，将建设项目全生命期过程中产生的项目信息进行收集、分类、存储和转换，对建设项目不同参与方之间的信息提取、交换标准和交换流程进行了严格的定义。COBie 标准下，参与项目的所有阶段的工作人员，均可对项目信息进行输入，以便不断完善设施管理信息，方便后续管理人员对项目设施的管理和使用，支持业主对项目进行资产运营设备管理和设施维护。COBie 标准中规定的内容可相对轻松地被组织成运维手册，并直接导入支持 COBie 标准的运维管理系统中，有效帮助建立一套完善、高效、智能化的运维管理体系。

COBie 标准规定，建筑信息可以 IFC 文件格式交付或以 COBie 标准格式的电子表格交付。以 IFC 文件格式的信息交付是通过基于 IFC 标准的信息交付手册（Information Delivery Manual，IDM）实现的。IDM 定义了建筑全生命期各阶段不同用户所需要的信息及其交换流程，规定了支持这些流程所需的 IFC 数据内容，要求保证它们的 IFC 定义、明细和描述在整个流程内是可用的。若以 COBie 标准格式的电子表格交付，其电子表格包含 "Facility""Space""Type" 等 18 个信息组工作表，每张信息组工作表用于记录一个特定方面的交付信息，并需满足 COBie 规定的格式和颜色标记方法（不同的填充颜色表示不同的数据意义及其重要性），见图 3-7。

COBie 表格中各种颜色所代表的含义：黄色 – 必要信息、橙色 – 参考其他表或选择列表、紫色 – 专案需要的信息、绿色 – 选择性信息、灰色 – 次要信息。COBie 标准电子表格，每个信息组工作表的第一行为信息栏，表示该信息组需要填写的信息。中间表格主体每一行即填写建筑各构件、设施的每项信息栏对应的具体信息。COBie 表格各信息组工作表定义和内容见表 3-3。

COBie 标准存在于建设项目的全生命期过程中，各阶段参与项目的人员均可对数据信息进行添加和修改。项目全生命期中各阶段 BIM 软件商都开发了 COBie 插件用以创建和获取相关信息。设计阶段，BIM 建模软件可建置 BIM 模型及相关对象属性，并输入相对应的空间信息用于后续设施管理系统定位（支持软件如 Autodesk Revit、Bentley

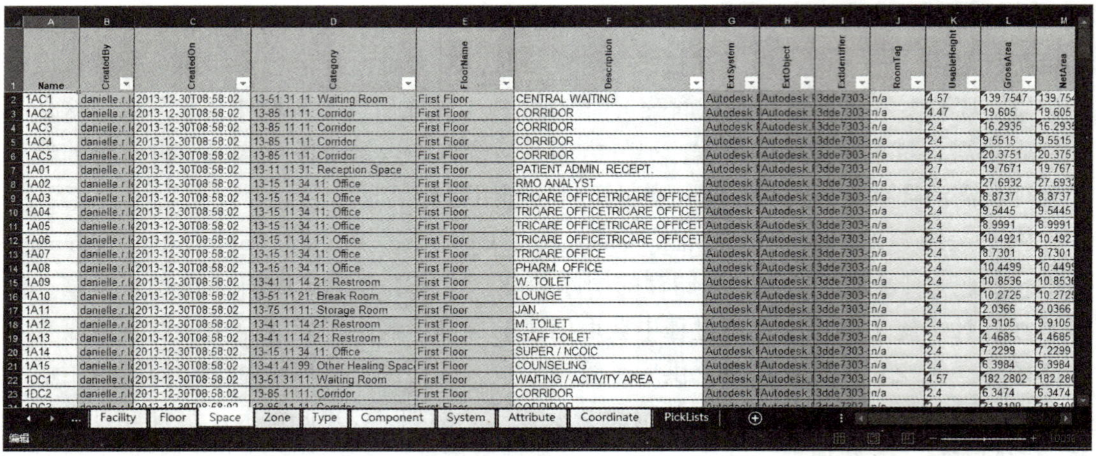

图 3-7　COBie 标准电子表格示意

COBie 表格各信息组工作表定义和内容　　　　　表 3-3

信息组	定义	内容
Contact	通信录	项目中的个人及公司列表
Facility	设施	被交付的设备专案、位置等信息
Floor	楼层	项目垂直层级信息
Space	空间	指定垂直或楼层层级中，空间的水平组成信息
Zone	区域	用于支持项目设计或运作功能的一组空间的集合
Type	类型	项目中所管理的设备类型、产品类型、材质类型
Component	元组件	每一件被管理的设施组成元件的具体信息
System	系统	每一项提供某一服务的系统服务功能系统的具体信息
Assembly	组装	构成产品的类型成分、组件成分及其他成分内部信息
Connection	链接	包含构件之间有逻辑性链接的信息
Impact	影响	项目各阶段对经济、环境和社会的影响
Spare	备件	提供各类设施所需的备件、替代物、耗材信息
Resource	资源	维护过程中所需要的材料、工具
Job	作业手册	提供预防性维护、安全、运营、测试、紧急程序信息
Document	文件	可被索引、参考的不同种类的外部文件信息
Attribute	属性	各项属性信息
Coordinate	坐标	$X/Y/Z$ 轴定位
Issue	其他	其他需要记录、递交的问题

AECOsim、Tekla、Grapgisoft ArchiCAD 等）；施工阶段，施工管理软件可接收 BIM 建模软件转导出的电子表格或是 IFC 格式文件，以执行后续项目管理功能，并可在施工过程中持续新增、修改、删除相关 BIM 模型数据及项目数据（支持软件如 4Projects、

Constructivity、Project blueprint 等 ）；运维阶段，设计、施工到项目交付的相关信息，最后汇入设施维运管理系统中，进行运营维护管理（支持软件如 ARCHIBUS、EcoDomus FM、FM：System、Onuma 等 ）。

3. 建筑运维信息分类系统

由于项目从设计、施工到运维等过程的时间周期长，参与方多，产生的数据信息量庞大且种类繁多，存储和管理存在困难。为了便于快速查询相关数据信息，方便工作人员检索和使用，需要建立一套内容完善、形式标准化的统一的建筑信息分类标准，并让参与者能有效地链接和共享标准化数据。

OmniClass 分类系统（OmniClass Construction Classification System）提供了一种用于组织、分类和获取建筑业全生命期信息的标准化分类准则。OmniClass 同 IFC、COBie 标准一样，完全开放和可扩展，应用范围涵盖包括从设计、施工、运维到最终拆卸的全生命周期数据。OmniClass 分类系统设计的编码可应用于不同建筑类型的信息分类体系，被业界广泛采用并推广，成为迄今为止比较成熟的分类系统，被大多数国家的建筑信息分类与编码标准所采用。

OmniClass 包括 15 张各自按照层次关系组织的表格（表 3-4），涵盖了各尺度上的建筑信息，每张表格表示建筑工程一个方面的信息。

OmniClass 分类系统编码分组 表 3-4

分组	表号	建筑信息项目内容	示例	功能
1	11	建筑功能分区	百货商店	组织工程成果
2	12	建筑形体分区	高层建筑	
3	13	空间功能分区	厨房	
4	14	空间形体分区	房间	
5	21	建筑组件	给水系统	
6	22	工作成果	管道安装	
7	23	产品	隔墙	组织工程资源
8	31	阶段	设计阶段	组织过程
9	32	服务性质	维护	
10	33	专业	室内设计	组织工程资源
11	34	角色	业主	
12	35	工具	脚手架	
13	36	文档	施工方案	
14	41	材质	不锈钢	组织工程资源
15	49	性质	颜色	组织属性

OmniClass 分类编码示例见表 3-5。

OmniClass 分类编码示例 表 3-5

表格编码	第一层	第二层	第三层	第四层	第五层
23-15	内部和表面产品				
23-15 11		空间划分产品			
23-15 11 11			固定划分		
23-15 11 11 11				石膏板固定隔墙	
23-15 11 11 11 11					金属框架石膏板固定隔墙
23-15 11 11 11 13					木框架石膏板固定隔墙

OmniClass 分类中，对于同一对象，可以从不同的角度，赋予多个编码，用"+"号连接起来，即可获得更为全面而详尽的信息，比如：① 23-15 11 11 11（石膏板固定隔墙）+13-23 23 11（建筑经理办公室）即表示该对象为"带石膏板固定隔墙的建筑经理办公室"；② 21-04 20 10 40（给水系统）+23-31 35 15（弯头）+41-30 20 11 14（不锈钢），则表示该对象为"给水系统上的不锈钢弯管"。

3.1.3 竣工模型的交付及维护

1. 几何模型轻量化技术

建筑运维信息模型中，几何模型通常对硬盘空间和内存空间需求大，对计算性能和渲染能力要求高，不适用于在网页端或移动端直接浏览三维建筑模型，需要对几何模型进行轻量化表达，对原始模型数据进行存储优化、传输优化和显示优化，保留模型几何、结构关系和属性信息的同时，缩小模型规模，改善绘制速度。

1）存储轻量化

三维几何模型可分为实体模型和网格模型两类表示方法。实体模型表示法通过不同手段对模型的拓扑和几何关系进行精确表示，常用的实体模型表示法包括构造实体几何法和边界表示法。构造实体几何法通过对简单几何体作交、并、补等布尔运算来实现对复杂几何体的表示。边界表示法则通过精确表示模型的表面、边和顶点等的边界，来实现对模型几何和拓扑特性的表示。网格模型表示法通过用大量多边形或者三角形面片对物体几何形状进行逼近，通常对模型所有顶点坐标和组成面片的顶点进行记录，是一种不精确的模型表达方法。网格模型表示法同显卡等图形硬件对模型的渲染方式相合，可利用硬件加速渲染技术实现对三维模型的快速渲染。相较而言，实体模型表示法不包含任何三角面片信息，渲染前需通过大量计算将其转换成网格模型表示，因此加载速度很慢。无论实体模型还是网格模型，未经优化的模型文件通常都非常大，不利于文件存储、传输和渲染，需要进行模型简化。

（1）基于映射的模型表达方法

几何模型中往往存在大量重复或者相似的构件和元素，如多层建筑中的标准层，机电系统中几何相似的管道等。基于映射的模型表达方法是将模型中重复或高度相似的构件几何特征只存储一次，同时记录这类构件所有出现的位置，进而节约大量存储冗余几何信息的空间。该储存优化表达方法被广泛应用于各几何图形标准、图形系统软件和图形应用软件中，也被 IFC 标准和许多 BIM 系统所支持，如 Autodesk Revit 在把建筑模型导出成 IFC 文件时会将同一个族的构件进行映射处理。

（2）网格简化算法

几何模型通常包含大量细节信息影响渲染和交互效率。网格简化算法即是针对几何模型的细节信息，对几何模型网格进行修改，如网格简化中最直观、最常用的算法——几何元素删除法，是在尽量保持模型拓扑特征的情况下，删除对视觉效果影响较小的细节的面片，减小模型大小，提高渲染速度。删除几何元素会导致简化模型和原模型间产生几何误差，需要通过对几何误差的控制来对简化算法进行控制。几何元素删除法有边折叠和顶点删除两种最基本的操作。边折叠操作是首先在网格中选取一条边，将其折叠成一个使得几何误差最小的顶点。顶点删除操作是在网格上选取两个顶点，将其合成一个新顶点，使得几何误差最小。基于上述两种基本操作，匹配不同的控制几何误差的方法，即形成多种网格简化算法。

2）传输轻量化

基于映射的模型表达方法和网格简化算法删除了模型中的冗余信息，简化了模型细节，降低了模型大小，实现了对存储的优化。但对网络传输来讲，上述简化模型体量仍然较大，需利用传输轻量化技术针对网络传输专门进行优化。

传输轻量化技术：传输前先将几何模型进行压缩，缓解网络传输的压力，移动端或网页端收到文件时再进行解压。

（1）模型文本信息的压缩

常用的模型文本信息的压缩算法包括固定字典压缩算法、固定位长算法、行程长度压缩算法和霍夫曼编码算法等。固定字典压缩算法是把待压缩文件中出现频率较高的词语替换成较短的词语，解压时再根据同样的字典反向还原。固定位长算法是事先统计不同符号出现的次数，将每个符号用可能的最小位长来表示。行程长度压缩算法是利用重复字节和重复的次数来代表重复的字节。霍夫曼编码算法是用较少的位来编码出现较多的符号，用较多的位来编码出现较少的符号，从而实现对文件大小的整体压缩。

（2）几何信息的压缩

针对存储几何信息的网格模型，有专门的网格压缩算法，主要有三角形带算法、预测算法、几何图像编码算法、数据结构压缩算法和法向量压缩算法等。三角形带算法是将三角形序列分为星星三角形带、锯齿形三角形带和混合三角形带，以三角形带代替三角形来存储网格结构，以达到压缩目的。预测算法主要有线性预测和平行四边形预测等，是根据顶点坐标之间的差值进行编码，从而减少部分模型的大小。几何图像编码算法是将网格参数化到一个单位矩形中，用颜色采样网格数量包括顶点位置和法向量等，再对生成的图像采用图像压缩算法进行压缩。数据结构压缩算法中常用的 K-d 树和八叉树压缩算法，是利用网格编码的子分过程的 K-d 树分解和八叉树分解，对拓扑结构的变化进行编码，适用于地形网格等密集采样数据。法向量压缩算法是利用两个球面角参数来标记三个法向量坐标，经过离散化后将法向量体积从 24 字节压缩到 2 字节。

3）显示轻量化

通过存储优化和传输优化的模型，其模型大小显著降低并缓解了模型传输压力，但模型传输至网页端和移动端进行渲染之前需先解压，且模型显示效果和速度会因存储优化删除了细节内容而受到影响，因此有必要对模型的渲染和显示进行优化。

（1）渐进网格技术

渐进网格技术是在对几何元素进行删除的过程中，将每一步删除的几何元素及其累积的几何误差记录下来，即可形成一系列具有不同渐进误差的渐进网格，在模型显示时即可快速调节网格显示细度。

（2）顶点缓存和索引缓存技术

顶点缓存和索引缓存技术是允许将顶点或者顶点索引在图形硬件开始对几何模型进行渲染之前预先加载到显存中，从而极大提高渲染速度。

（3）背面剔除技术

模型渲染过程中，有很多三角面片在模型的背面受到其他面的遮挡而不可见。背面剔除技术即在渲染前预先判断并剔除不可见的面，从而节约渲染时间。

（4）深度检测技术

深度检测技术是在像素颜色计算阶段比较目标像素同现有像素的深度，并略去计算不可见像素点的步骤，进而节约渲染时间。

（5）细节层次技术

同一场景中，不同的网格构件或不同网格部位的重要性是不同的。距用户视点较近的网格显然需要更多细节，而较远的网格占据的像素较少，并不需要过多的细节渲染。细节层次技术即是将更多的计算资源分配给距视点近的网格构件或网格部位，可降低渲染时间的同时提高渲染质量。

（6）动态光照计算技术

模型渲染中，光照计算是最影响视觉效果的部分。光照计算中，根据是否考虑物体之间光的相互作用，可分为全局光照算法和局部光照算法。考虑物体之间光的相互作用的为全局光照算法，包括光线最终算法、辐射度法、光子映射法等，由于考虑物体间光的相互作用会导致计算速度变慢，不适用于实时渲染。不考虑物体之间光的相互作用的为局部光照算法，包括冯氏算法和古洛算法，因计算速度较快，适用于实时渲染。冯氏算法是逐像素光照算法，其将像素的颜色视作环境光、漫反射光和镜面反射光的叠加。古洛算法是逐顶点光照算法，其只计算每个顶点的颜色，对于非顶点像素，通过对顶点颜色进行插值的方法来决定颜色。相较而言，冯氏算法比古洛算法能得到更好的光照效果，但需要更长的计算时间。动态光照计算技术即在渲染过程中根据距离的不同采用不同的光照算法：较远的网格部件采用古洛算法，较近的部分采用冯氏算法。

2. 竣工模型自动扩充技术

竣工 BIM 模型的交付，除了需要准确的几何信息和必要的施工信息外，建立并完善面向运维管理的信息架构尤为重要，如建立机电系统逻辑关系并嵌入竣工模型中，成为有增强信息的运维信息模型，以管道为例，当管道泄漏时，能够定位应关闭的上游阀门信息。

1）机电系统逻辑关系自动生成

设备维护维修等常规管理中，经常需要获取设备、材料和备品等相关信息。传统模式下，通常由运维工程师依靠图纸和经验，定位各类设备和管线，其准确性和效率较低。基于竣工 BIM 模型的运维管理模式高效获取构件信息并实现定位，但同时也要求 BIM 模型能内置构件之间的逻辑关系。机电系统中，上游构件通常对下游构件存在控制关系（如管道的上游构件可设定为阀门），或下游构件功能依赖于上游构件的正常运转（如风管的上游构件可设定为风机）。通过手动方式建立这些逻辑关系的工作量巨大且准确率低，需要运用自动关系生成方法自动构建逻辑关系。

（1）第一步：确定构件的空间连接关系

机电系统构件之间的空间连接关系通过分析三维模型中的空间信息来生成构件空间关联关系表。如果实体模型信息可直接判断空间关系，则可直接提取相关参数进行分析，否则将实体模型或表面模型转换为三角面片模型，通过剖面比较来判断。

（2）第二步：明确构件类型逻辑关系及表述方式

构件类型的逻辑关系涉及典型机电系统逻辑关系和自定义特殊逻辑关系两个方面。基于 IFC 描述的机电系统逻辑关系见图 3-8。自定义逻辑关系则根据实际工程中机电系统的特点，将用户定义的逻辑关系集成为自动完成的扩展规则。在此基础上，可利用逻辑查询语言或基于本体的查询语句，完成构件间逻辑关系的信息查询需求。

（3）第三步：自动检索和添加上下游逻辑关系

首先通过自动或自定义方式确定系统上游的终端构件，再利用关联关系表生成图结构存储机电构件。应用解析得到的检验规则自动遍历搜索机电构件逻辑关系，对符合规则的构件对，添加上下游构件扩展属性实现其逻辑关系的补充描述。

2）设备标识与成组

由于实际项目中机电设备种类繁多，对机电设备信息进行有效标识尤为必要。完成对机电系统逻辑的自动扩充后，可通过 RFID 标签或二维码对逻辑信息以及设备的基本信息进行标识，实现运维管理阶段对重要信息的快速查询。

由于建筑物内机电设备分布复杂，无法对每个构件都贴上标签，也没有这个必要性。可对构件设计某种规则进行分组（如按房间、走廊、机房等区域进行构件成组），以特定

机电系统	上游构件		下游构件	

HVAC：空气处理单元 → 椭圆弯头 → 变风量机箱 → 变风量机箱接口；空气处理单元 → 椭圆空气软管 → 综合照明风口

电气系统：控制箱 → 电源箱；控制箱 → 照明配电箱 → 配电柜 → 负荷开关 → 插座；照明配电箱 → 照明开关 → 熔断器 → 灯具

自动控制系统：接线盒 → 线轴 → 摄像头 → 开门按钮；线轴 → 门禁系统 → 读卡器；线轴 → 警报 → 磁力锁；线轴 → 广播

生活水系统：阀门和过滤器 → 水泵 → 管件；阀门和过滤器 → 管件

消防电气系统：消防控制箱 → 烟雾探测器；消防控制箱 → 消防报警器；消防控制箱 → 消防报警按钮 → 消防警报；消防控制箱 → 热感探测器

消防水系统：阀门 / 压力计 → 管件 → 消防喷头

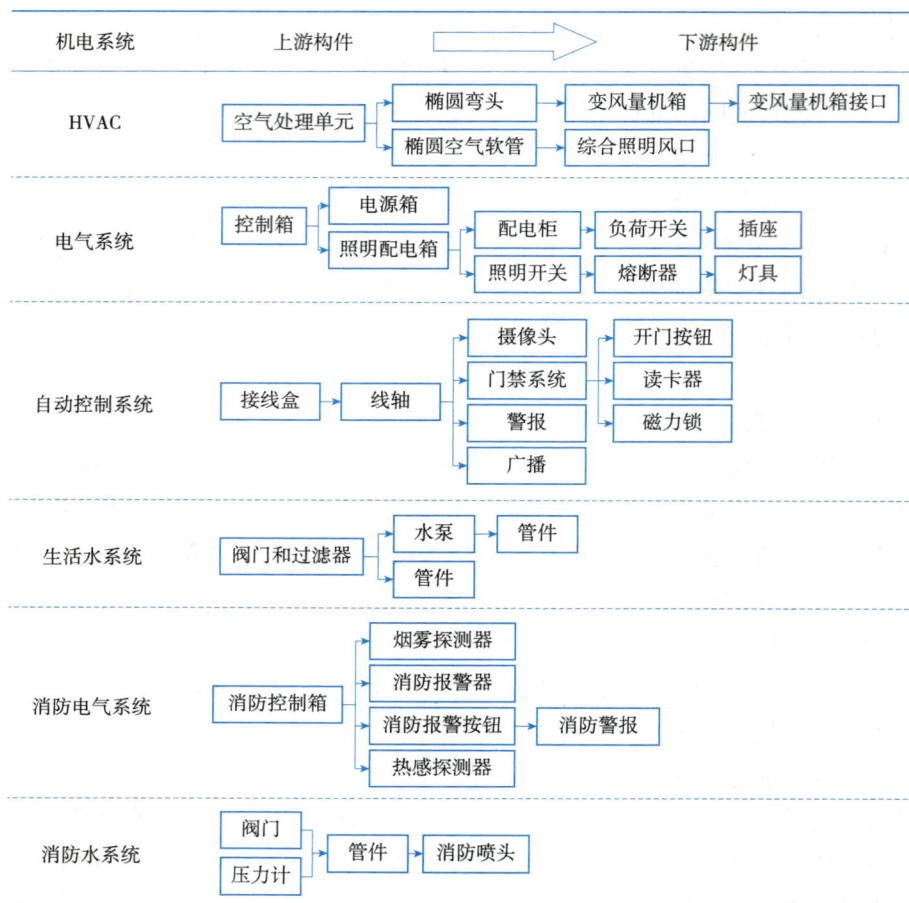

图 3-8　基于 IFC 描述的机电系统逻辑关系

的编码方式保存于标签中，进而实现对设备的便捷识别。在条码扫描枪等移动终端扫描并读取标签信息后，操作终端（PC 或 PDA）将显示该组所有构件的列表及其重要信息（如各构件的全局编码等），并可进一步选择查看某一特定构件的详细信息，及其上下游构件相关信息等。

3. 运维模型的维护与更新

建筑产品参与方众多，其工程信息存在多个数据源，且随时间动态创建。传统模式下，建筑项目各阶段信息的传递通过纸质图纸和纸质材料实现，效率低下。信息技术发展背景下，通过统一的 BIM 模型来实现对多源数据信息的集成、存储、维护和更新是必然趋势。目前，BIM 模型管理方式主要包括基于文件、基于中心数据库、基于单服务器和基于云计算平台四种方式，如图 3-9 所示。

1）基于文件的模型管理

基于电子文件的模型包括软件开发商内部格式（如 Autodesk 的 .rvt 格式）和中性格

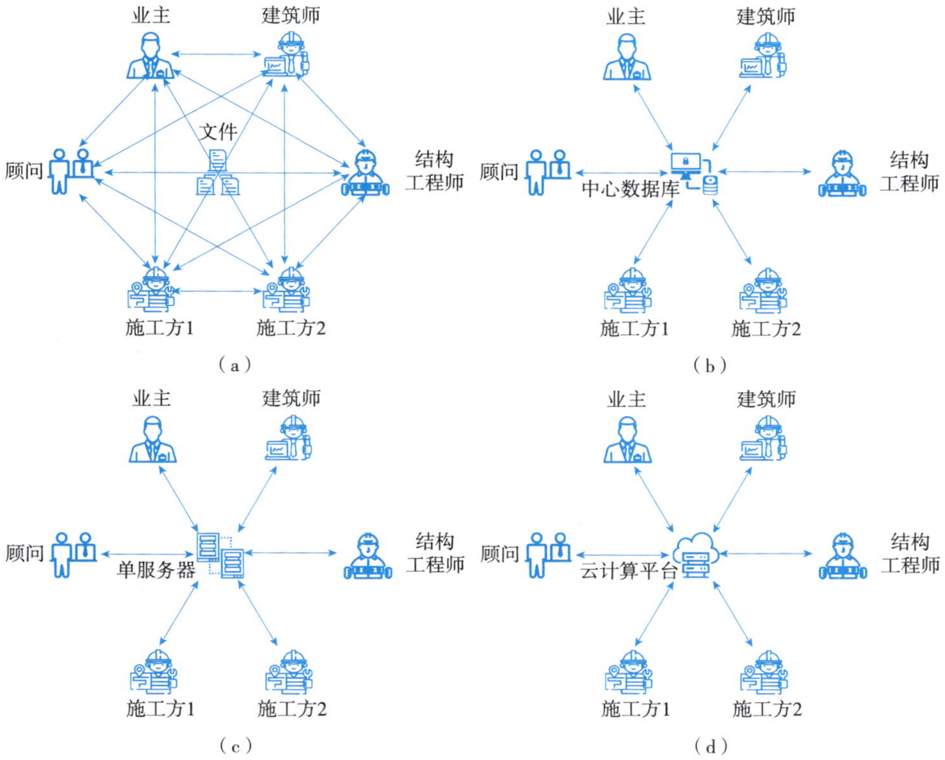

图 3-9　BIM 模型管理方式

（a）基于文件；（b）基于中心数据库；（c）基于单服务器；（d）基于云平台

式（如 IFC 格式）两种类型。其中，内部格式的模型文件无法被其他厂商软件完整识别，完全的信息共享只能该厂商软件内部实现。而 IFC 标准中性格式文件，采用 EXPRESS、EXPRESS-G 作为建模语言来定义实体、属性和约束，能支持多个厂商软件间的信息共享。基于文件的模型管理，即是以数据文件形式通过独立应用程序来实现数据信息传递，如图 3-9（a）所示。基于文件的模型管理方式目前最为常见，但由于众多参与者都需要访问多种应用程序，导致管理过程中往复传递大量文件，普遍存在数据冗余和兼容性问题，且信息变更不易保持一致，难以实现 BIM 数据的对象级管理。

2）基于中心数据库的模型管理

基于中心数据库的模型管理，如图 3-9（b）所示，项目参与者通过访问中心数据库来获取所需的数据并运行他们的应用程序，能有效避免数据冗余和不一致的问题。根据中心数据库所采用的数据库类型，可分为关系型、面向对象型、关系－对象型和键值型。目前，由业主、项目经理或 BIM 顾问建立集中式 BIM 数据库，再为其他参与者分配管理权限，来实现多方协同，是应用较为普遍的方式。该方式实现了对 BIM 数据的统一管理，但在模型验证、子模型提取和集成等方面缺少通用层，不同参与者必须自己根据中心数据库实现类似功能，导致应用程序开发的工作量和难度都大大提高，并可能导致数据损坏和未授权的访问等问题。

3）基于单服务器的模型管理

基于单服务器的模型管理，如图 3-9（c）所示，不同于中央数据库方法，其 BIM 服务器不仅存储集中式的 BIM 数据库信息，还提供基于数据的相关基本服务和业务流程等附加功能（如模型浏览、三维可视化、版本控制和碰撞检查等）。由于服务器承担了部分业务功能，能最大限度地简化客户端（如 BIM 软件）的处理工作，使网页浏览器或移动设备等轻量级客户端也能流畅运行 BIM 应用程序。该模型管理方式的优势是由于在服务器端完成对子模型的处理，从而可快速实现面向流程的相关业务，其缺点是在 BIM 服务器中，模型开发、评审、上传、下载和分析应用可能非常复杂，此外，受限于数据存储和处理能力，很难处理大型项目的海量数据。VTT Building 等开发的 IFC 模型服务器、Jotone EPM 开发的 EDM 模型服务器以及 TNO Netherlands 等开发的 Bimserver.org 是三种具有代表性的 BIM 服务器解决方案，均内置了 IFC 模型的导入和导出功能。

4）基于云计算平台的模型管理

信息技术快速发展背景下，高性能云计算平台的成本得以控制，基于 BIM 云计算平台的模型管理模式逐渐发展成熟。BIM 云计算平台具有数据传输便捷、处理灵活、访问可靠的特征，在建筑领域已可与其他新兴技术实现广泛的集成应用。当前基于 BIM 的主流云计算平台可大体分为三类：

（1）桌面级 BIM 云平台，如 Cadd Force、BIM9；

（2）文件级 BIM 云平台，如 BIMx、协筑；

（3）对象级 BIM 云平台，如 BIM360、BIMServer、STRATUS、4D-BIM。

这些云计算平台有些支持公有云（如 BIM360、协筑），有的支持私有云（如 4D-BIM）。

基于文件或集中数据库 BIM 对象级管理的云服务器和云平台，在操作大型模型时容易出现网络传输过载、数据所有权和物理存储位置不一致的问题。分布式 BIM 数据存储技术将 BIM 子模型存储在各参与方的企业服务器中，并将各节点通过互联网有机集成形成 BIM 私有云平台，逻辑架构如图 3-10 所示。部署在本地服务器的 BIMISP 节点包括了

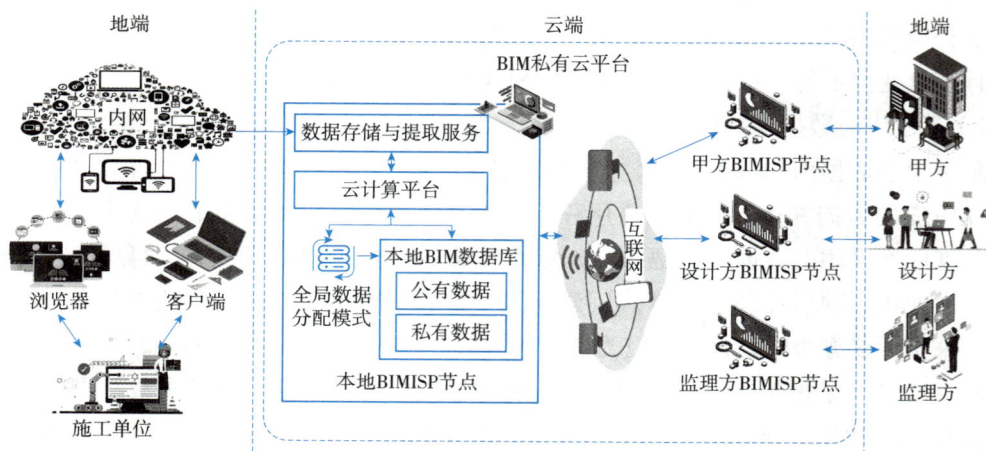

图 3-10 分布式 BIM 数据存储技术逻辑架构

构建于云计算平台上的本地 BIM 数据库、全局数据分配模式以及数据存储与提取服务。本地 BIM 数据库既可存储公有数据，也可存储私有数据。全局数据分配模式描述了所有节点存储的数据，支持提取和修改远程节点的公有数据。

4. 跨平台跨用途的协作整合

当建筑工程项目规模较大、时间跨度较长时，BIM 所涉及的参与方及相关领域软件也将随之增多，BIM 的粒度将更为细化，数据量更大，从而导致 BIM 模型的版本管理以及各参与方的协同工作则更为困难。

传统的保存更新模型或备份版本的 BIM 模型版本管理方式数据量大，跨领域交互时需依赖相关标准生成的模型文件（如 IFC 等），过程中需要反复解析和渲染，导致性能和传输效率差，对多方协同工作造成很大影响。另外，由于 BIM 模型具有多专业领域参与的特征，模型更新往往只涉及局部或某领域，若直接针对全局 BIM 模型进行版本管理会产生大量数据冗余和版本冗余，从而造成模型维护困难、应用性能低下、可用性差等问题。因此，在实际工程应用过程中，模型构建时，重点构建各自用户关注度较高的领域相关模型可有效降低因 IFC 复杂度、高专业性导致的设计或使用难度。

BIM 模型在建筑运维阶段的应用主要包括："监测与分析""控制与模拟""运维信息化"三个方面。

1）监测与分析

监测与分析是指应用 BIM 运维管理平台实现对数据的采集与发现。作为建筑数据信息平台，BIM 运维管理平台需要满足不同客户对不同数据的查询，包括：智能建筑系统（如空调系统、电梯系统、安防系统、智能照明、环境品质等）的运行数据和状态监测以及建筑内部人员信息、工作流信息及其他管理动作信息。

2）控制与模拟

控制与模拟指 BIM 运维管理模型完成对数据的深层挖掘。依托 BIM 模型所具备的静态数据和各种运行系统的动态数据，挖掘数据之间直接或间接的关联，深入分析，以制定建筑更优的运行方式和策略，通过参数调节或系统协调，提升建筑运维效率。

3）运维信息化

运维信息不仅包含建筑的所有静态数据和动态数据，还有建筑工作流的信息以及所有的管理工作信息、人员信息以及建筑运维过程中各种更新的数据信息。运维信息化是依托 BIM 运维管理工具开展数据运行状态的自我分析应用，具备完整运维信息数据的 BIM 运维管理工具，可类比为建筑的大脑，通过数据运行状态的自我分析，及时发现建筑运行中的问题并联动相关系统、设备、人员等关键因素对该问题进行处理和反馈。

智能运维管理协同平台是将相关技术和 BIM 技术整合，进而实现跨平台跨用途的协同整合，如图 3-11 所示。智能建筑自控管理系统，包括了建筑自控系统、安全防范系统、办公自动系统、消防系统和通信网络系统。BIM 运维管理平台包括运维管理的八大模块：设备管理、维护管理、空间管理、客户管理、能源管理、环境管理、安防管理和

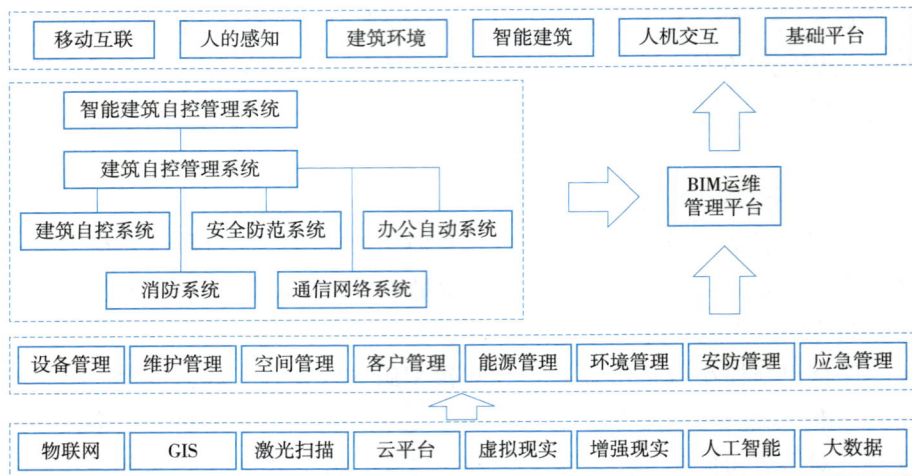

图 3-11　基于 BIM 的运维跨平台协作整合

应急管理。模块功能依赖底层的各项技术的支持，如物联网、GIS、激光扫描等。平台的协作整合，以 BIM 为载体，将数据信息联系起来，通过数据分析、性能分析与模型分析，实现人、设备、建筑三维直接的互联互通，达到智慧建筑"以人为中心"的目的。

　　运维管理 BIM 模型的信息交换和信息协同机制如图 3-12 所示。BIM 模型从设计阶段开始，完成设计协调输入、能量模型的输入和属性信息等其他信息输入，组成 BIM 模型的设计输出。施工建造阶段，在设计模型基础上完成施工记录模型的输入，形成了运维管理 BIM 模型。

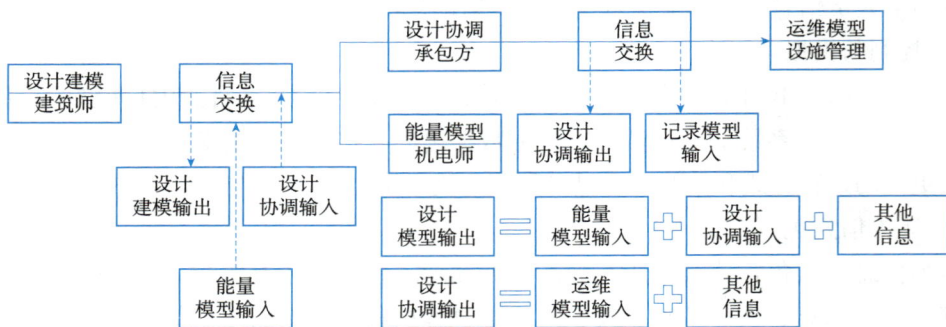

图 3-12　信息交换和信息协同机制

　　信息技术尤其是 BIM 技术为信息的协同管理提供了有力的技术支持。然而项目建设过程中，各专业在技术层面的掌握程度和对材料的认知程度存在不同层面的偏差，对信息的掌握存在信息不对等的现象，而且部分参与方之间也可能存在既合作又竞争的关系，因此，需要从技术层面以及合作机制层面共同推进建设项目的信息协同管理。技术层面，需要依托 BIM 技术，有效实现信息交流的透明化，有效简化信息之间的沟通过程，减少误判，政府部门则需进一步加强对 BIM 技术标准、数据格式、交互方式的规范，减少各方之间设施和信息系统不兼容的问题，最大限度地解决信息互通的阻碍，保障信息的有效共享、交流和协同。合作机制层面，在项目建设全过程中，推动对项目参与方之间的信息协同。建设项目各参与方需建立有效的信任机制和风险防范机制，树立信息共享与合作共赢理念的同时提高退出壁垒，增加合作收益，通过提高参与方行为和决策的透明度等措施，保障信任机制的有效建立与实施。建设项目全生命期管理中的信任机制和风险防范机制是各参与方实现协同管理的核心保障，是各参与方之间相互合作的前提与基础。BIM 协同运维的内容以及作用，见表 3-6。

BIM 协同运维的内容及作用 表 3-6

标准和要求	主要内容	作用
BIM 项目执行计划	①项目信息； ②项目目标； ③协同工作模式； ④项目资源要求	帮助 BIM 项目的负责人快速确定项目信息、项目目标、选用协同工作标准，明确项目资源需求
BIM 项目协同工作标准	针对不同项目类型选用不同的协同工作流程以及设计运维各个阶段的工作内容和要求	规定协同工作流程，确立数据检验及专业间的协同机制，保障各专业工作顺利进行
数据互用性标准	①设计过程中可以采用 BIM 核心建模软件平台、协同平台和专业软件； ②软件版本要求； ③不同软件间导入、导出文件格式	明确适用于不同项目类型的 BIM 相关软件，明确核心建模软件与专业分析设计软件的数据传输准则，保证 BIM 模型在运维中使用的畅通
数据划分标准	①项目划分的准则和要求； ②各专业内和专业间的分工原则和方法	确保项目工作的合理分工
文件夹结构和命名规则	①文件夹命名规则； ②文件命名规则； ③文件存储和归档规则	建立运维项目数据的共享、查找、归档机制，方便跨平台的协同工作进行
显示样式标准	①一般显示规则； ②模型样式； ③贴图样式； ④注释样式； ⑤文字样式； ⑥线型线宽； ⑦填充样式	形成统一的 BIM 运维模型成果表达样式

3.2 智能运维管理系统的组成

智能运维管理系统的构建，依托相关子系统的协同和整合，包括建筑自动控制子系统、设备管理及维护信息子系统、物业管理子系统等。相关子系统是构成智能运维管理系统的组成核心，涵盖设备、维护、空间、客户、能源、环境、安防、应急八大运维管理模块。

二维码 3-2
吴江移动 IDC 中心

3.2.1 建筑自动控制系统

1. 系统简介

建筑自动控制系统（Building Automation System，BAS）采用传感技术、计算机和现代通信技术实现对包括电梯、空调、供暖、通风、给水排水监控，配变电与自备电源监控，火灾自动报警与消防联动，安全包围等模块的全自动综合性管理系统，通常由中央计算机及各种控制子系统组成。建筑自动控制系统的关键是通过传感技术、接口控制技术以及管理信息系统，实现各子系统之间的信息互联和功能联动，为建筑物的拥有者、管理者及客户提供有效的信息服务以及舒适、高效和安全的环境。建筑自动控制系统一般采用分散控制、集中监控与管理。

建筑自动化系统在国内外均采用超集成化发展路线。根据《智能建筑设计标准》GB 50314—2015，智能建筑是以建筑物为平台，兼备建筑自动化系统（Building Automation，BA）、通信自动化系统（Communication Automation，CA）、办公自动化系统（Office Automation，OA）、消防自动化系统（Fair Automation，FA）、安防自动化系统（Safety Automation，SA），集架构、系统、应用、管理及优化组合为一体，向人们提供一个安全、高效、舒适、便利的建筑环境。

典型的建筑自动控制系统见图 3-13，其所控制管理的内容涉及安防、门禁、通信、能源管理、照明、电梯、设备监视、暖通空调等，具体监控对象包括空调系统设备、通风排风设备、热源设备、给水排水系统设备、供配电系统、照明设备等，实现对整个建

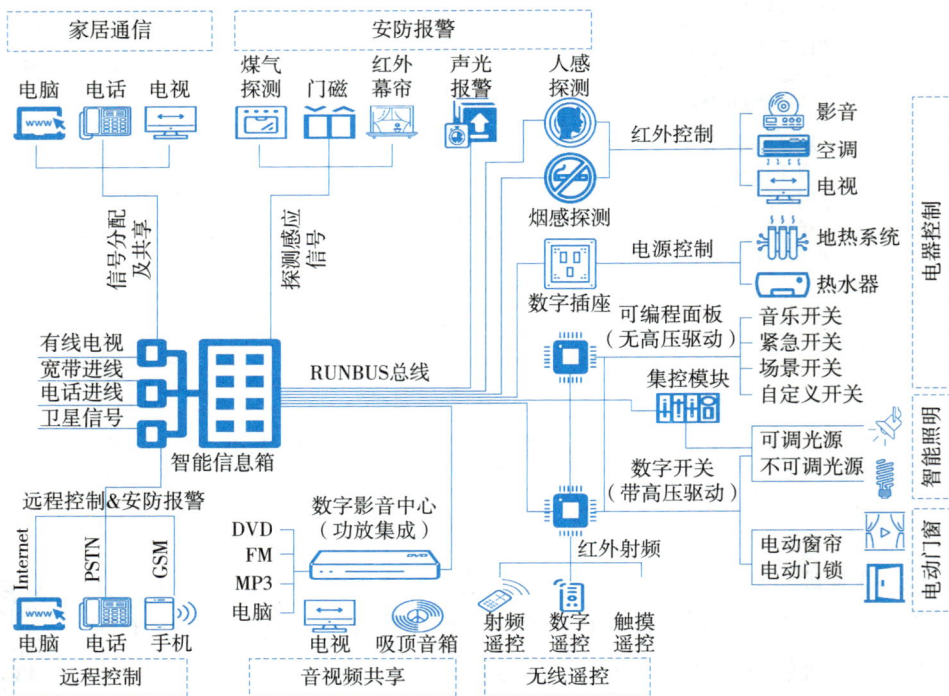

图 3-13　典型的建筑自动控制系统

筑物全时段的自动监测和控制，并收集、记录、保存及管理有关系统的重要信息及数据，达到提高运行效率，节省能源，节省人力，延长建筑物使用寿命的目的，提高建筑内人员的舒适性和安全性。

建筑自动化系统（BA）将各控制子系统集成为一个整体，其核心是由计算机技术、自控技术、通信网络技术和人机接口技术相互发展实现的集散控制系统，通过信息通信网与各子系统的控制器相连，组成分散控制、集中监控和管理的功能模式，各子系统之间也能通过通信网络相互进行信息交换和联动，实现优化控制管理，最终形成统一的建筑自动化运作的整体系统。

办公自动化系统（OA）是以计算机为中心，集成传真机、复印机、电子邮件、国际互联网局域网等一系列现代化办公及通信设施的自动化办公系统，实现提高办公效率、改进办公质量、完善办公环境和条件、缩短办公流程时间，减轻劳动强度、减少人为失误和差错的目标。

通信自动化系统（CA）的内容包括语音信箱进行留言、客户实时咨询语音应答等，并通过互联网的接入、局域网的构建，实现常用的电子邮件、线上购物、线上医疗诊断、视频对话、电子显示系统、电视电话会议系统等功能，快捷、有效、安全和可靠地向使用者提供包括语言文本、图形、图像及计算机数据等多媒体通信服务。

消防自动化系统（FA）作为现代智能建筑中的安全保障，是智能建筑中的一个特殊的子系统，具有绝对优先权，需要完全脱离其他系统或网络的情况下独立运行和操作，完成防灾和灭火功能。消防自动化系统一般由火灾探测与报警系统、通报与疏散系统、灭火控制系统和防排烟控制系统组成，其根据建筑物内各部位的烟火控制装置提供的信息进行确认后报警，同时启动火灾联动系统，包括关闭空调、开启排烟装置、启动消防专用梯并且启动消防系统运作、紧急广播疏散人群等。某智慧消防运维平台（图 3-14），依托该平台，可实现如下功能：实时监测消防设备状态，如报警、故障等信息；实现故障预警与报警，及时推送异常；支持运维工单派发、处理跟踪，提升运维效率；进行数据统计分析，生成报表，辅助决策；远程管理设备，确保消防系统稳定运行，全方位保障消防安全，优化消防运维流程。

安防自动化系统（FA）通常由闭路电视监控系统和周界方位系统、安全对讲系统、家庭安全报警系统三层立体式安防体系构成，保障建筑物内生命财产安全。某智能运维平台安防管理功能（图 3-15），可实时调动线上巡逻巡更、门禁信息统计以及安保人员定位，开展网格化安防管理。对安全管理有特殊要求的建筑或区域，其安防自动化系统则根据需要特殊设置相应模块。例如，某医院智能运维平台针对新生儿保育区域安防管理实现防盗报警、位置实时监控、出入记录管理等内容的示意，见图 3-16。

建筑智能监控通过对建筑自控系统、消防系统、视频监控系统、地下停车系统、门禁系统等子系统进行整合，实现对建筑物空调、给水排水、供电、防火等设备运行状态的实时监控和预警，同时，安防系统可利用 BIM 三维空间模拟调整监控摄像机监控区域，调整布局，防止产生监控死角。某智能运维平台，通过环境监测设备，实时对室内空间

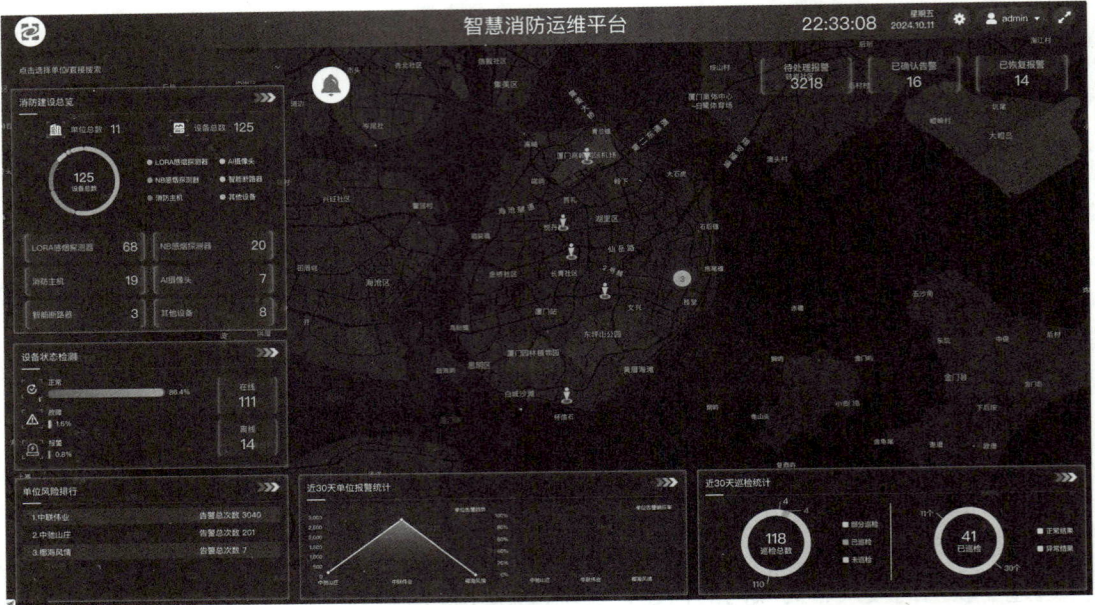

图 3-14　某智慧消防运维平台

图 3-15　某智能运维平台安防管理功能

环境状况进行在线监测，CO_2 等数据超标自动推送预警消息（图 3-17），针对机房等重点区域，实施全方位的环境监控（图 3-18），对机房内温度、湿度、漏水检测、空调状态及 UPS 状态等数据进行监测，通过监控显示屏实时显示，机房环境的异常信息通过短信或电话形式通知管理人员。

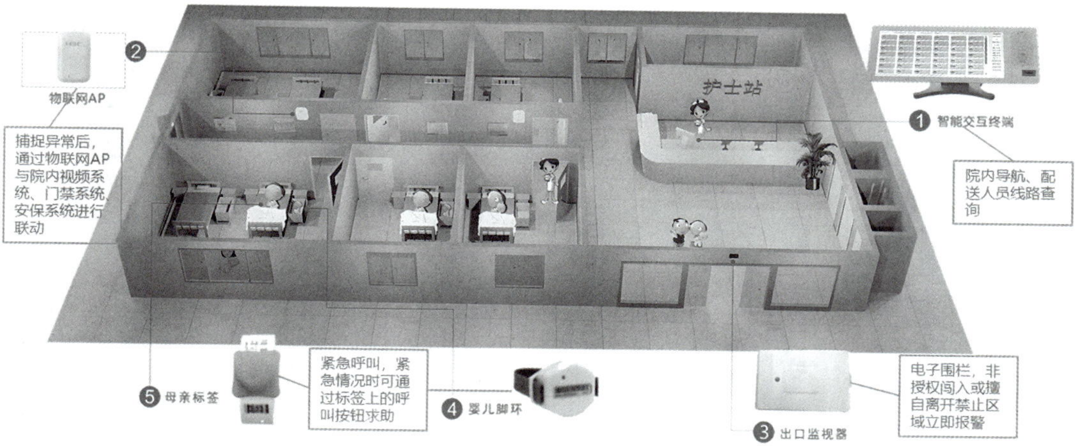

图 3-16 某医院智能运维平台特殊区域安防管理示意

图 3-17 某智能运维平台环境监控

2. 基于建筑自动控制系统的运维

基于建筑自动控制系统的运维通过集成多个子系统所有重要信息并实现相关操作功能，包括供暖、通风和空调系统的控制以及对全部能耗的监控等。建筑自动控制系统中心既可以针对单一建筑进行管理操作，也可在集中地点对不同建筑构成的建筑群进行管

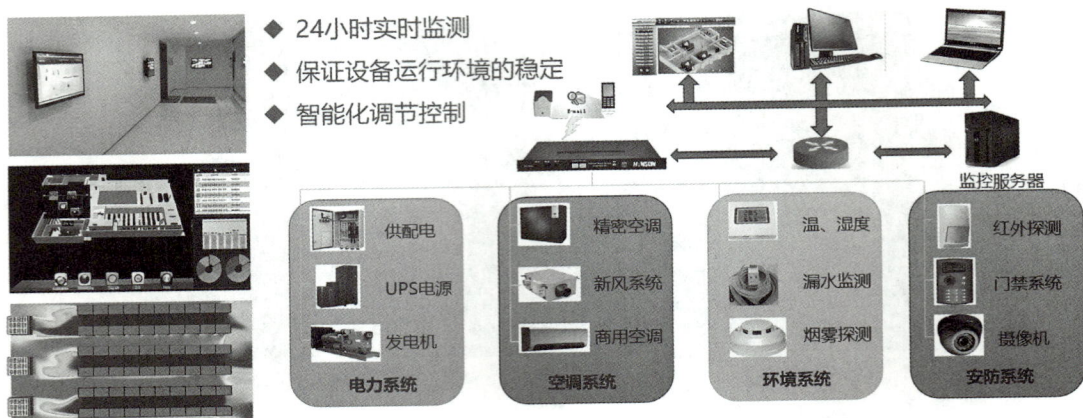

图 3-18　某智能运维平台机房重点区域环境监控系统示意

理操作。设施管理者能够通过建筑自动控制系统对建筑实现远程监控，为现场人员提供重要信息，并远程提供优化方案。

将建筑自动控制系统同 BIM 技术有机结合，实现基于三维 BIM 模型的 BAS 系统数据基层监测，为用户提供统一的运维管理入口，可提高建筑数字化运维水平，提升运维的效率和质量。整合 BIM 技术的数字化运维系统由三个数据层组成：①底层，包括 BIM 模型数据、设备参数数据以及设备在运维过程中所产生的设备运维数据等各种数据信息；②中间层，即系统功能模块，可通过 3D 浏览来查看 BIM 模型，点击模型中的相应构件，可查看设备参数数据，允许用户发起设备保修流程，制定设备维护保养计划等；③顶层，即系统门户，对各类重要信息、待处理信息的集中体现和提醒。建筑数字化运维系统包括了现场设备、房间自动化和消防安全等设施的相关 BIM 信息，如三维尺寸信息、功能信息等，且数据信息采用标准格式存储，可直接上传并兼容 BIM 模型。当 BIM 模型可展示建筑自动控制系统采集的设备实时运行信息时，BIM 模型即由三维静态模型转化为随时间维度变化的四维动态模型。建筑数字化运维系统的三维模型上可实时、直观地展现各种设备的运行状况和能耗水平，也可生成历史数据统计图表，极大提升建筑管理的效率和质量。

某智能运维平台能源管理系统，对各区域空调系统及末端能耗进行计量，对各类机电设备进行节能管理，降低建筑总能耗，减少建筑运行费用。能源管理系统，可以满足物业管理的科学、高效管理的需要，能很好地提升整个项目智能化管理水平。平台通过对每层的水电表数据进行实时监测，掌握每家入驻企业的实时水电使用情况，若有异常情况，如离线、数据异常等，平台自动预警推送相关人员。通过每月定时抄表，平台自动计算园区内的入驻企业水电费单，支持企业在线缴费并生成缴费单导出数据与记录。该运维平台针对区域的能效统计分析以及碳排放统计分析分别见图 3-19 和图 3-20。

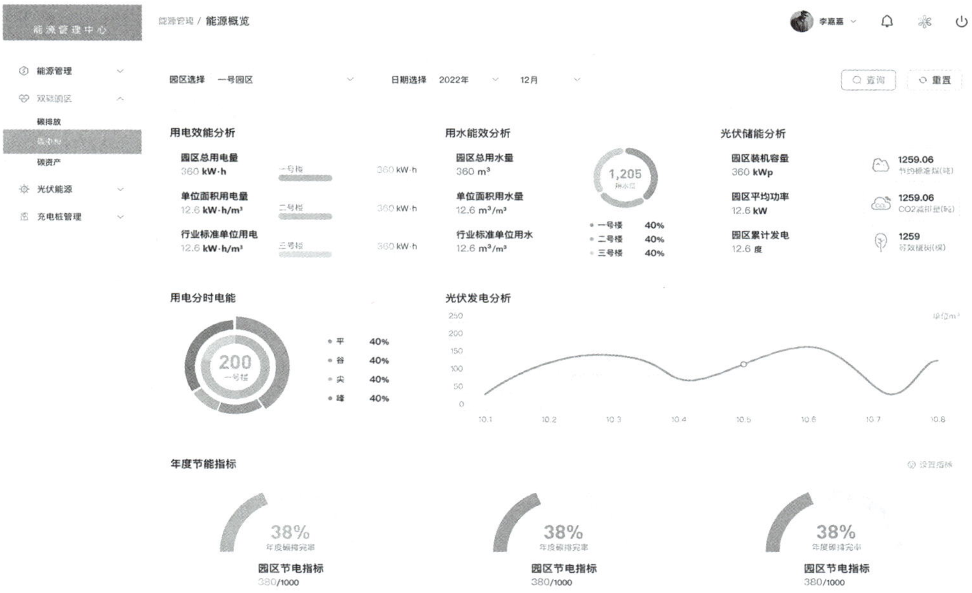

图 3-19　某智能运维平台能效统计分析

图 3-20　某智能运维平台碳排放统计分析

3.2.2　设备管理及维护信息系统

1. 系统简介

设备管理及维护信息系统基于计算机维护管理系统（Computerized Maintenance Management System，CMMS）实现，也称为计算机维护管理信息系统（Computerized Maintenance

Management Information System，CMMIS）。CMMS 是有关组织维护操作信息的计算机数据库软件包。任何必须对设备、资产和财产进行维护的组织都可以调用 CMMS 软件包，如确认需要进行维护的设备以及所需备件所在的库房信息，并帮助管理人员进行决策优化。例如，将设备故障维修的成本与每台设备的预防性维护成本进行对比，从而更好地分配资源等。CMMS 是非常高效且重要的建筑运维管理工具，设施管理者依托 CMMS 排列任务优先级，安排材料和人员，跟踪工作订单，快速生成准确的报告，并确定哪些设备需要预防性维护。

CMMS 与移动互联网、物联网、云计算、大数据等信息化技术相结合，其发展进入新阶段。比如，通过移动端扫描二维码即可展示设备历史维护记录等信息，并对设备维护进行记录，基于移动端与设备二维码扫描的维修保养，实现流程化的任务流转与协同，通过移动办公提高工作效率，减少备件和零件的浪费。运维人员可通过物联网技术实时监测设备运行参数，结合设备历史运行及养护维修记录等数据进行多维度的数据挖掘分析，以数据驱动提高设备维修保养效率，并提高设备预防性维护的可行性。

某智能运维平台设备管理及维护信息系统（图 3-21），对建筑物内关键设施设备开展实时监控，针对设备故障或异常，进行报警故障信息关联以及位置自动定位，报警信息通过平台实时语音播报，并通过短信、电话、App 消息、邮件等方式实时推送，实现模型端、手机端等不同终端同步提醒。

图 3-21 某智能运维平台设备管理及维护信息系统

2. 数字化维护模块

CMMS 可提供多种维护管理功能，包括工单管理、制定任务计划、外部工作要求、记录资产历史信息、库存管理、审计和认证、情景规划、资源调度、健康和安全管理等，具体介绍如下。

1）工单管理

中央工单存储中存储了所有生成的维护工作和作业单，用户可通过建筑、资产、工程师或任何其他相关搜索标准对其实现轻松搜索，包括所有处于开放、计划或关闭等状态的维护工作。每个独立工单，均记录工作状态更新、花费的时间、使用的材料、文档、跟进行动、计划预算和实际成本等详细信息，并可被调用用于生成报告。工程师可轻松访问 CMMS 的个人工作，以查询相关资产信息、维护程序和清单，并完成工作计划的更新或关闭等操作。运维管理平台工单管理流程见图 3-22，其中，工单管理各方信息交互及关系见图 3-23。

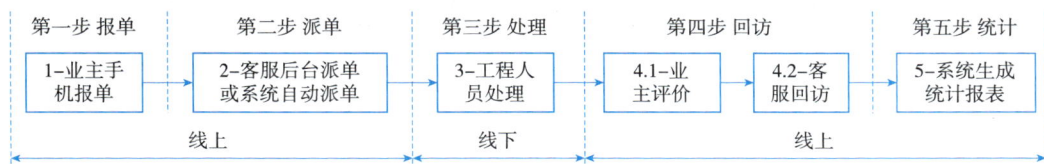

图 3-22 运维管理平台工单管理流程示意

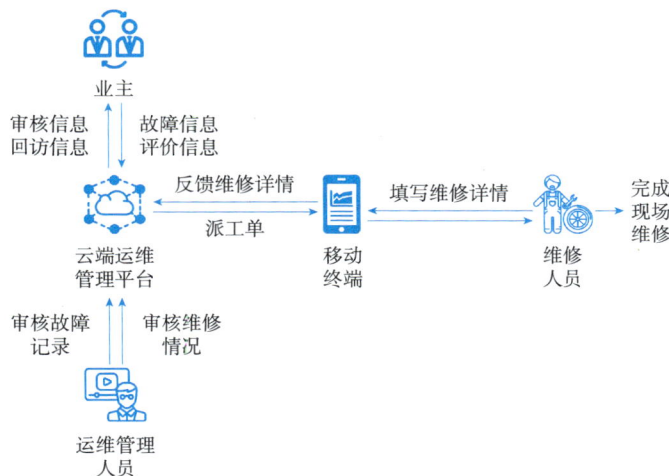

图 3-23 工单管理各方信息交互及关系示意

2）制定任务计划

可靠的有组织的任务计划对于维护团队进行预防性维护非常重要，有组织的计划有助于减轻维护团队的工作量，并确保任务不会遗漏。CMMS 系统可高效完成重复性工作的安排并向合适的人员发送提醒。

3）外部工作要求

维护团队经常需要响应外部人员提出的工作要求，如设备操作人员发现设备异常，向维护团队提出设备检查要求时，CMMS 可记录该外部工作要求并跟踪该工作完成情况。

4）记录资产历史信息

维护工作中通常需要关心 10 年、20 年甚至更长时间的设备资产。这些设备通常具有很长的检修历史。当这些设备出现某种故障时，检修历史中对于该故障的解决方法，对处理当下的故障问题极具参考意义。依托 CMMS 系统，每当设备维护工作完成时，维护工作即可被记录在设备的历史信息中，并可由运维人员随时查看，这些历史维护信息的存储和积累，对后续运维工作具有很高的价值。某智能运维平台针对设备统计以及设备运行统计的数据信息分别见图 3-24 和图 3-25。

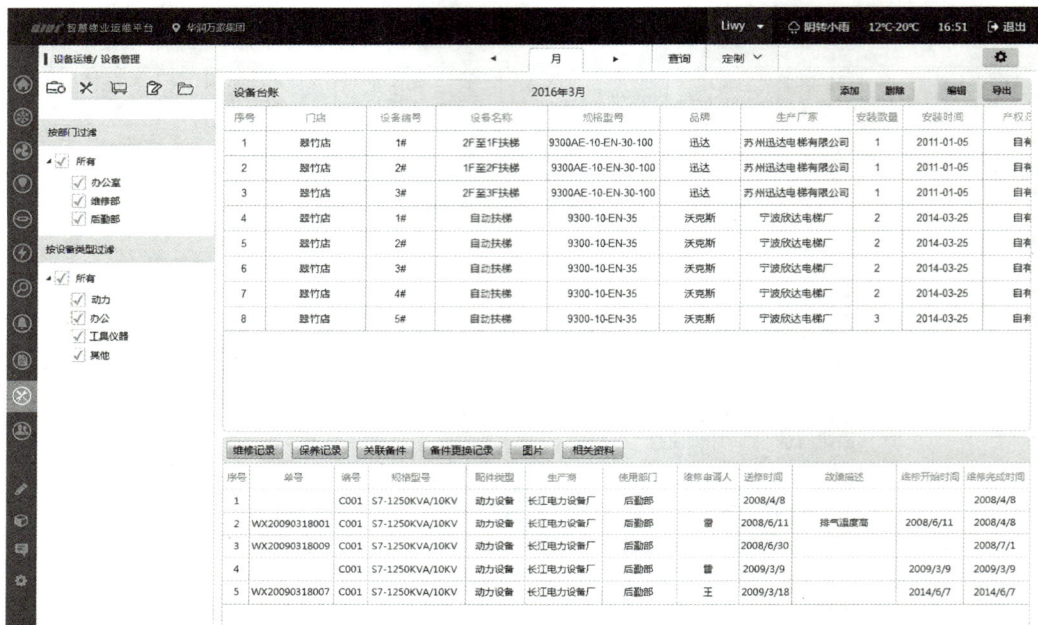

图 3-24　某智能运维平台设备统计数据

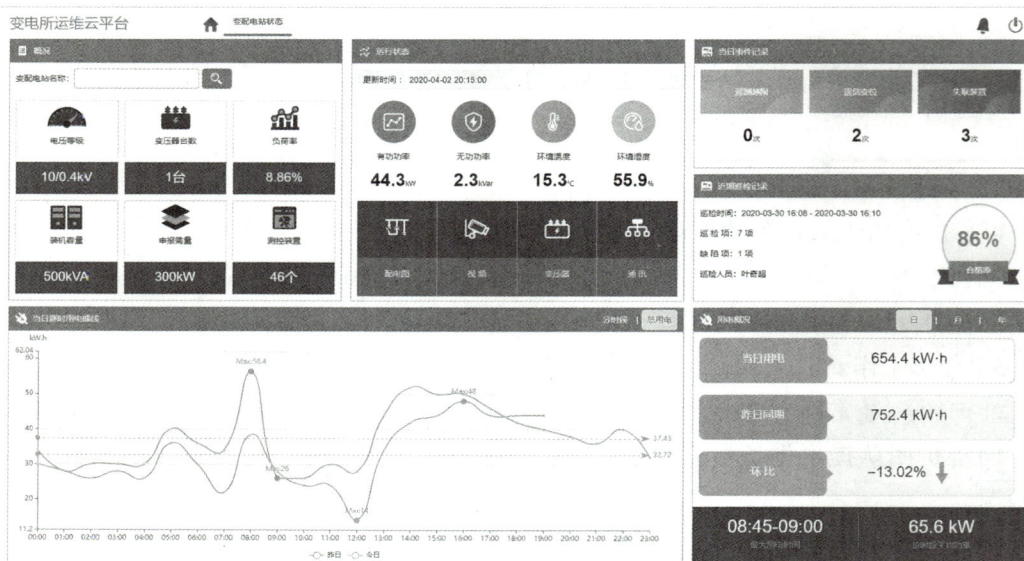

图 3-25　某智能运维平台设备运行统计

5）库存管理

维护物资（如设备备件、油料油脂供应品等）的存储和管理是维护工作顺利进行的保障。依托 CMMS 系统，管理者可方便查看存储物资的数量，并可通过对历史库存数据规律的分析，确定何时需要新订购物资，并对库存管理进行优化，实现对库存成本的控制。

6）审计和认证

CMMS 系统存储着各项维护工作的记录，在发生事故或保险索赔时，检查员可依据 CMMS 存储的资产维护历史信息进行审计和认证，查验维护工作的科学性和合理性，帮助检查员形成判断。

7）情景规划、资源调整

依托 CMMS 所具备的场景规划工具和图形计划板功能，可开展如下工作：对开展的工作进行可视化处理、推迟活动计划、合并或拆分维护工作，并根据工作调整，适时重新计算和显示工作量和预算情况。资源调整是指依托 CMMS，根据人员时间、工作负载、能力技能，完成对维护团队或单个工程师的工作分配。

8）健康和安全管理

保持设备可靠、建筑物安全和工作环境健康是维护运维工作的重要组成，这就要求维护工作必须严格按规定执行，避免导致事故和健康问题的同时，对维护人员给予适当的保护。CMMS 系统软件需包含健康和安全文件、程序、清单和任何类型维护工作的工作流程，以符合健康和安全规定，确保工作环境健康及维护工作的安全。

9）监控和分析

依托 CMMS 对多个监测数据和关键绩效指标进行监测，并据此对资产性能、维护计划和投资有效性进行分析，为维护人员提供对实际操作、潜在风险和工作执行偏差的直观量化依据，并进而评估供应商的性能，以确保是否符合合同规定的服务级别协议，包括完成时间、成本和质量等。智能运维平台可实现对建筑运维开展全方位、多维度分析，包括综合指标分析、停车分析、客流分析、整体能耗分析、区域能耗分析、节能分析等，示例分别见图 3-26~ 图 3-30。

10）移动设备支持

依托 CMMS 系统，维护人员可运用移动设备或智能手机，随时随地访问工作，完成确认工作任务，查阅具体工作指示，查询特定资产信息，获取所用时间和材料，完成工作并添加客户签名，健康和安全检查以及动态风险评估等操作，提升维护工程师工作效率。某智能运维平台通过移动端实现对建筑内的设备、能源、安防、通信等信息全面感知和运营管控，见图 3-31。

3.2.3　物业管理系统

依托信息技术构建的物业管理系统，称为"计算机辅助物业管理（Computerized Aided Facility Management，CAFM）"或"物业管理系统（Facility Management System，FMS）"。

图 3-26　某智能运维平台综合指标分析

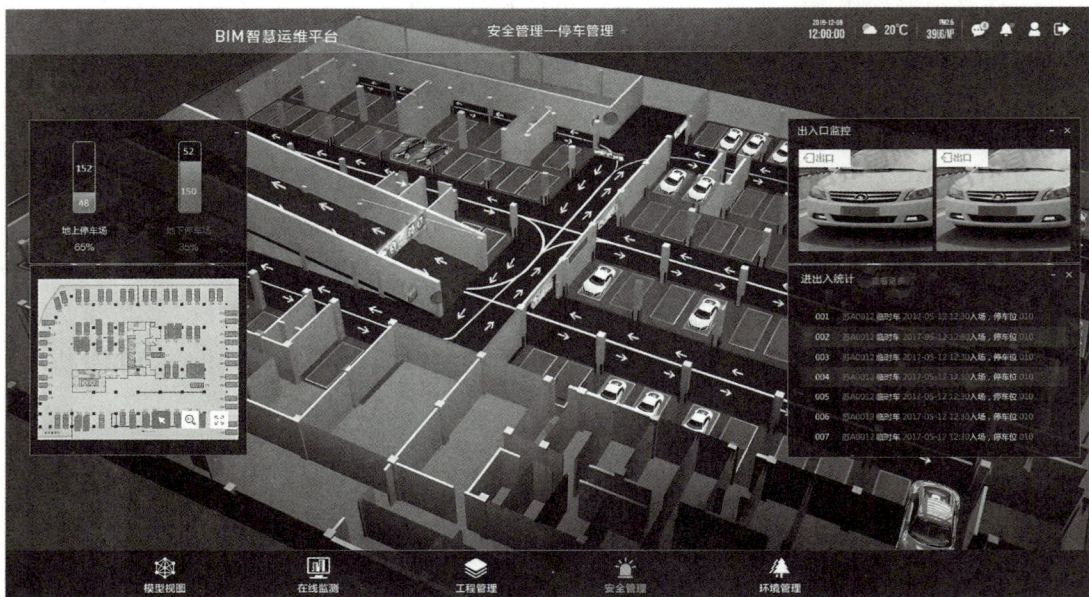

图 3-27　某智能运维平台停车分析

　　通常的 CAFM 系统，除了具有 CMMS 系统所包含的工单管理、计划性及预防性维护、库存管理等设备管理功能外，还更多关注如空间管理、资产管理和成本管理等建筑功能管理的功能。

　　在 BIM 技术作为建筑运维管理新兴工具的快速发展背景下，将 CAFM 与 BIM 技术相

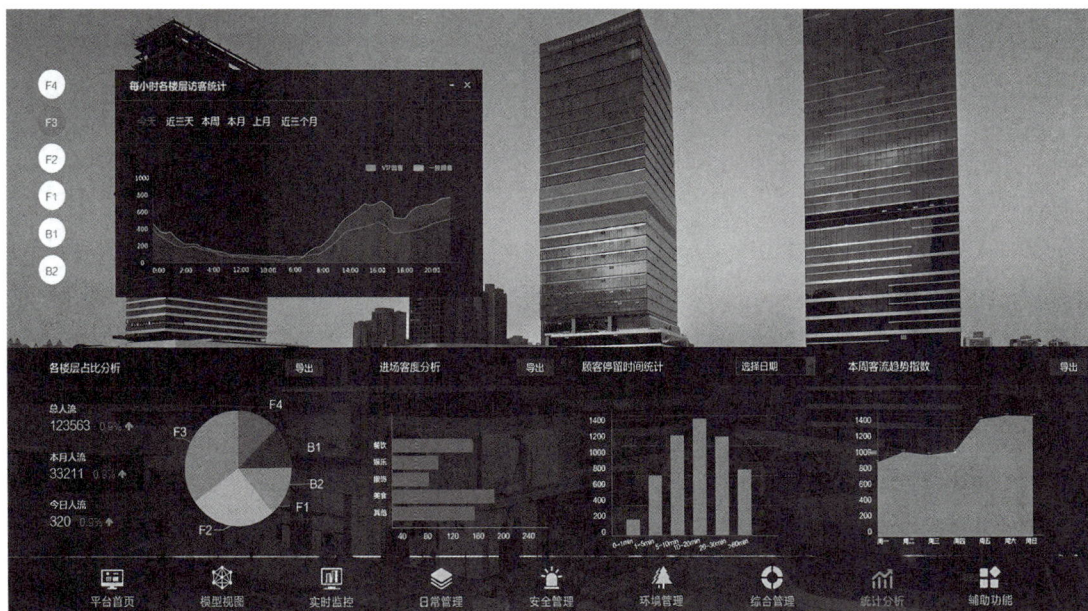

图 3-28 某智能运维平台客流分析

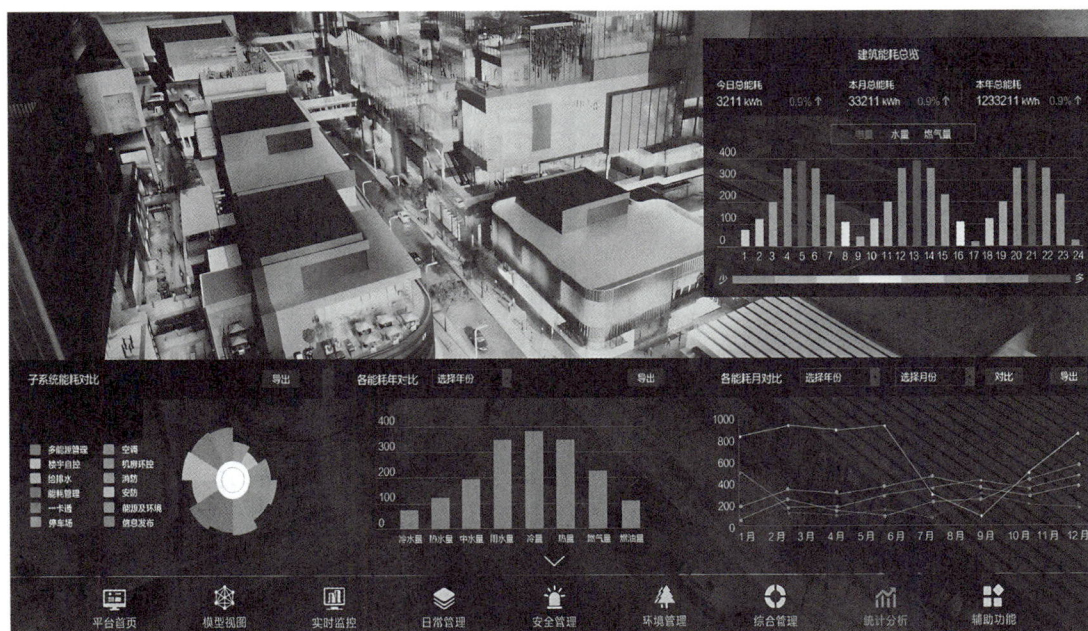

图 3-29 某智能运维平台整体能耗分析

结合，使物业管理效率更高效，功能延展更深更广。物业管理在 BIM 等数字化技术支持下，功能模块更加丰富，包括资产计划和项目管理、预算计算、设施维护管理、空间管理、搬运管理、库存管理、工单管理、能源管理、租赁管理、质量控制、人力资源、工作管理、服务管理、合同管理等。

图 3-30　某智能运维平台区域能耗分析

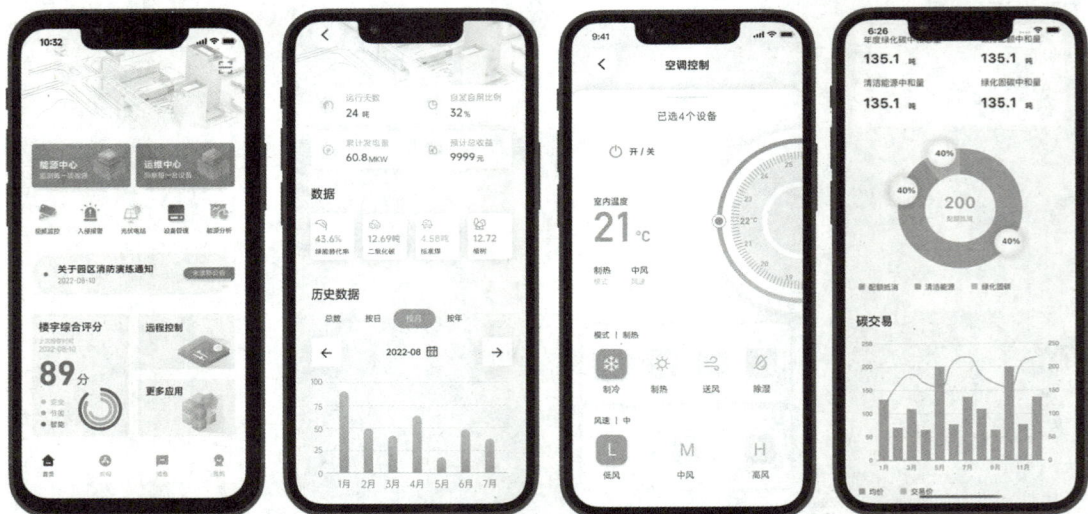

图 3-31　某智能运维平台移动端支持情况

1. 资产计划和项目管理

依托 CAFM 系统，可记录和管理所有资产数据，高效易用并能够与外部数据工具连接，主要功能包括资产数据信息记录（包括资产位置、保修、部件和维护记录等）、资产的逻辑分组（便于存储、检索和查看可用的资产时间表）以及全面查看资产服务历史记录等。

2. 预算管理

依托 CAFM 系统的成本预算管理是通过对管理设施采购、发票和财务数据等各方面信息数据的管理和分析，并依据预算、合同和项目的多级层次进行跟踪，从而更准确地管理日常财务活动，其主要功能包括：同第三方财务软件导入或导出数据的双向数据流通；通过预算、合同和项目的多级层次结构进行的成本跟踪；可审查单行或多行采购订单的完整设施成本透视图；对采购订单收货的确认；易于导航、搜索和查看的所有预算信息；对项目支出，关键日期和利益相关者的全面跟踪；对发票与特定采购订单的匹配；向利益相关者分发信息，生成多种财务报告，包括临时报告或计划性报告。

3. 设施维护管理

依托 CAFM 系统，运维人员在建筑全生命期对设备设施维护开展计划和预防性维护。CAFM 提供一种解决方案，使运维人员能够有效管理各种服务，方便通过设施管理系统的应用程序建立全面的属性信息数据库，为设施经理和承包商提供信息数据并协助进行运营优化，其功能包括：管理法律服务和维护要求的信息数据，显示维护工作计划界面，为未来资源规划和分配提供数据，及时自动生成计划任务工单，向维护的承包商发送工作任务需求，查看资产维护进度并管理每天的工作量。某智能运维平台对建筑物设备与管网的管理（图 3-32），帮助运维后勤人员对众多公用设备进行有序管理，有序调节，建立设备信息档案、维保档案、运行档案，随时调取，对隐蔽管网实现便捷定位及查找，帮助运维人员方便查询设备管网维修记录，快速判断设备现状，能够根据设备运营数据提前预警。

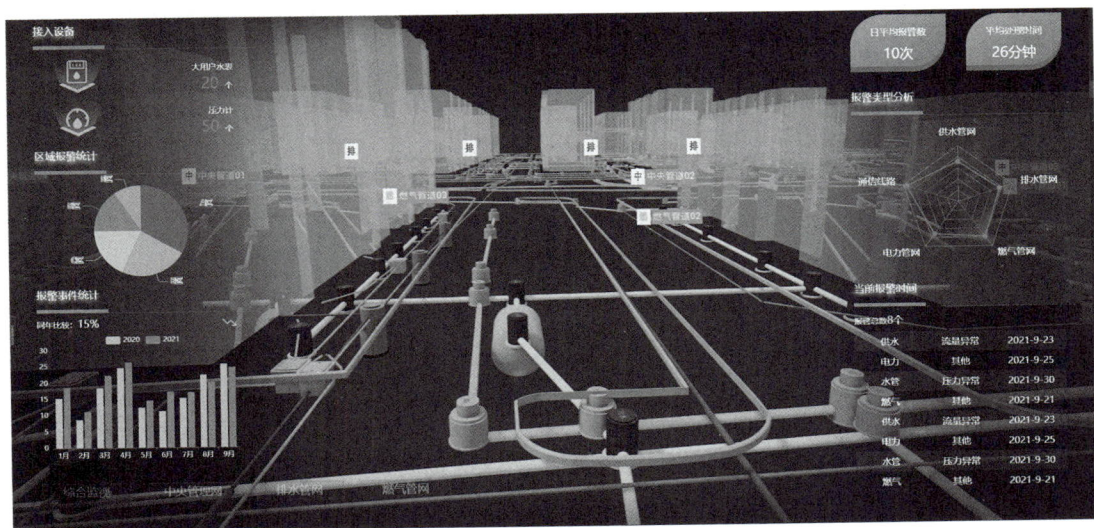

图 3-32　某智能运维平台设备管网管理系统

4. 空间管理

建筑设施的空间管理是物业管理中的重要组成。CAFM 空间管理模块，可向使用者提供必要的空间信息，通过设计制图工具，协助进行空间规划、空间使用分配和成本回收。空间管理模块的主要功能包括：应用设计制图工具完成空间详细管理和空间分配查看；自动生成人员、资产和财务任务；二维图上突出标记工作空间的控制、占用等状态，并映射空间、资产和分配属性；设施图和数据库之间的双向沟通；为空间规划者轻松生成场景规划图；跟踪空间使用情况并在数据库内自动更新；设置数据库功能，向占用空间的部门收费，并合理分摊共享空间；使用报告功能实现数据分析。某智能运维平台空间可视化管理（图 3-33），平台软件显示界面中可单独点击每个区域，点击后可查看该位置的部门或公司的详细信息，同时也可查看当前选中楼层的办公位总数量、闲置数量、闲置办公位的分布情况等。针对重点管理区域，可点击卡座、办公桌、会议桌等构件，弹窗查看关联信息，包括当前卡座员工信息（含职位、电话号码、网络端口号码等），也可查看历史信息。空间信息变化时，可手动改变区域或卡位关联信息，系统可保存历史记录，并能够展现当前信息的变化。

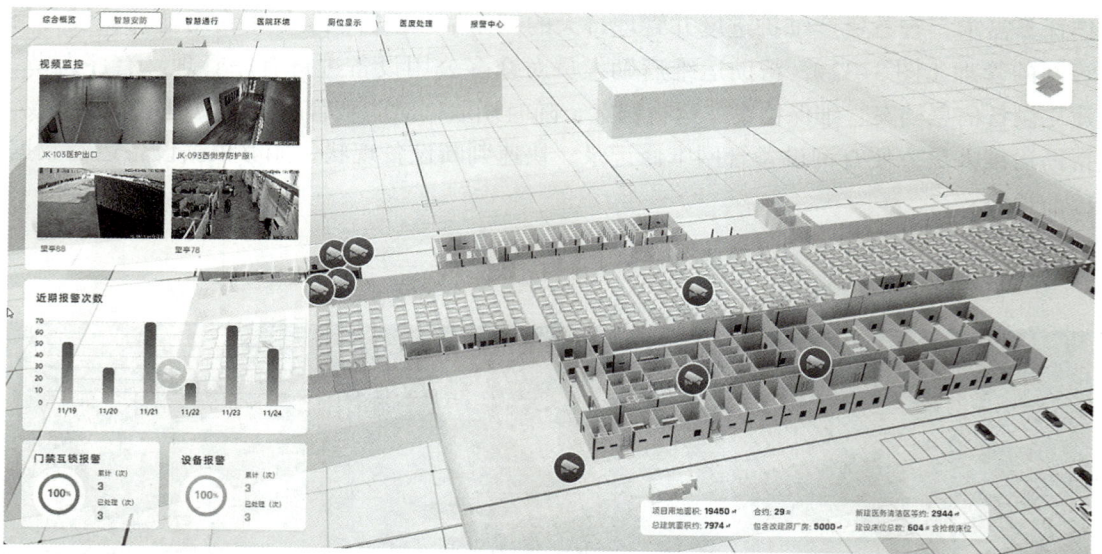

图 3-33　某智能运维平台空间可视化管理

5. 库存管理

CAFM 库存控制功能模块将库存控制与采购相结合，允许订购和接收库存项目，以自动更新库存项目的余额，让设施管理者有效管理物资库存，实现对库存水平和库存当前价值进行分析，其主要功能包括：自动先入先出（FIFO）的库存分配；选择供应商优先级顺序、支付价格、新订数量、补货水平和物资编号等；库存物资的详细供应情况和历史记录；收货会自动更新库存物资级别；与帮助台集成，将库存项目分配给计划工单；监控库存物资使用情况并估价；保持最佳库存水平；生成库存物资管理报告等。

6. 工单管理

CAFM 工单管理功能模块基于网络和自动化的流程，完成被动和计划工单的分配和快速记录。工单一旦在 CAFM 资源管理器被分配和记录，即可便捷地在屏幕上的网格中对其进度进行追踪。工单任务从开始到完工的全过程中均可调用成本和资产维护历史等信息数据并在仪表板和报告中实时查看，帮助管理层制定关键决策，以降低运营成本。CAFM 系统还可通过许多自动化流程（例如电子邮件更新）开展通知和警示工作，提高服务水平，提升工作效率，促进工单顺利完成。

7. 工作管理

依托 CAFM 系统，工作计划日历中可清晰显示员工时间表，工作计划员可通过点击和拖动等便捷操作将活动布置给时间可用的工作人员，减少工作计划员重复的工作量，减少安排任务时间和总成本，从而改善对客户或员工的服务。工作计划功能模块主要包括：高效记录公共假期、年假、病假和其他活动；允许上传日历条目，例如，为所有或选定的行业人员安排公共假期；包含可显示每个工作人员活动的日历界面，并允许直接在日历中添加其他活动；包含工作计划人员的使用界面，允许将其他活动条目直接导入工作计划；可通过帮助台直接查看工作人员工作日历，并据时分配任务；能轻松调度工单，并在日程安排日期、时间内分配给相应工作人员；当工作任务与日历计划活动冲突时，可灵活调整工作事件时间；能通过资源管理器生成性能报告以及时间表报告。

8. 基于 Web 的移动界面

基于 Web 的帮助台指用户组织可通过中央的基于 Web 的帮助台管理向员工和客户提供服务支持。为确保访问安全性，除了承包商和工程师的特殊访问权外，CAFM Web 通过唯一凭证登录，该登录凭证决定了用户使用各类信息的权限，其主要功能包括：部署无须下载或更新、简单快捷的软件；支持桌面、笔记本电脑和平板电脑等设备；生成简捷的故障报告和自动生成被动工单；能让用户跟踪故障进展并查看预计完成时间；支持承包商和工程师能管理其工作；通过配置屏幕来限制对关键信息的访问。

9. CAFM 移动端

基于 CAFM 移动端，可将工单发放给交易人的移动设备，能够快速有效地向现场的交易人员或承包商传达工作指令，提高维护团队的效率，其主要功能包括：与现场人员实时沟通，改善工作流程，减少管理成本，提高生产力；自动创建作业并将工单即时分配给合适的工程师；通过添加注释、资产、成本和劳动时间，以便检索工程师的工单分配情况；检索并接受所分配的相关交易代码的工单；通过开始功能显示开始分配给相关人员的工单情况并记录行程时间；将分配的工单设置为保持或取消保持状态；解决和（或）完成分配的工单；资产跟踪监控设备的位置和环境；确保工程师开始工作前，问题和安全指示被读取，执行适当的风险评估和标准操作程序。

10. 帮助台功能

CAFM 帮助台功能模块具有屏幕提醒、过滤器和搜索功能，可为被动维护和计划维护提供简单、高效和可靠的解决方案，其主要功能包括：工作请求的自动信息通知；通话的搜索和查看；自动相关危险警报；当确定或计划的维护工作到期时，将自动生成帮助台的工作订单；能够安排工作并查看空闲工作人员情况；向内部维护人员或外部承包商提供跟踪维护活动状态，显示计划的维护任务和可用的工时，以及计划维修时间表的状态；明确和主动地管理服务水平协议；仪表板上实时统计帮助台性能的统计报告；为未来资源规划和分配提供数据等。CAFM 帮助台可以面向多个或单个公司、地点或建筑物进行扩展。某智能运维平台帮助台界面（图 3-34），可实现实时调取建筑物建筑概览、设备分析、能源分析、环境分析、工单统计、重大警报、指标分析等运维数据，并可实现发布指令。

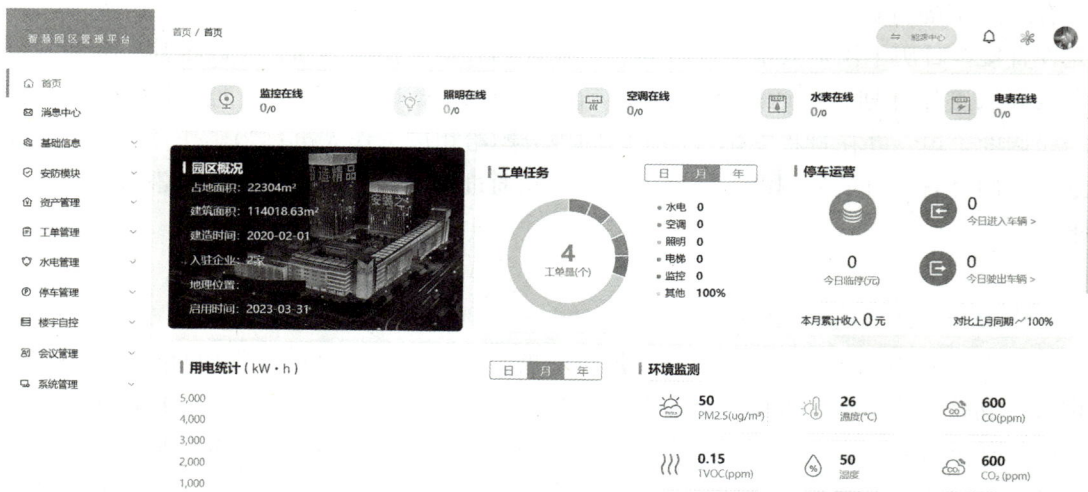

图 3-34　某智能运维平台帮助台界面

3.3　智能运维管理系统的构建

建筑智能运维管理系统的构建将充分结合移动互联技术、物联网技术，完成对建筑运维过程中涉及的租户管理、设备监控、安防管理、能源管理、环境管理等诸多业务领域的有机整合。

3.3.1 智能运维管理系统的设计

智能运维管理系统的设计应明晰主要目标，确定需达成的管理效果及管理动作，遵循先顶层设计，自上而下，最后再通盘考虑实施方案的原则进行。通常情况下，建筑工程智能运维管理系统的主要目标如表 3-7 所示。

智能运维主要目标　　　　　　　　　　　　　　　　　　　　　　　表 3-7

序号	目标	内容
1	安全目标	能够对易发生安全事故的系统（如建筑物机电设备、配电系统等）等进行预判，降低发生安全事故的概率
2	环境品质目标	能够量化考核建筑环境，帮助提升建筑区域环境品质
3	能源管控目标	能够追踪及管控建筑物能源消耗，降低能源成本
4	人员管理目标	能够标准化规范运维管理人员对设施的操作以及对人员开展绩效的考核，降低因工作人员专业能力不足或管理缺陷导致的安全、环境及能耗问题

为了实现上述智能运维目标，开展智能运维管理系统的设计时，需通盘考虑如下内容。

1. 建立规范化标准体系

针对建筑资产信息建立规范化标准体系，主要围绕原数据组织的扩展、零散信息的汇总、纸质数据的信息化、建筑 CAD 图形的整合等内容展开，系统基础数据应符合相关的数据标准，为后续信息化建设对数据的积累、完善、扩充和交互奠定基础，有助于信息系统实现完整统一、组织明确、便于更新扩展的目标。

2. 建立数据质量保障体系

建筑智能化运维的开展依赖于各类数据的处理和分析，数据质量是实现智能运维的基础。建筑智能运维管理系统的数据主要来源于底层硬件的采集或人工录入，当采集或录入的数据有误时，会导致系统计算结果出现偏差，比如，当 BIM 模型与实际空间位置不符时，将导致后期运营中出现判断错误，大大影响系统实用性。因此，建立数据质量保障体系对构建高效、可靠的建筑智能运维管理系统非常必要。

3. 建立施工标准化管控体系

建立施工标准化管控体系，实现对建筑智能运维系统建设流程和关键节点的严格把控，以保障系统长期稳定可靠地运行，如对前期调研、系统调试及试运行等过程进行标准化管理；对施工关键节点（如：传感器施工、线缆敷设、采集器及服务器安装等）指派专业施工队伍进行标准化施工。

4. 可视化技术辅助

可视化技术辅助是通过 GIS 技术和 BIM 技术相结合，实现对建筑地理位置、空间、设备等信息的快速定位和查找。将设备信息与空间信息进行集成，整合到建筑资产运维管理平台，通过 GIS 技术与 BIM 技术有机结合，实现二维与三维无缝切换，在地图中完成对地理位置与设备信息的动态查询，以及对相关设备信息的快速定位，当设备出现报警情况时，可以通过定位系统快速锁定报警位置。

5. 模块数据共享

为了最大限度地发挥建筑智能运维系统的价值，需要该系统所涉及的 8 个模块之间能流畅实现数据共享。例如，消防安全的正常运行，需要消防报警、视频监控及设备设施数据之间的共享和联动。当消防报警时，系统自动调取报警位置附近的摄像头，查看原因的同时将报警信息作为工单发送给相关物业人员，提示物业人员去现场排查，然后将排查信息再以工单形式上传至设备设施系统，形成闭合的管理流程。

建筑智能运维系统的方案设计，应遵循的原则如下：

1）通用性：以行业标准技术、可扩展的系统架构和开放式语言为基础，保证系统可在不同平台之间的兼容性；编制各子系统的接口软件，不同系统和产品之间采用标准化接口协议，提升子系统和产品之间的"互操作性"。

2）可靠性：建筑智能运维系统需具备足够的可靠性和容错性，在系统发生意外故障和突发事件时，系统能保持正常运行且有足够延时来处理故障。

3）业务适应性：能够适应针对各类业务流程的应用，并在流程和处理方式因政策法规、业务规则以及组织结构调整而发生变化时，可通过配置予以相应调整适应。

4）经济性：应充分考虑系统在建设及其运行维护过程中的造价和成本，保持较高性价比，以提升投资回报率。

3.3.2 智能运维管理系统的总体架构

智能运维管理系统的总体架构设计时，充分考虑系统管理目标，完成相应的系统功能和算法设计，再针对选点标准、数据接入标准等内容展开设计，其总体架构可划分为采集存储层、核心算法层、业务引擎及中间件层、功能模块层及用户层 5 个层级，见图 3-35。

1. 采集存储层

采集存储层主要实现针对系统底层数据的采集与存储，其数据来源主要包括：①通过设置于设备或系统上的传感器所采集的设备运行关键参数，如温度、压力、流量等，然后通过数据采集器将采集的数据存储至服务器；②通过第三方系统共享的数据，如楼控系统（包括空调控制系统、照明控制系统、给水排水控制系统等）与智能运维系统对接，其数据根据统一编码规则进行标准化采集和上传至智能运维系统；③人工录入方式

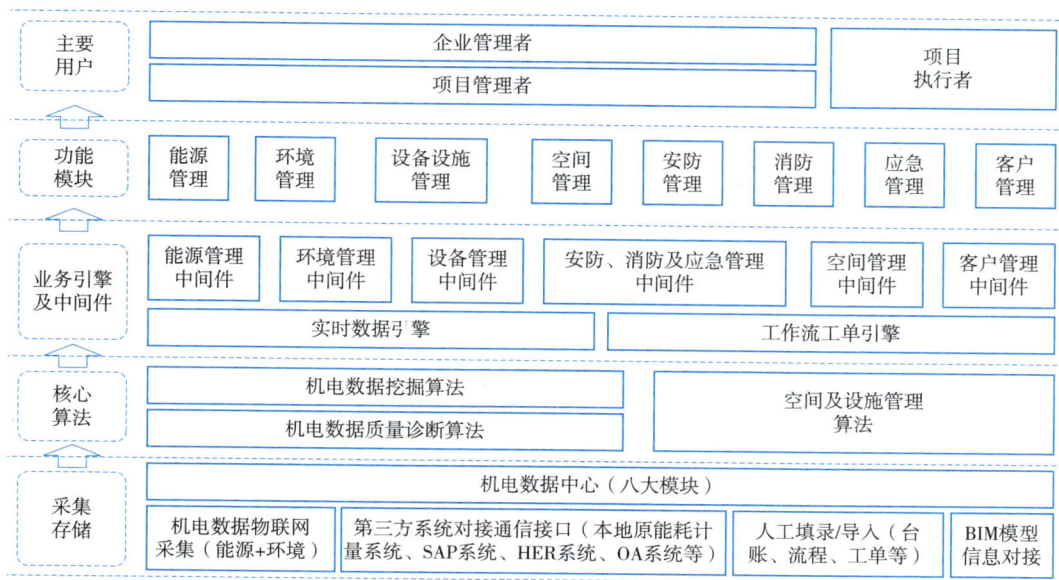

图 3-35　智能运维系统总体架构

上传数据，如通过人工录入设备台账及物业巡检的时间及工作流程等内容；④ BIM 模型的信息数据接入，将 BIM 模型包含的大量设备台账、空间信息等对接于运维系统。

2. 核心算法层

核心算法层主要是对采集存储层所采集和存储的数据信息进行算法处理，用于后续运维工作流程，其主要包括动态信息处理算法和静态信息处理算法两个部分。

动态信息处理算法主要针对机电设备运行过程中产生的动态数据展开，包括数据质量诊断算法和数据挖掘算法两层，前者是后者的基础。机电设备运行产生的动态数据处于变化过程中，其数据可能存在质量差异，因此需要首先通过数据质量诊断算法对动态数据的数据质量进行筛查处理，然后再对筛查合格的数据进行数据挖掘。数据挖掘算法是针对大量数据通过算法搜索、挖掘、分析其中隐藏的信息和规律，包括建筑安全、环境、节能及人员管理等方面的信息和规律。

静态信息主要指录入系统后一般不发生变化的信息数据（如空间及设施管理的信息等），其算法较为简单，也无须对其数据质量进行诊断。

3. 业务引擎及中间件层

业务引擎主要用于连接数据，主要包括实时数据引擎及工作流工单引擎两部分，前者用于连接动态数据库，后者用于连接静态数据库。中间件主要通过处理引擎和事务处理组件来管理底层数据同上层业务逻辑的信息交换接口，包括能源管理、环境管理、设备管理、安防管理、消防管理、应急管理、空间管理、客户管理等 8 个组成部分，为其上层的功能模块层提供运行与开发环境，帮助系统灵活、高效地集成复杂的应用功能。

4. 功能模块层

智能运维系统主要包括 6 个功能模块，其功能如表 3-8 所示。

智能运维系统各模块功能　　　　　　　　　　　　　　　　表 3-8

序号	模块	功能
1	能源管理	监控建筑能源流向，实现对能耗数据的挖掘提炼，帮助指导节约能源
2	环境管理	通过建筑环境场环境参数的量化和分析，帮助解决区域环境不达标的问题，也可辅助进行能源管理
3	设备设施管理	将设备设施管理动作全部数字化，包括台账、巡检、维保及工单四个功能
4	空间管理	描述设备空间信息，并通过空间信息分析，定位来自各系统的报警信息
5	安防、消防与应急管理	通过设置安全报警的阈值、提醒管理人员等，实现建筑的安全管理
6	客户管理	主要包括建筑的租赁管理、计费管理及营销管理等

5. 用户层

建筑智能运维系统用户层主要涉及项目执行者、项目管理者和企业管理者三类，通过权限设置来控制不同类型用户访问系统的功能：项目执行者主要运用工单、巡检、维保功能等执行层面的功能，开展具体运维工作事务而无其他功能的访问权限；项目管理者可访问单体项目的平台数据，对单体项目进行管理；企业管理者可以通过智能运维系统获取所有项目的数据，并可利用系统应用对各项目间的运行情况进行横向对比，挖掘、提炼运行的关键指标。

3.3.3　智能运维管理系统的总体实施方案

建设智能运维管理系统的总体实施方案分为项目计划、项目调研、系统调试和试运行 4 个步骤，为保证运维系统建设项目的进度和质量，每个步骤都需执行严格的管理流程和审批程序。

1. 项目计划

项目开展前期，应先对项目的实施进行计划安排，主要涉及设计调研、工程实施、系统试运行三个阶段。

1）第一阶段：设计调研

设计调研阶段的计划主要包括工程实施方案调研和建筑信息详细调研两个小阶段：①工程实施方案调研，主要通过现场勘察的手段，了解机房环境、弱电系统、所需设备及安装方式和方法、材料数量、强弱电线敷设方式等，并进行安全风险评估，确保规范性、合理性、安全性，为工程实施方案提供重要依据。工程实施方案调研要求留下现场影像资料并绘制相关图纸。②建筑信息详细调研，主要是系统、科学地了解建筑运行状况和设备信息参数，为后续系统调试、数据分析、横向比较提供重要依据。

2）第二阶段：工程实施

工程实施阶段的计划主要涉及传感器安装、采集设备安装、网络设备安装、线缆敷设等施工过程。该阶段工作对数据正确性、系统稳定性具有决定性作用，是系统平台建设的根本，故在工程实施中应针对项目特点进行专门研究，组织经验丰富的团队，采用先进的管理方式，制定严格的规章制度。

3）第三阶段：系统试运行

系统试运行阶段的计划主要涉及检查系统软硬件长期运行的稳定性、可靠性和实际应用效果，该阶段需建立健全运行操作和系统维护的规范，为系统的实际运行和完善提供运行数据和依据并全面考察项目建设成果，进而完善项目建设内容，确保项目顺利通过竣工验收并平稳地移交给项目管理部门。

2. 项目调研

项目调研工作主要是为了了解建筑的运行状况及设备信息参数，为后续工程设计以及运行调试提供重要依据，并完成对大量调研信息的统一管理，为后续信息维护和系统可持续发展提供可靠保证，其工作环节由调研准备、前期沟通、资料收集、现场调研以及调研信息验证、审核、备案等构成。

1）调研准备

为保证调研的系统化、科学化，调研准备环节需要组建业务熟练的队伍，制定严格的流程和计划。建立具有专业性强、能力优秀、业务熟练的调研团队并制定科学合理的管理机制是高效完成大量调研工作的保障。系统调研工作需严格落实各流程的具体工作并按职能进行工作分配，按要求填写调研表格，严格遵守工期要求，责任导入，有序交接，做到有依可凭，有据可查。系统调研流程如图 3-36 所示。

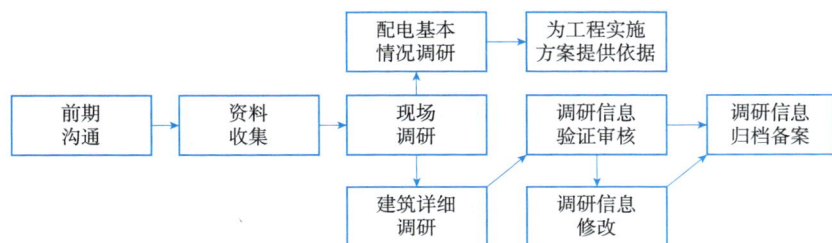

图 3-36　系统调研流程（以配电系统为例）

2）前期沟通

前期沟通工作主要涉及阐述调研的目的、重要性、流程以及相关的事项，与项目所有方建立良好的合作关系。

（1）准备项目调研表

针对建筑基本信息进行调研（或称为初步调研），并填写建筑基本信息调研表格（参考样表见表 3-9）。

建筑基本信息调研表格（参考样表） 表 3-9

建筑名称：			建筑详细地址：		
联系人名称：		联系人名称：		联系人名称：	
联系人职位：		联系人职位：		联系人职位：	
电话：		电话：		电话：	
手机：		手机：		手机：	
建筑所属类型：			投入使用时间：		
建筑总面积：			建筑总空调面积：		
地上面积：			空调面积：		
地下面积：			备注：		
建筑基本情况描述：			建筑照片：		
调研人：	调研时间：		大楼 ID：		使用人数：

（2）召开项目启动会

项目启动会由甲方组织召开，针对项目涉及的内容进行核对确认，建立有效的沟通机制，保证项目顺利实施。

①参会人员：至少应包括甲方物业工程部委派的相关负责人、调研单位项目经理、施工单位项目经理等。

②会议内容：

a.介绍工程建设流程、工作内容及工作区域等，并说明需甲方各专业配合的工作内容；

b.确认甲方各专业对接人；

c.汇报施工方及甲方采购设备计划；

d.汇报初版工期计划，并根据甲方意见及甲方采购方案对工期计划进行修改确定；

e.描述项目实施过程可能存在的风险（包括施工过程中的设备损坏、工程超期等）；

f.甲方对施工方人员进行安全施工培训并核对施工方应具备的相关操作工作证，如电工操作证；

g.施工方负责人需要按照甲方要求办理相关入场手续及入场工作证。

③形成文件

项目启动会的内容应形成文件，并由各方负责人签字确认，且至少需要存档保存到项目实施完成，确保启动会内容有效实施，也为解决后续争端提供依据。

3）资料收集

项目全面开展前需向建筑管理人员尽可能多地收集相关资料，为后续调研分析以及项目实施方案制定提供依据。需收集的资料主要包括：

（1）建筑相关图纸（平面图、配电系统图、干线图、弱电系统图等）；

（2）设备参数资料（电梯、空调主机、水泵等）；

（3）时间跨度尽可能长的建筑用能历史记录（水、电、气等）；

（4）工程部日常管理规则制度。

4）现场调研

现场调研以实地勘察为主，系统图纸为辅，对建筑低压配电室、空调机房、水泵房、消防泵房、信息机房、风机房、弱电子系统、门禁等进行实地勘察，对各机房的空间信息、配电柜和设备的安装、线缆敷设方式、支路配置情况等逐一进行详细勘察，对建筑用能情况有全面的认识，主要内容包括：

（1）系统设计选点（计量表安装数量）；

（2）传感器安装类型（三相表、多功能表、冷表、水表、气表等）；

（3）传感器安装方式（挂装、开孔安装、集中安装）；

（4）采集设备的安装方式与位置；

（5）网络设备的安装方式与位置；

（6）本地服务器的安装方式与位置；

（7）视频监控系统的摄像头数量、管控区域及位置；

（8）门禁的数量及位置；

（9）电子巡更点位的数量及位置；

（10）消防喷淋头的数量及位置；

（11）弱电系统如 BA 系统、安防系统的现状及数据质量情况；

（12）不稳定因素风险的评估。

以上工作内容必须做到全面、详细，且由专人负责。

5）调研信息验证、审核、备案

完成现场调研后，制作完整的调研信息表，召开项目调研启动会，由建筑管理人员审核调研信息是否存在错误，然后根据业主审核意见对调研信息进行修正，直至所有调研信息与业主的理解保持一致。调研信息验证审核流程中若出现遗漏、存在疑问或不准确的情况，应有针对性地再进行详细调研。调研信息确认无误后交由项目组审核人员审核，最终保存于调研档案中。

3. 技术交底

项目实施前的技术交底工作，其参与人员至少应包括调试单位项目经理、施工单位项目经理、甲方各专业的相关技术负责人等。

1）交底形式

调试单位向甲方和施工方提交初版系统设计图纸（包括平面图、系统图）、选点信息表格、技术方案等相关资料以及设备与线路敷设安装平面设计图模板。甲方各专业的技术负责人对调试单位提交的初版资料进行审核。施工单位则根据系统设计图纸进行现场勘测核查，并绘制平面具体布线及设备安装图纸。若施工方现场勘测中发现选点方案或调研支路信息与现场情况不一致，需向调试方负责人、甲方技术负责人及时反馈。

2）交底内容

技术交底内容主要包括：①施工方现场人员根据方案设计及图纸标出点位数量与位置，并到现场进行核对，确保设计点位与现场一致；②施工方现场人员根据方案确认现场线缆敷设路径及设备安装方式方位，并根据现场安装条件优化路径及绘制施工设计图纸；③确认网络设备接入位置，明确需要 IP 设备的数量并完成 IP 地址申请流程，完成设备 IP 地址分配；④向甲方明确并记录除国家地区标准规范以外的其他特殊工艺要求。

3）形成文件

项目现场交底完成后需形成相关文件，并由各参与人员签字确认，然后汇总保存，施工单位在后续工程施工中参照文件严格执行。

4. 项目实施标准

为避免后期出现施工质量问题、硬件问题等，需在项目实施前期，明确相应实施标准，对各类工程材料、表具等各类硬件参数作出要求。项目实施要求示意如表3-10所示。

项目实施要求示意 表 3-10

分类		要求
工程材料		1.RS485：通信线总线线芯截面不得小于 $1.5mm^2$，各分支线线芯截面不得小于 $1.0mm^2$，规格型号为国际 RVVP 或者 RVVSP
		2.CT 电流测量回路应采用截面不小于 $2.5mm^2$ 的国际 BVR 铜制线缆
		3. 电压测量回路应采用耐压不低于 500V 的国际 BVR 铜芯绝缘导线，且芯线截面不应小于 $1.5mm^2$
		4. 网线与光纤：必须使用国标超五类网线及光纤
接线质量和标签标注	表具接线	1. 线头制作必须上锡或卡紧使用标准的接线端子
		2. 各接线头必须连接紧固
		3. 各连接线之间必须使用专用的接线槽或线管
		4. 水表、冷量表等一些线缆的连接要使用金属软管
		5. 各箱体内设备固定，不允许使用双面胶粘贴，必须考虑设备散热，避免掉落，设备固定必须采取导轨卡装或者螺钉固定，不允许采用线材表面绑紧方式，不允许影响美观
		6. 箱体内设备对外接线必须经过接线端子排隔离，不允许外部线材进入箱体随意走线
		7. 多股线材并行的箱内空间连线必须使用专用扎线材料进行包扎和固定
		8. 单根布置的线路一定要对线路进行固定，不允许漂浮或者乱扎，扎线一定要整洁规范
		9. 接线管或软管连接头或断头处断面必须要整齐，并将断头与线材之间使用绝缘胶布包扎结实
	标注	1. 每个表具必须安装或挂装一个塑料标签，标签不允许使用纸制易坏材料
		2. 每个表具的标签定义一定要与支路或设备清单列表一致
		3. 每根线材（通信线、电源线、其他信号线等）都需要严格标明线的起始两端的线号和位置标号，标号不允许直接贴字或笔记，一定要使用专用的线号管或者专用线号标签材料
		4. 柜体上面成排贴装标签的，标签一定要水平一致，不允许出现高低错落
		5. 采集器、服务器、电表箱、网络箱等各箱体设备要贴用途标记牌，采集器必须固定标记网络 IP 和固定 ID
		6. 箱体内每个端口每根线材的标号一定要采用专用标号材料进行标注

续表

分类		要求
施工质量	电表安装	1. 安装前应仔细阅读说明书，如带通断量功能电表必须清楚是干接点还是湿接点；每块电表必须通电检查和校验、保证电表 ID 及地址为本项目唯一
		2. 使用互感器的电力仪表，采集电压信号前端应加装 2~5A 保险丝
		3. 二次回路的连接件均应采用铜质制品
		4. 单独配置的计量表箱在室内挂墙安装时，除业主指定位置外，其安装高度宜为 1.2~1.5m
		5. 电表应垂直安装，表中心线倾斜不大于 1°，应安装牢固
		6. 在原配电柜（箱）中加装时，计量装置下端应设置标示回路名称的标签。与原三相电表间距应大于 80mm，单相电表间距应大于 30mm，电表与屏边的距离应大于 40mm。安装前应通电检查和校验。电表精度等级应满足设计要求，安装方式依照工程实施方案执行
		7. 电流测量回路应采用截面不小于 2.5mm^2 的铜质 BVR 线缆。电压测量回路应采用耐压不低于 500V 的铜质绝缘 BVR 导线，且芯线截面不应小于 1.5mm^2
		8. 待安装电能表端钮盒盖上的接线图正确接线
		9. 电表的 A、B、C 三相相序接线必须正确，不允许出现电流、电压相序混乱接线
		10. 装表用导线颜色规定：A、B、C 各相线及 N 中性线分别采用黄、绿、红及黑色，接地线用黄、绿双色
		11. 电能表应牢固地安装在电能计量柜或计量箱体内
	电流互感器安装	1. 电流互感器安装必须牢固。互感器外壳的金属外露部分应可靠接地
		2. 同组电流互感器应按同方向安装，以保证该组电流互感器一次及二次回路电流的正方向均一致，铭牌位置应尽可能易于观察
		3. 采用互感器接入方式时，各元件的电压和电流应为同相，互感器极性不能接错
		4. 电流互感器二次侧不允许开路
		5. 低压电流互感器的二次侧需接地
		6. 互感器装入母排或母线上，要求平整，成一字形或品字形分布
		7. 接出线要横平竖直，并用扎线带进行固定
	冷量表安装	1. 安装前应进行检查和校验
		2. 冷量表安装破坏管道外保温的一定要进行保温恢复
		3. 安装过程中需要破管或者焊接的，必须保证焊接良好，必须保障密封良好
		4. 冷量表安装应符合下列规定： ①冷量表安装应避免对管道产生附加压力，必要时设置支架或基座； ②冷量表安装位置及方式应符合设计规定与产品安装要求，且便于拆卸更换。冷量表安装后应不影响系统热（冷）系统正常运行和流量。计量装置下端应设置标示回路名称的标签
	传感器安装	1. 传感器设置位置应能反映被测介质的平均温度
		2. 传感器和传热（冷）介质间应具备充分良好的换热条件
		3. 传感器安装必须采用螺钉固定，不允许粘贴
		4. 传感器宜迎着介质流动方向安装，朝向与介质流向的夹角不应小于 90°
		5. 应尽量减少传感器与周围物体和空间环境间的热交换
		6. 传感器安装位置和方式应便于检查和维修
	采集器安装	1. 采集器不宜安装在潮湿、强电磁干扰、振动、温度过高的环境区域

分类		要求
施工质量	采集器安装	2. 采集器可安装在其他专业的机房（如弱电机房）或机柜内，安装应牢固可靠，不易脱落
		3. 采集器和温湿度传感器的通信电缆需选用 RVVP2×1.0 以上带屏蔽双绞线、线缆截面不小于 1.0mm²，通信电缆需敷设在金属穿管内或者桥架内，若采用集中供电，电源由安装采集器的采集箱提供，推荐使用 DC24V，电源与 RS485 同时穿线，可使用 RVVP4×1.0 线材，避免传感器在各个安装点均需要电源的问题
		4. 采集器的一个端口可以采用总线方式连接多个监测设备（每条总线最多不超过 15 个设备），总线长度不要超过 200m（尽量避免距离过远的温湿度传感器连接在一条总线上，以免信号衰减导致温湿度数据不准确）
		5. 采集器端口的 RS-458 通信端子，接线时应注意极性
		6. 采集器可集中安装在非标箱体内，安装应牢固可靠，不易脱落
		7. 箱体应具备良好的散热孔，保持散热条件良好
		8. 箱体到各检测点的距离应适当，安装时应排列整齐、美观
		9. 箱体的安装位置不应影响操作、通行和设备维修
		10. 箱体应密封并标明箱体编号，箱内主要设备应有中文标识、箱内接线应标明线号
		11. 箱体内部设备固定和接线用的紧固件、接线端子应完好无损，可靠固定
		12. 不宜将箱体安装在高温、潮湿、多尘、有爆炸及火灾危险、有腐蚀作用、有振动及可能干扰附近仪表等位置。当不可避免时，应采用适合环境的特定型号供电箱或采取防护措施
		13. 箱体内部应有明显的接地标志，接地线连接应牢固、可靠
	管线材安装	1. 终端计量设备和设备之间采用 RVVP2×1.0 带屏蔽双绞线，采集器之间采用 RVVP2×1.5 带屏蔽双绞线
		2. 采集器上端网络通信采用超五类标准通信线
		3. 电表电源线采用 BVR 线和多芯护套线
		4. 安装标准： ①线管宜采用钢管或阻燃聚氯乙烯硬质管，并应满足规定的管径利用率，按要求规范敷设； ②线槽宜采用金属密封线槽，按设计规定的路由敷设； ③线槽安装位置左右偏差应不大于 50mm，水平偏差不大于 2mm/m，垂直线槽垂直度偏差应不大于 3mm； ④金属线槽、金属管各段之间应保持良好的电气连接； ⑤缆线穿设前，管口应做好防护；穿设后，管口应使用防火胶泥封堵； ⑥室外管井应按设计要求制作，并应做好防尘、防腐和防水淹措施，线材及辅材品牌，应严格按甲方指定要求购买，甲方对品牌无特殊要求时，可采用市面上主流厂家的线材及辅材，通信线缆线芯截面不得小于 1mm²，通信线缆要求具备屏蔽网； ⑦金属线槽、软管必须有安全接地装置； ⑧布放自然平直，不扭绞、不打圈、不接头、不受外力挤压； ⑨敷设弯曲半径应符合规范； ⑩与电力线、配电箱、配电间应保持规定的足够距离； ⑪线缆终接端应留有冗余，冗余长度应符合规范要求； ⑫缆线两端应作标识，标识应清晰、准确，符合设计图纸的规定，与其他弱电系统共用线槽敷设的缆线，应具有明显特征区分，或间隔以标识标记，标识间隔宜不大于 5m； ⑬线缆应按设计固定接续，应接续牢固，保持良好接触；对绞电缆与连接件连接应按规定的连接方式对准线号、线位色标；在同一工程中两种连接方式不得混合使用

续表

分类		要求
施工质量	管线材安装	5. 桥架安装： ①电缆桥架安装必须横平竖直，桥架安装必须根据桥架的大小，要求受力均匀、整齐美观及牢固可靠； ②桥架角弯必须有充分的弧度，防止将电缆拆散； ③电缆桥架必须至少将两端加接地保护，接缝处应有连接线或跨接线； ④强电、弱电桥架要分槽敷设； ⑤弱电系统中不同信号、不同电压等级的电缆分槽敷设； ⑥桥架安装位置应符合施工图规定，左右偏差不应超过 50mm，水平偏差不应超过 2mm，垂直偏差不应超过 3mm； ⑦桥架直角时，其最小弯曲半径不应小于槽内最粗电缆外径 10 倍； ⑧电缆或电线的总截面不应超过桥架截面积的 40%，截流导线不宜超过 30 根，控制、信号或非载流导体的电缆或电线的总截面不应超过桥架面积的 60%； ⑨桥架应接地，接缝处应有连接线或跨接线； ⑩地面暗敷桥架制造长度一般为 3m，超过 6m 宜加装分线盒，桥架出线口和分线盒必须与地面平齐
	供电与接地	1. 系统前端能耗计量装置、传输系统的中间设备应按设计要求采取不间断供电方式；采集箱、网络箱必须从双供电电源或 UPS、EPS 不间断供电回路引入电源，电源必须使用 BVR2.5mm^2 以上规格国标线材
		2. 前端能耗计量装置、传输系统设备外壳应通过保护机箱、机柜接地体就近接地
		3. 传输系统屏蔽电缆屏蔽层与连接件屏蔽罩应可靠接触
		4. 屏蔽层应保持端到端可靠连接，进入中心机房时应就近与机房等电位连接网可靠连接
		5. 机房设备均应按设计要求采取相应的接地和防雷、防浪涌措施

5. 系统调试

在完成项目施工、设备安装、建筑调研以及完整的资料交接后，将整个系统集成后联网开展系统调试工作。

系统调试工作需成立调试项目组，为每个环节安排专业队伍并制定详细的工作计划。调试内容需详细记录，尤其是遇到的难点、常见故障，应详细记录备案，并由专人确认审核（一般由售后服务工程师专人负责审核，并邀请客户方面指派监督员进行监督）。数据调试主要涉及传感器调试、采集器调试和服务器调试三个部分。

1）传感器调试

传感器的调试工作在满足如下条件下进行：①建筑计量表具（电表、水表、燃气表、冷量表等）安装完毕，并进入运行状态；②所有计量表具的说明书，尤其是关于采集协议等相关资料准备齐全；③采集器已安装并通电，采集器与计量表具连接稳定，无线路故障；④调试所需硬件软件齐全。

对于计量表具的调试，主要工作包括：①确认计量表具能否正常运行；②查阅表具说明书，了解表具性能、特性、使用方法及各项参数；③记录计量表具地址、波特率、校验位等采集所需信息；④根据业主需求设置电表 CT 变化；⑤运用工具软件查找并核实表具的地址，并做好记录。

2）采集器调试

采集器调试主要涉及采集器登录、采集器相关信息与配置、计量表数据采集等三个部分的工作：

（1）采集器登录。连接 PC 机和采集器的配置端口（Console 端口）。

（2）采集器相关信息与配置。完成对采集器本机 IP 地址、服务器 IP 地址、服务器域名和网络连接方式的设备运行参数等进行配置，主要内容包括：①本机 IP 地址，通过本地地址对采集器进行 Web 配置，使用 LAN 作为网络连接方式时使用该地址进行数据远传；②建筑 ID，建筑物的识别编号，服务器端通过建筑 ID 编码完成对不同建筑物的识别；③采集器 ID，数据采集器的识别编号，用于识别同一个建筑的多个采集器；④大楼描述信息，用于描述和建筑相关的信息，供工程技术人员参考，采集器不上传此信息；⑤DNS 服务器地址，当服务器地址使用域名表示时，用于设置域名解析服务器的地址；⑥网络连接方式设置，采用本地局域网采集传输，选择 LAN 方式。

（3）计量表数据采集。通信协议管理配置完成后，进入端口配置页面，配置各端口的运行参数，包括配置各端口所连接的设备类型，对端口进行监测，填写端口的安装位置、所连设备的信息以及备注信息。

3）服务器调试

服务器接收通过物理层设备汇总的各种实时数据以及网络上采集器系统提交的服务请求，完成分析并承担相应的服务功能。因此，服务器调试需要具备以下三个条件：①提前 1 个月完成软件平台与数据库系统的安装并测试其稳定性；②针对采集数据的分析软件能正常开展数据处理；③各采集设备硬件已完成检测，并运行良好。

服务器调试工作主要包括四个步骤：①调试信息上传，将调试信息上传到服务器，智能运维软件平台提供后台信息管理，供操作管理人员完成各种信息的管理操作；②数据监测，将智能运维软件平台上的数据、采集器端口检测的数据和计量表具上显示的数据进行对比，以计量表具上的数据为基准，同采集的数据进行对比，当数据偏差较大时（如超过 5%），需要对采集的数据重新进行调试；③运行策略调试，对建筑物中的各用能子系统，特别是存在关联关系的空调系统各子系统的协调匹配性进行运行调试；④远程功能测试，随时随地登录平台软件进行修改和查看，开展远程功能测试。

6. 试运行

建筑智能运维系统的调试工作全面完成，并通过初步验收后，系统即进入全面试运行阶段，建立健全运行操作和系统维护规范，检验系统软硬件长期运行的稳定性、可靠性和实际应用的效果，为系统投入实际运行提供依据。

系统试运行阶段的主要内容涉及：①电、水、冷、气等表具的数据采集是否符合现场实际使用情况；②软件数据存储和分析的试运行；③所有硬件设备的试运行。

针对系统功能、性能与稳定性的监控，主要涉及：①系统应用软件、软件支撑平台的长期稳定性和可靠性；②系统主要硬件设备、辅助设备的长期稳定性和可靠性；③网络通信系统的长期稳定性和可靠性；④监测数据的长期准确性和完整性；⑤施工的可靠性以及安装设备的长期安全性；⑥远程控制功能在实际操作中的安全性；⑦局部故障或个别设备故障时，系统整体功能的正确性。

试运行过程中应以招标书、深化设计、竣工报告、初步验收测试报告、初步验收报告等相关文件为依据，对系统的实际运行性能进行评估考核，其中，有定量性能指标的进行指标考核，无定量性能指标的按实际操作和使用中的效果进行评估，评估内容见表 3-11。

试运行期间的系统功能评估表 表 3-11

序号	评估项	详细内容
1	服务器系统软件性能及运行状态分析	①系统运行期间中断次数、中断时间； ②主服务器 10min 内的 CPU 平均利用率超过设计标准； ③主服务器内存占用超过设计标准或正常范围的次数； ④文件日志超过设计标准的次数； ⑤因数据库表空间不足而引发故障的次数等具体内容的描述及分析
2	数据监测功能	①系统工作状态显示界面的正确性及系统状态变化时显示界面的速度； ②远程监测数据的准确性、监测周期及实时性； ③远程监测数据间隔周期的一致性； ④远程监测数据间隔周期的可调整性； ⑤远程图像质量（含实时性）、画面切换及控制响应速度
3	远程控制功能	①远程控制（含采集设备）的正确性和响应速度； ②远程登录安全保护和各级别用户权限的正确性； ③远程控制优先权级别的正确性
4	异常处理能力	①系统警报条件参数的可设定性； ②系统警报数据记录的正确性和完整性； ③系统警报时间的正确性与反应速度
5	数据记录功能	①远程监测数据记录的准确性、完整性； ②数据丢失的可查性和修补功能； ③系统各报表的正确性； ④系统报表时间、间隔的可设定性； ⑤系统历史数据的可查询性能； ⑥系统数据库数据容量的递增情况
6	通信功能	①子系统本身通信链路的完好性； ②系统对外通信及功能
7	网络安全	①系统安全级别管理的正确性； ②系统操作员的密码管理与操作员的增加、删除等功能； ③系统操作员安全级别的可修改性
8	备份功能	①系统后备服务器启动、退出的正确性及反应速度； ②系统镜像数据备份的准确性和完整性； ③系统后备电源投入和退出的正确性、反应速度及工作时间
9	时间统一性	①远程监测数据时间标准的一致性； ②系统时钟的一致性
10	系统的可维护性	①是否具有专用网络线路，公网接口提供远程操作； ②是否具有专门管理人员负责定期巡视、使用数据结果，并与项目经理的及时沟通机制
11	系统防雷设备工作情况	①是否具有空气开关保护服务器及采集器等硬件设备； ②是否具有 UPS 提供紧急供电支持

此外，在试运行阶段还应格外注意特殊工况（如系统出现局部故障或个别设备故障等）下的运行情况，应根据不同的特殊工况对系统进行重点考核，主要包括：

1）采集设备局部故障对整个采集设备的影响；

2）通信网络系统不稳定情况，系统的工作情况；

3）采集表具精度不足时，监测数据的准确性；

4）监测设备与传感器故障或不稳定时，对系统实时监测数据及记录的影响；

5）采集系统电源突然中断时（尤其是运行过程中断电时），对数据采集的影响；

6）当后备电源故障导致系统停止运行，系统重启后的工作情况；

7）系统死机重启后的工作情况；

8）系统主服务器故障时，后备服务器自动投入及工作情况。

本章小结

本章主要介绍构建智能运维管理系统基础条件、系统构成和系统设计。构建运维管理系统的基础条件包括运维管理信息需求梳理、数据表示及交换标准、竣工模型的交付及维护。信息需求主要涉及设施维护、空间管理、能源管理、安全管理等数据信息。数据表示及交换标准的介绍主要包括建筑信息模型数据标准——工业基础类 IFC 标准、施工运维建筑信息交换标准 COBie 以及建筑运维信息分类系统——OmniClass。竣工模型的交付及维护主要涉及几何模型轻量化技术、竣工模型自动扩充技术以及运维模型的维护与更新的相关内容。智能运维管理系统的构成主要包括建筑自动控制系统、设备管理及维护信息系统、物业管理系统等，阐述相关系统的构成、技术支持以及作用功能。在相关系统构成的全面认识基础上，完成智能运维管理系统的构建，包括方案的设计、总体架构以及方案实施等内容。

二维码 3-3
数字孪生城市平台

思考与习题

3-1 围绕建筑运维管理内容，讨论构建运维管理系统所需要的信息，思考获取相关数据信息的具体内容，以及可采用的方法和工具。

3-2 讨论 IFC、COBie、OmniClass 分别在构建智能运维管理模型中的角色作用，讨论三者之间的关联情况，通过查询资料，梳理其他类似标准情况，讨论它们的优缺点。

3-3 梳理构建智能运维管理系统需考虑的问题以及设计原则，并结合未来发展趋势作相应的拓展思考。

3-4 围绕构建智能运维管理系统总体架构的层级情况，讨论各层级在系统中的角色和作用，并结合发展趋势作相应的拓展思考。

参考文献

[1] 郑展鹏，窦强，陈伟伟，等．数字化运维 [M]．北京：中国建筑工业出版社，2019．

[2] 《中国建筑业信息化发展报告（2021）智能建造应用与发展》编委会．《中国建筑业信息化发展报告（2021）智能建造应用与发展》[M]．北京：中国建筑工业出版社，2021．

[3] 杨茜，李娟，范琳琳，等．基于 BIM 技术与新型信息技术的建筑智能运维管理系统的构建研究 [J]．经营与管理，2000，19（5）：670-673．

[4] 朱正菡．基于 BIM 的建筑运维管理需求分析与框架设计 [D]．长春：长春工程学院，2022．

[5] 赖华辉．基于 IFC 的建筑信息模型数据提取与管理的通用方法研究 [D]．上海：上海交通大学，2019．

[6] Onososen Adetayo，Musonda Innocent，Tjebane Motheo Meta. Drivers of BIM-Based Life Cycle Sustainability Assessment of Buildings：An Interpretive Structural Modelling Approach[J]. Sustainability，2022，14（17）．

[7] Haiying，Jiang. Conceptual model construction of building information management system based on BIM architecture[J]. Soft Computing，2022．

[8] Tomašević N M，Batić M，Blanes L M，et al. Ontology-based facility data model for energy management[J]. Advanced Engineering Informatics，2015，29（4）：971-984．

[9] Chen H，Chang K，Lin T. A cloud-based system framework for performing online viewing, storage, and analysis on big data of massive BIMs[J]. Automation in Construction，2016，71：34-48．

[10] Peng S，Su G，Chen J，et al. Design of an IoT-BIM-GIS based risk management system for hospital basic operation：2017 IEEE Symposium on Service-Oriented System Engineering（SOSE），2017[C]. IEEE.

[11] Aleksander K Nicat，Wojciech Wodynski. Enhancing Facility Management through BIM 6D [J]. Procedia Engineering，2018：299-306．

[12] Patacas Joao，Dawood Nashwa，Kassem Mohamad. BIM for facilities management：A framework and a common data environment using open standards [J]. Automation in Construction，2020：120-125．

[13] Majrouhi Sardroud Hosseinalipour Behruyan Ahmed. An application framework for development of a maintenance management system based on building information modeling and radio-frequency identification：case study of a stadium building[J]. Canadian Journal of Civil Engineering，2020，47（6）：736-748．

二维码 3-4
第 3 章 思考与习题参考答案

第4章

IoT 与数字孪生运维

本章要点

1. 数字孪生运维的关键技术；
2. 数字孪生运维应用场景；
3. 数字孪生运维平台。

教学目标

1. 认识数字孪生的概念和特点；
2. 掌握 BIM 与数字孪生的结合；
3. 认识物联网在数字孪生运维中的角色；
4. 掌握数字孪生运维平台。

案例引入

奇瑞新能源研发楼项目数字孪生运维

芜湖市弋江区奇瑞新能源四期——奇瑞新能源研发楼项目位于芜湖高新区（弋江区），总建筑面积 53 382m²，六层建筑结构，主要由展示、会务、开放式办公、监控中心、直播平台、休闲等多种功能区构成。该项目聚焦智慧建筑，并结合奇瑞新能源企业发展、技术创新和示范展示的综合需求，在多方案比选、深入研究后，项目计划建设成为数字孪生建筑典范、新型建造模式的展示中心、健康和谐的研发办公空间。该项目将数字孪生建筑的技术应用划分为基础层、提升层与拓展层三个部分，基础层数字孪生技术聚焦设备互联与数据互通，开展能源管理、能耗预测、预测性维护、设备监控、自动控制、故障诊断等，提升层数字孪生着重空间优化利用与安全有效提升，实现智能大厅、智能屏幕、智能会议、空间预定、空间优化分析、智慧停车、电梯优化、访问权限控制、视频监控等功能，拓展层围绕舒适环境打造，聚焦智能工位、智能机器人、环境智能、人员定位、室内导航、组织分析等，以实现楼宇的全过程、全要素的绿色化及数字化管理，进而实现全面感知、互联互通、开放共治、智能示范的目标。

在过去，建筑设施的维护往往依赖于人工巡检和临时维修，这种传统的运维方式在效率和准确性上存在一定的局限性。然而，随着物联网技术的广泛应用，以及数字孪生技术的兴起，智慧运维管理迎来了一场革命性的转变。基于物联网（IoT）的数字孪生在运维领域是一种新兴的技术，它可以帮助实现设备的远程监控、故障预测和优化运维管理。随着信息技术的飞速发展，物联网和数字孪生技术日益成为智慧运营管理领域的焦点。

基于物联网的数字孪生运维为运营管理者提供了一个强大的工具，可以实现实时监测、优化和决策支持。通过数字孪生技术，可以提高设备和系统的运行效率，降低成本，改进决策过程，推动运营管理迈向智能化和高效化的新阶段。特别是随着 BIM 技术和大数据技术的发展，建筑业实现了基于物联网的数字孪生运维，将现实世界的建筑物与其数字化的虚拟模型相结合，这为运维决策提供了全新的视角和手段。

目前，基于 IoT 的数字孪生技术已经在我国多个行业领域进行应用，它可以帮助监测，预测潜在故障，优化管理，具有巨大潜力；并且通过传感器和数据采集技术，可以实时获取建筑设施的运行状态和性能指标，将这些数据反馈至数字孪生模型中进行模拟和分析，进而为运维决策提供了更全面、准确的依据，并最大限度地降低设施运营的风险和成本。

4.1　IoT 与数字孪生的基本概念与特性

4.1.1　数字孪生的定义与特性

数字孪生是指将实际物理系统或实体创建为数字化的虚拟模型，并在模型中模拟、监测和分析实际系统的运行情况，主要是利用传感器、数据收集和分析技术，将实时数据与数字模型进行比较，以提供对实际系统的深入理解和洞察力。数字孪生使用传感器和其他数据源收集实时数据，然后将其与数字模型进行对比和分析，并模拟预测实体。它可以用于不同领域，如制造业、能源、交通、城市规划等，以改善产品设计、生产效率、资源利用和运营维护等方面。总的来说，数字孪生是一种将物理实体与其数字化表示相连接的技术，通过实时数据和模型仿真，提供对实体的监测、分析和优化的能力，为各个领域的决策和改进提供支持。数字孪生体系统如图 4-1 所示。

数字孪生的定义包括以下几个关键要素：

1）实体的数字模型：数字孪生基于物理实体的数字化表示，包括几何、结构、性能参数、行为规则等方面的模型。

2）实时数据采集：通过传感器、监测设备等手段，实时收集物理实体的运行数据和环境信息。

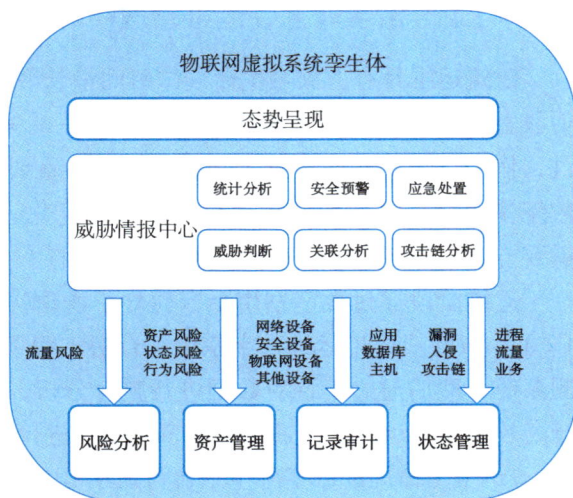

图 4-1　数字孪生体系统

3）模型与数据的连接：将实时数据与数字模型进行对比和分析，以更新模型状态和行为，并提供有关实体的实时跟踪。

4）模拟和预测能力：基于数字模型和历史数据，数字孪生可以模拟预测实体的行为、性能和响应，支持决策制定和优化。

5）跨领域应用：数字孪生技术可以应用于不同领域和行业，以改进产品设计、制造过程、资源管理等方面的效率和质量。

数字孪生具有以下一些主要特性：

1）虚拟建模：数字孪生通过创建虚拟模型来代表实际系统或实体。这些模型可以是三维的、高度详细的，并且能够准确地反映实际系统的结构、属性和行为。

2）实时数据整合：数字孪生与实际系统连接，并实时获取传感器和其他数据源的信息。这些数据被整合到数字孪生模型中，使模型能够准确地反映实际系统的当前状态和性能。

3）监测和分析：数字孪生能够监测和分析实际系统的运行状况。通过与实际数据进行比较，数字孪生可以提供实时的性能指标、故障诊断、预测分析和趋势预测等信息。

4）仿真和优化：数字孪生可以进行仿真和优化操作，以评估不同的场景、策略和决策对实际系统的影响。通过在数字孪生模型中进行虚拟实验和优化，可以降低实际系统的风险和成本。

5）决策支持：基于数字孪生提供的实时监测和分析结果，决策者可以更准确地评估不同决策方案的潜在影响，并做出基于数据的决策。数字孪生提供了决策制定的支持工具，帮助优化实际系统的运营和管理。

6）协同工作：数字孪生可以作为一个协同平台，促进不同领域的专业人员之间的合作和信息共享。通过共享数字孪生模型和实时数据，团队成员可以共同工作，解决问题并制定改进措施。

4.1.2　数字孪生在运维管理中的作用

建筑运维具有占据全生命期中时间最长、支出占比最大、回收投资和取得收益最高等特点，越来越受到建筑行业的关注。高效的运维管理非常关键，作为运维管理的支撑，交付信息尤为重要。随着社会经济的不断发展，数字孪生运维已成为传统运维管理向信息化、数字化、智能化方向发展的重要方式，并将成为未来运维管理系统的核心。

二维码 4-2
江苏润泰项目管理
运维平台

运维阶段通过数字孪生平台建立了物理实体的数字化表达，保证虚拟和物理世界的1：1一致性。通过运维数字孪生平台对工程项目整体进行监测，并将数据实时传输到监测系统，然后通过平台对数据进行整合分析，从而对工程项目的运营情况和安全问题进行高效监测。运维阶段通过数字孪生平台进行管控的主要有以下关键点：

1）全生命周期数字孪生平台可运用 BIM 技术规范化组织和整理工程项目设备设施基本信息，建立设备资产的全生命周期公共信息模型（CIM）。运维人员可根据此模型将设备设施在不同阶段产生的信息数据进行数据库归纳，从而快速掌握设备设施的型号规格、数量位置、运行情况和历史维修信息等，进而实现对工程项目信息的有效查询管理和完整生命周期信息的精准管理。

2）通过在工程项目中布设传感器、智能管理设备和无人机定期航拍等方式建立项目数据采集通道，从而建立工程项目1∶1虚拟场景模型（实景工程）。采用该实景工程可根据不同监测数据的类型和特征设定不同采集频率进行实时数据获取，将设备运行情况、故障预警模块等与环境气象模型等进行关联，可获取项目信息的可视化表达，为工程项目运维人员的高效调度提供保障。

3）在运维阶段运用多源数据实时处理，特征提取等技术，可为工程项目监测数据提供实时分析的功能，从而高效判断故障类型，自动报警并进行精准维护和检修。针对多个故障地点，结合排程智能算法，可生成最优调度计划并进行任务分发，维修人员通过移动设备可接收任务信息进行目标维修和反馈。

数字孪生技术在智慧城市的建设中已经有了初步应用，并且数字孪生城市已经有了初步的系统框架，下面列举应用场景的实例。

1. 杭州"城市大脑"

目前杭州市开展了"城市大脑"试点项目，该项目辐射范围已有5万多平方公里。通过城市大脑自动调配红绿灯，利用智能设备调控1300个路口交通信号灯，检测4500条道路的交通视频，把过程中产生的道路数据上传至"城市大脑"，"城市大脑"即时做出反应，规划出一条在最短时间内可将患者送至目的地的路线，极大提高了救护车救援效率，把救护车到达现场的时间缩减了一半，切实做到了为患者保驾护航。同时在试点区域，通过借助"城市大脑"实现红绿灯的智能配置，使该区域通行时间缩短了15.3%。

2. 智慧雄安

中国信息通信研究院产业与规划研究所设计了"智慧雄安"的总体框架，该框架要求实现地域间融合互动，全过程下同步规划、同速建设，开展两地互动，打造数字孪生城市，做到决策执行智能化与数据信息可视化。《雄安规划纲要》提出在城市智慧化管理中要"坚持数字城市与现实城市同步规划建设，适度超前布局智能基础设施，打造全球领先的数字城市"。其中，规划强调了"建立健全大数据资产管理体系，打造具有深度学习能力、全球领先的数字城市"等关键建设内容。

3. 虚拟新加坡平台

新加坡政府与法国达索系统等多家公司和研究型组织签署协议，启动数字孪生虚拟新加坡项目。该项目复制真实世界的物理新加坡数据，生成对应城市数字孪生模型，模型存储大量城市运营动态与静态数据，可根据需求实时显示城市运营状态。近年来，新加坡政府累计投入7300万美元进行虚拟新加坡平台研究，积累了50TB的数据。

4. 合肥新桥机场

数字孪生试点安徽民航机场集团与飞友科技等供应商共同承建了合肥新桥机场的数字孪生智慧运行项目，该项目使用智能传感器对机场内飞机状态、车辆与行人流量、数据资源进行感知监测，通过数据形式上传各类信息到数字孪生模型，同步机场真实运行状态。利用智能算法和大数据平台实现飞行过程资源调配，及时优化修正飞行路径，协助工作人员完成飞行任务。

可以看到，数字孪生创新技术在运维管理领域发挥了支持作用，不仅在建筑领域有推广价值，而且可以为其他行业提供借鉴。在"一网统管、万物互联"的时代，数字孪生智慧运维平台将持续融合新技术，包括 5G、物联网、数据中心、BIM 等，完善信息化基础，使平台底座更为稳固。这样的融合有助于新技术在整个行业中深度融合，逐步提高管理效率，推动行业向更智慧的方向不断演进。

4.2 数字孪生运维的关键技术

数字孪生运维涉及多个关键技术运用，用于确保数字孪生系统的正常运行、安全性和稳定性。当前数字孪生实现的技术主要有以下 8 个方面。

二维码 4-3
泰兴市市民文化
活动中心

1）数据采集与传输技术：数字孪生系统需要通过传感器和其他数据采集设备实时获取真实实体的数据。因此，高效的数据采集和传输技术是必要的，包括物联网通信技术、传感器网络、数据协议等。

2）数据存储与管理技术：数字孪生系统需要处理大量的数据，包括实时数据和历史数据。有效的数据存储和管理技术是关键，包括云计算、大数据存储、数据库管理系统等。

3）数据分析与建模技术：数字孪生系统需要对采集到的数据进行分析和建模，以实时模拟真实实体的状态和行为。这涉及数据挖掘、机器学习、人工智能等技术。

4）模拟仿真技术：数字孪生系统需要实现真实实体的虚拟模拟，这就需要虚拟仿真技术，包括计算机图形学、虚拟现实、增强现实等技术。

5）数据安全与隐私保护技术：数字孪生系统涉及大量敏感数据，因此数据安全和隐私保护是至关重要的，这包括加密技术、访问控制、身份认证等信息安全技术。

6）远程监控与控制技术：数字孪生系统通常涉及远程监控和控制真实实体，因此需要远程监控与控制技术，包括远程传感、远程操作等。

7）智能决策与优化技术：数字孪生系统可以用于辅助决策和优化问题，这就需要智能决策与优化技术，包括优化算法、决策支持系统等。

8）设备管理与维护技术：数字孪生系统涉及多个设备的运行和维护，需要设备管理与维护技术，包括远程设备管理、故障诊断等。

运用这些关键技术，可以构建高效、安全、稳定的数字孪生系统，并为实际应用场景提供支持和优化。然而，需要根据具体的数字孪生应用场景和要求，灵活选择和技术组合，并且在众多关键技术中，数字孪生运维对于信息处理技术较为突出，其一系列相关信息技术为数字孪生技术的快速发展建立坚实基础。

4.2.1 感知和标识技术

1. 感知和标识技术概念

感知和标识技术是指通过采集物理世界中发生的事件和数据，对事物进行有效且标准化的编码与标识的技术手段，是信息化的基础工作，也是物联网的核心。该技术收集物理事件和数据，实现对外部世界的信息感知和识别。

1）传感技术：传感技术借助传感器和多跳自组织传感器网络，协同感知并采集区域内被感知对象的信息。传感技术对敏感机理、敏感材料、工艺设备和计测技术有高要求，而识别技术包括物体识别、位置识别和地理识别，是实现全面感知的基础。

2）标识技术：物联网标识技术以二维码、RFID标识为基础，构建了对象标识体系，是物联网中的重要组成部分。标识技术解决了全球标识问题，并需要物联网的标准化物体标识体系的指导，同时融合各种传感器和标识方法，支持现有和未来的识别方案。

2. 感知和标识技术具体阐述

在现代科技不断发展的背景下，新型物联网技术的应用问题日益受到关注。物联网的技术构成主要涵盖感知与标识技术、网络与通信技术、计算与服务技术以及管理与支撑技术这四大体系，其中感知和标识技术是其基础。

物联网的关键感知技术包括射频识别技术、产品电子代码技术、传感器技术、无线传感网技术和定位技术等。传感技术借助传感器，通过对光、热、力、声等外部环境信号的探测，为物联网提供原始数据。在物联网的运用中，定位技术通过电子标签实现，例如通过RFID标签进行无线定位操作，利用已知的位置节点辅助一般节点的定位操作。

为了更好地发挥物联网技术的作用，还需要注重运用物联网标识技术手段，如条形码技术、IC卡技术、射频识别技术、光符号识别技术、生物计量识别技术和遥感遥测等数据自动采集技术，以实现信息标识的目的。其中，条形码识别技术将信息转化为条形码，并通过扫描设备输入至计算机，实现信息接收。射频识别技术（RFID，Radio Frequency Identification）作为物联网的主要应用手段，由电子标签、读写器和服务器等组成，电子标签包含了RFID芯片和天线。

由于物联网技术可以使用户端拓展至任何物品之间进行信息交互，通过识别技术和感知技术的应用，推动了信息产业的发展，实现了高效的信息交互目标。

3. 感知和标识技术的主要技术

物联网的层次结构分为三层，从底向上依次为感知层、网络层和应用层。感知层位于这三层结构的最底层，其主要功能是通过传感网络获取环境信息。感知层由基本感应器件（如 RFID 标签和读写器、各类传感器、摄像头、GPS、二维码标签和识读器等基本标识和传感器件）以及感应器组成的网络（如 RFID 网络、传感器网络等）两大部分组成。该层的核心技术包括射频识别技术、新兴传感技术、无线网络组网技术、现场总线控制技术（FCS）等，涉及的核心产品包括传感器、电子标签、传感器节点、无线路由器、无线网关等。其主要功能是识别物体、采集信息，类似于人体结构中皮肤和五官的作用。

感知层解决的问题是人类世界和物理世界的数据获取问题。它通过传感器、数码相机等设备，采集外部物理世界的数据，然后通过 RFID、条码、工业现场总线、蓝牙、红外等短距离传输技术传递数据。感知层所需的关键技术包括检测技术、短距离无线通信技术等。

一些感知层常见的关键技术及其作用如下。

1）传感器技术。传感器是物联网中获得信息的主要设备，主要用于自动检测和自动控制（图 4-2）。目前，传感器技术相对成熟，常见的传感器包括温度、湿度、压力、光电传感器等，广泛应用于地质勘探、智慧农业、医疗诊断、商品质检、交通安全、文物保护和机械工程等领域。传感器通过感知外界信息，将其转换为电信号，然后通过传感网传输到计算机，供人们或人工智能进行分析和利用。传感器的物理组成包括敏感元件、转换元件和电子线路三部分。

图 4-2　传感器图例

2）射频识别技术（RFID）。这是一种无线非接触式的自动识别技术，又被称为电子标签技术。该技术能够通过无线电信号识别特定目标并读写相关数据，主要用于为物联网中的物品建立唯一的身份标识（图 4-3）。

在物联网的感知层中，通常需要建立一个射频识别系统，该系统由电子标签、读写器以及中央信息系统三部分组成。电子标签一般安装在物品表面或内部，存储着物品的基本信息，以供物联网设备进行识别。读写器具有三个主要功能：读取电子标签中待识别物品的信息、修改电子标签中的信息，以及将获取的物品信息传输到中央信息系统进行处理。中央信息系统负责分析和管理读写器从电子标签中读取的数据信息。该射频识别技术在感知层中发挥关键作用，为物品建立独特身份标识，促进物联网设备对物品的有效识别。

3）二维码技术。其又称二维条码或二维条形码，是一种用于信息识别的技术。它通过黑白相间的图形记录信息，这些图形按照特定规律分布在二维平面上，与计算机中的二进制数相对应。人们可以通过光电识别设备将二维码输入计算机，进行数据的识别和

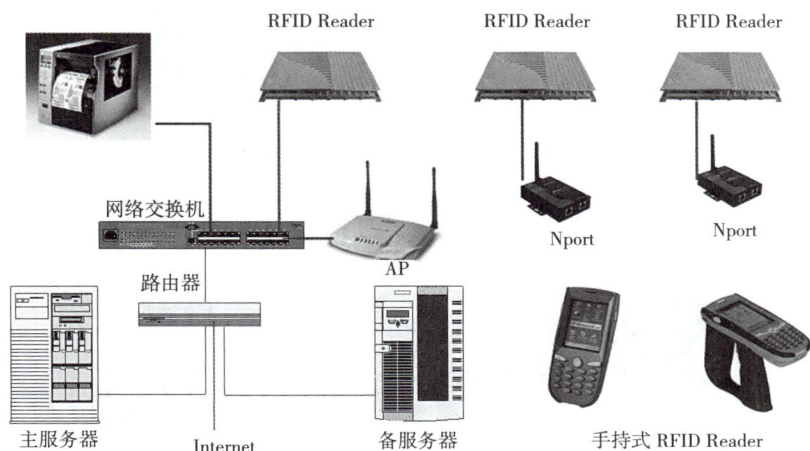

图 4-3 射频识别技术（无线通信）

处理。目前，有两类主要的二维码，一种是堆叠式（行排式）二维码，另一种是矩阵式二维码（图 4-4）。

堆叠式（行排式）二维码和矩阵式二维码在形态上存在差异，前者由一维码堆叠而成，后者以矩阵形式组成。尽管形态

图 4-4 二维码标识图

不同，但它们共享相同的原理，即每个二维码都有特定的字符集，具有相应宽度的"黑条"和"空白"以代表不同的字符，同时包含校验码等信息。这使得二维码成为一种便捷的信息记录和传递工具。

4）蓝牙技术。蓝牙技术是一种短距离无线通信技术，在物联网感知层中得到广泛应用（图 4-5）。它可以在移动设备之间或者固定设备之间进行配对使用，解决了无电线、无电缆情况下进行短距离信息传输的问题。蓝牙技术融合了时分多址、高频跳段等先进技术，实现了点对点和点对多点的信息交流。已经制定的技术标准和国际标准使得蓝牙技术变得成熟，例如，它采用了国际统一标准的 2.4GHz 频段，同时还有特殊频段。蓝牙设备的通信距离随功率的不同而变化，功率为 0dBm 和 20dBm 时，通信距离分别为 10m 和 100m。

5）ZigBee 技术。ZigBee 技术是指 IEEE802.15.4 协议，也是一种短距离无线通信技术，介于蓝牙技术和无线标记技术之间。它与蓝牙技术有一些相似之处，采用了 2.4GHz 公共无线频段，同时也使用了跳频、分组等技术。ZigBee 的可使用频段有三个，分别是 2.4GHz（公共无线频段）、868MHz（欧洲使用频段）、915MHz（美国使用频段）。ZigBee 的基本速率是 250Kbit/s，低于蓝牙的速率，但成本更低，更为简单。该技术在日常生活中的小型电子设备之间得到广泛应用，具有低功耗、传输可靠性高等特点。ZigBee 技术可以连接数百个网络节点，最高可达 254 个，适用于一些特定领域，如消费精密仪器、消费电子和家居自动化等（图 4-6）。

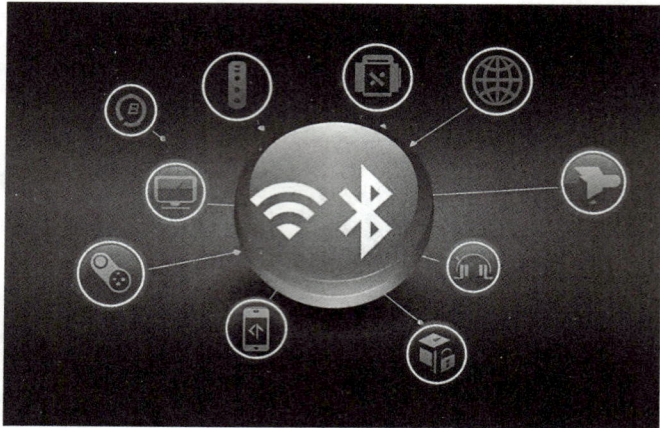

图 4-5　蓝牙技术图

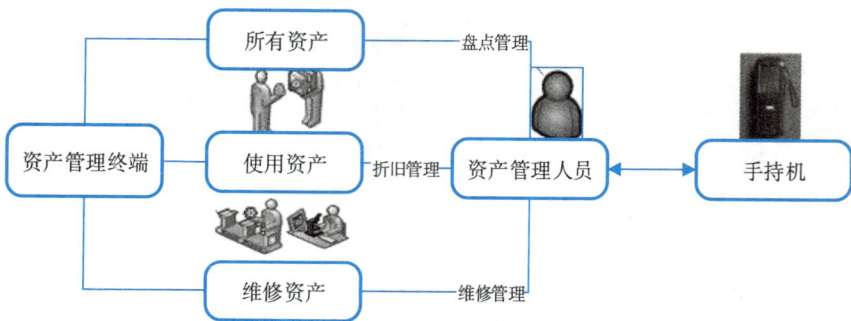

图 4-6　ZigBee 技术应用

4. 感知和标识技术在数字孪生方面的应用

近年来，随着计算机算力的大规模发展及算法的不断突破，AI 得到了快速发展，这为物理世界全域感知和管理监测等技术的研发和创新提供了强大的工具。以数字孪生城市为例，中国信息通信研究院指出孪生城市技术集成性高，核心板块日渐清晰，当前已逐步深入到城市全要素表达、业务预警预测、场景仿真推演、态势感知智能决策等多个环节。

数字孪生技术的向前发展和融合应用，使得数字孪生在城市、流域、工厂等数字化场景的建设中得到了广泛的应用，为现实世界的数字化和虚拟化提供了坚实的技术支持。面向城市建立全域全时段的物联感知体系，实现了城市运行态势的多维度、多层次精准监测，是建设数字孪生城市的关键基础，如图 4-7 所示。而物体与物体之间，不是单独的个体，物体间协同交互，需要明确物体在全域的空间位置且唯一标识，并确保设备可信可控。

全域标识能够为物理对象赋予数字"身份信息"，实现孪生映射。标识技术能够为各类城市部件、物体赋予独一无二的数字化身份编码，从而确保现实世界中的每一个物理

图 4-7 数字孪生城市图例

实体都能与孪生空间中的数字虚体精准映射、一一对应，物理实体的任何状态变化都能同步反映在数字虚体中，对数字虚体的任何操控都能实时影响到对应的物理实体，也便于物理实体之间跨域、跨系统的互通和共享。

以智慧水利行业为例，水利感知一张网是建设数字孪生水利应用不可或缺的底层输入，数字孪生平台可将感知标识结果和智能算法分析的结果进行融合呈现。常见的水利物理感知应用场景有：智能水尺识别、漂浮物识别、排污口识别、水体颜色识别、积水识别、流速流量检测、违法施工识别、烟火识别等。增加这些场景实现了水利大脑对涉水对象及其环境信息的监测、感知，是水利大脑获得信息输入的渠道。物理世界感知和标识能力是数字孪生应用建设架构中的底层基础，是物理世界信息输入的基础，是实现物理对象与其数字孪生应用间全要素、全业务、全流程精准映射与实时交互的重要一环。

4.2.2 信息传输技术

信息传输技术是一种通用术语，通常指的是用于管理和处理信息的多种技术。它主要利用计算机科学和通信技术，设计、开发、安装和实施信息系统和应用软件，通常被称为信息与通信技术。随着时代的不断演进和技术的不断提升，我们已经进入了万物互联的时代，物体之间的连接方式不断演变和更新。一般来说，传感器在物联网中扮演着触觉的角色，而无线传输则构成物联网的神经系统，连接着分布在物联网中的传感器。

在物联网兴起之前，网络接入需求主要集中在个人电脑和移动终端对互联网的接入。然而，如今物联网技术不断进步，网络接入需求不仅仅局限于个人电脑和移动终端，还延伸到了工业生产环境中，实现物与物之间的连接。

目前的无线传输技术主要分为两大类。第一类是短距离无线传输技术，包括 Wi-Fi、蓝牙、UWB、ZigBee、NFC 等，这些技术的有效信号范围通常在几厘米至几百米之间，主要应用于家庭网络、企业办公联网和工厂车间联网等场景。第二类是远距离无线传输技术，包括 GPRS、NB-IoT、LoRa 等，这些技术的有效信号范围一般在几千米到几十千米之间，主要用于远程数据传输，例如智能电表、智能物流、远程设备数据采集等。具体分类如图 4-8 所示。

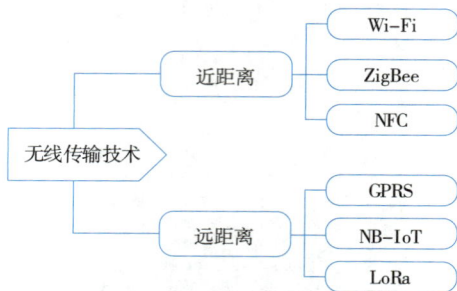

图 4-8　无线传输技术图

下面对以上两类进行简要介绍：

1）GPRS 是一款内嵌了 GSM/GPRS 核心单元的无线 Modem，专为工业应用而设计。它使用 GSM/GPRS 网络作为传输媒介，基于移动 GSM 短消息平台和 GPRS 数据服务。GPRS 为用户建立了一个超远距离的数据传输平台，通过短消息服务实现实时在线状态。其特点在于无须停止当前工作状态，非常适用于同时采集多个目标点的数据。此外，GPRS 还具备远距离操作的能力，非常适合远程设备的操作和升级。

2）NB-IoT 已经成为物联网网络的重要分支之一。它建立在蜂窝网络上，仅消耗约 180kHz 的带宽，可直接部署在 GSM、UMTS 或 LTE 网络上，从而降低了部署成本并实现平滑升级。NB-IoT 的特点包括低频率、低功耗、低成本、高覆盖和高网络容量，因此被称为"窄带物联网"。一个基站可以提供比传统的 2G、蓝牙、Wi-Fi 等超过 50~100 倍的接入终端，并且单个电池设备的使用寿命可长达十年。

另外信息传输技术构建在物联网（IoT）之上，物联网信息系统终端主要包括传感接口、中央处理模块和外部通信接口这三个部分。为了满足系统普适性和硬件标准化的要求，需要全面考虑国际上常见嵌入式终端的性能，包括体积、成本和功耗等。例如，MideaProcessor86 系列集成芯片可作为物联网信息终端，一旦连接到输出硬件，可以显示媒体信息。

终端传输结构系统采用 BS 结构，包括嵌入式终端、应用服务器、传输网络和客户端这四个部分。物联网中心服务器的应用系统提供信息数据，每个终端通过网络服务实现数据请求和接收。终端和服务器之间的数据文件可以以 XML 或配置文件的形式进行传输，也可以作为二进制数据进行传输。在实时命令下，确保各个终端的有序性和统一性。

最后，物联网终端通过外部接口连接传感网络层和传输网络层，用于数据采集并向网络层传输数据。利用嵌入式终端的外部接口，数据可以传输到中心处理平台。在文件传输过程中，依赖于 TCP/IP 协议确保文件的准确传递，确认每个物联网终端和服务器的身份，实现身份识别和文件传输的目标。数据传输过程主要分为五个步骤：①嵌入式终端启动；②消息的监听、接收和发送；③上传和下载数据；④合法性和完整性验证；⑤异常处理；这些步骤如图 4-9 所示。

终端启动包含自动引导配置参数和自诊断功能，完成传感器检查和配置，并与各种计算机网络（如 WSN 网络、WLAN 网络和因特网）建立连接。终端根据不同的传输介质可以连接到网络末端，包括有线网络、WLAN 无线网络和 5G 无线网络等。有线网络由于具有稳定的数据传输和低延迟而成为主要通信载体。在布线不便的地方，也可使用 5G 无线网络或 WLAN 网络。随后的监听、接收和发送过程如下：

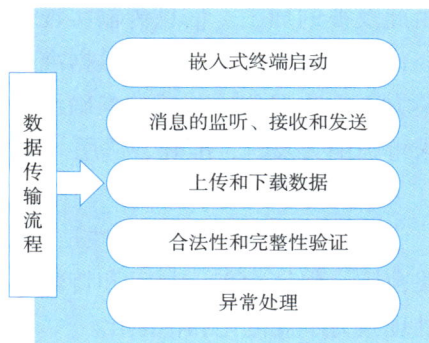

图 4-9　数据传输的流程

监听：系统上线后，通过 TCP 连接到传感网络层和传输网络层，向服务器发送数据包，通常设置间隔为 10s。服务器在收到后确认终端在线，否则说明终端断开，需适当处理。

接收：终端在线确认后，服务器使用 TCP/IP 协议向终端发送反馈文件包和更新命令文件包。终端接收文件后确认与服务器建立连接。

发送：终端接收更新命令文件后，确认命令可行性，与逻辑更新命令比较，将身份信息发送给服务器，等待身份识别和确认。

一旦服务器通过身份识别和逻辑认证，建立终端与服务器之间的数据文件下载过程。终端发送下载请求后，服务器提供数据文件清单的反馈，包括文件名和长度等信息。根据文件清单逐个下载文件，同时服务器记录文件传输过程。使用 TCP/IP 协议可以看出下载的文件容量和数量可能较大，但一些服务器可能限制点对点下载线程，可能导致潜在的网络异常。

为解决这个问题，可以设置文件大小并使用暂停 – 恢复功能提高数据传输质量，减少传输时间。当所有数据文件下载后，与内存中的文件信息比较，删除更新列表未包含的文件，并及时清除多余信息。

另外在数据传输过程中，处理中断和数据包丢失需验证文件的合法性和完整性，以防虚假或篡改的信息。例如，应用 MD5 算法使用不可逆的校验码确保文件安全。验证后，立即向服务器发送消息。确认文件信息合法和完整后，过程返回到监视服务器的下一个更新命令，并循环重复。

最后，若下载过程中出现下载失败、网络中断、监控超时、验证错误或其他异常情况，终端应使用异常处理机制纠正错误过程，返回到消息监视步骤，重新发送请求。

4.2.3　信息处理技术

信息处理技术通过计算机数据信息系统，对文字、数据、图像等资源进行相互加工。这包括信息的获取、储存、加工、发布和表示。信息处理系统以计算机为基础，包括输入、输出和处理三部分。信息收集通过各种方式获取所需信息，信息存储保证随用随取，为信息的复用创造条件，信息加工是对收集的信息进行去伪存真、去粗取精、由表及里、由此及彼的加工。信息传输实现信息有目的的流动，体现信息的价值。数字孪生技术研究依赖实体传输的数据，数据准确性直接影响数字孪生模拟的准确性。因此，在信息采集方面，数据传输装置的准确性和在不同环境下的可靠性是研究的难点。信息处理的要求可归纳为及时、准确、适用、经济和安全。

1）及时：及时获取、及时产生，加工、检索和传输信息要迅速。

2）准确：信息的准确性是其生命。确保准确收集原始信息，不得随意更改内容或收集范围，保证存储、加工和传输的可靠性，最大限度地排除外界干扰，以防失真。信息处理致力于规范化和标准化。

3）适用：提供适用的信息，不可过于简化或繁琐，以便管理作出决策。

4）经济：保证信息处理内容与要求前提下，尽可能节省成本，提高信息利用率。

5）安全：分工职责明确，工作要有记载，便于追责。

信息处理技术的起源可以追溯到古代的计算工具，比如算盘和阿贝尔的算法。然而，现代信息处理技术的奠基者是在20世纪上半叶，在这个时期，计算机科学家们开始研发和使用早期的计算机设备，如ENIAC（1946年）等，这些设备利用电子元件进行数据处理，开创了计算机时代的先河。

从21世纪初大数据和云计算的兴起，随着互联网的发展，海量数据的产生与处理成为挑战，而云计算技术为大数据处理提供了强大的支持。近年来，人工智能的飞速发展，深度学习和神经网络的出现，为图像识别、自然语言处理和智能决策等领域带来了重大突破。

信息处理技术在不断演进和拓展，主要表现在：从早期计算机的运算速度以每秒几千次计算到现今的超级计算机和量子计算机，计算速度不断提升，使得更复杂的任务可以在更短的时间内完成。数据存储技术的不断革新，从早期的磁带和硬盘到现在的固态硬盘（SSD）、云存储等，存储容量大幅度增加，数据的保存和访问变得更加方便。深度学习和神经网络等人工智能技术的发展，使得计算机能够进行更复杂的任务，如图像识别、自然语言处理、智能推荐等。互联网的普及和移动通信技术的进步，使得信息在全球范围内的传输变得迅速和便捷。随着信息处理技术的发展，对数据安全和隐私保护的需求日益增加，加密技术和信息安全措施得到广泛应用。

大数据处理，包含了数据挖掘的过程，主要有数据采集、数据集成、数据建模等模块。数据清洗包括去除信息中重复的、有误的数据，数据清洗过程非常有必要，可以分为：删除包含错误采集信息的数据，这部分可以通过人工的方式进行初步筛查，如采集结果是否包含串行、大面积缺失等情况；重复值处理，剔除存在大量的重复数据；缺失值处理，在采集的数据中，有些字段可能会存在空值，对于存在缺失值的数据，可以选择直接删除或者缺失值填充的方式。

数据集成是研究通过融合数据源，发现不同数据源中指代相同含义、实体的数据之间关联关系的过程。在实际应用中，数据集成对大数据的管理、查询和分析都至关重要。随着大数据时代的发展，数据集成算法从注重准确率和限定数据模式逐渐转向关注算法效率和处理更复杂数据类型。

除了处理庞大数据规模外，大数据带来的另一挑战是数据质量问题。低质量数据通常影响算法准确度，同时影响搜索空间，增加算法时间开销。因此，目前对低质量数据的处理成为研究重点，以提高数据集成算法的效率，这类分析建模涉及五个关键步骤，包括选择模型、训练模型、评估模型、应用模型以及优化模型结构。

1）选择分析模型：基于业务需求和数据需求，选择适当的模型，如行为事件分析、漏斗分析、留存分析等，以满足具体的应用场景和分析需求。

2）训练分析模型：尽管每个数据分析模型的模式基本固定，其中存在一些不确定的参数或要素。通过训练模型，找到最适合的参数或变量要素，确保模型的通用性并适应多样的应用需求。

3）评估分析模型：将模型放入特定的业务应用场景中，使用平均误差率、判定系数等指标对模型进行评估。对于分类预测模型，考虑正确率、查全率、查准率、ROC 曲线和 AUC 值等指标。

4）应用分析模型：在评估完成后，将模型应用于业务实践。通过从分布式数据仓库加载主数据、主题数据等，展现结构化和非结构化数据中的隐含信息，解决业务问题，如预测客户行为和客户群划分。

5）优化分析模型：定期进行模型优化，特别是在发现欠拟合或过拟合等问题时。优化措施可能包括重新选择模型、调整参数、增加变量因子等，以提升模型的性能和适应性。

大数据时代，海量的互联网信息在收集之后大多处于分散、零乱的状态，甚至包括虚假、短缺、冗余等现象。为提高后续信息处理和应用效率，需要信息加工技术强化信息读取能力，并遵循定性资料与定量资料结合、宏观资料与微观资料结合、动态资料与静态资料结合等原则，整合庞大的文字或数字等信息系统，消除信息中的假、错、缺、冗等现象，以保证信息真实、准确、完整、有效，强化信息价值。

通过模拟自然过程而研发出的一种计算方法，既能模拟人的思维与动作，实现自我学习与自我训练，又能对海量信息进行分布式管理，有助于提高信息处理水平和效率。如智能车辆集中运用了计算机、人工智能、自动控制等技术，利用信息终端实现人、车、路信息交互，通过自我训练和自我学习，实现环境感知、规划决策、辅助驾驶等多种功能，最终替代人操作。

4.2.4 信息安全技术

互联网的广泛普及已经成为大众生活与工作中不可或缺的一部分，虽然大数据技术的出现为各个领域注入了更多的可能性，但是也给大数据的安全性带来了一定的危机。在实践中，计算机处理技术呈现了一个明显的精确率低的特征，在大数据的作用下，成千上万条与其相关的数据产生，并且加大对网络的依赖性，保持网络的自由发展性。

虽然数据的传播得到了多渠道的发展，降低了信息化传播的成本，但是五花八门的信息中也融入了一些不良的信息成分，这些信息造成了很多的安全性隐患，一些关键性的安全问题也随之出现。此外，在进行信息筛选的时候，总会遇到一些垃圾信息，这些垃圾信息在大家的生活和工作中随处都可以见到。之所以会出现这样问题，主要是网络的复杂性与自由性所造成的。因此需要进一步统筹规划，加大计算机处理的能力，提高海量信息的整理与筛选性。基于 IoT 的数字孪生信息安全技术如图 4-10 所示。

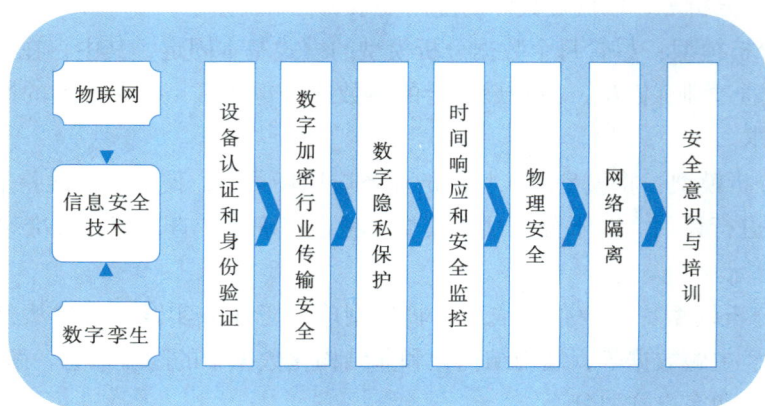

图 4-10　基于 IoT 的数字孪生信息安全技术图

在当前发展的大数据时代中，大数据的融入功能十分强大，可以建立有效的检索能力，但是，随之而来的就是信息处理的风险性。在不完全的数据分析中，一些大型的企业由于自身的数据管理不完善，不仅泄漏了职工的内部信息，更不利于企业长期可持续的发展。目前各行业领域对信息安全的重视程度不断提高，加大了信息安全技术的研发与应用力度，以及时检索、预警防控信息风险因素，强化信息安全。

物联网（IoT）的数字孪生运维信息安全技术是指在实现数字孪生运维过程中，对相关数据和系统进行保护和安全管理的一系列技术措施。它旨在确保数字孪生运维过程中所涉及的数据和信息的保密性、完整性、可用性和可信度，以防范信息泄漏、篡改、丢失等安全威胁。

1. 设备认证和身份验证

在数字孪生系统中，设备是与物理实体相对应的虚拟实体，通过物联网技术与真实的物理设备相连接。为了确保数字孪生系统的安全性和可信度，需要对连接到系统的设备进行认证和身份验证，防止未经授权的设备访问系统，确认设备的合法性，并确保只有经过认证的设备可以接入和交互数字孪生系统。设备认证和身份验证是防止未经授权设备访问系统的重要手段，常见的验证手段包括以下 7 种。

1）数字证书：使用数字证书是一种常见的设备认证和身份验证方法。每个设备都可以拥有一个唯一的数字证书，由数字签名机制保证证书的合法性。数字证书可以用于验证设备的身份，确保只有合法的设备可以接入数字孪生系统。

2）设备标识码：为每个设备分配一个唯一的设备标识码，用于标识设备的身份。在设备连接到数字孪生系统时，可以通过验证设备标识码来确认设备的身份。

3）API 密钥：为每个设备分配一个 API 密钥，用于设备与数字孪生系统之间的通信。设备在与系统进行通信时需要提供正确的 API 密钥来进行身份验证。

4）认证协议：采用不同的认证协议，例如 OAuth、X.509 等，来实现设备的认证和身份验证。这些协议提供了安全的认证机制，可以用于验证设备的身份。

5）双因素认证：使用双因素认证可以增加设备的安全性。设备在进行身份验证时，除了提供设备标识或密钥外，还需要通过另外一种验证方式，例如密码、指纹或其他生物特征来验证身份。

6）设备注册和管理：在数字孪生系统中实现设备注册和管理功能，对接入系统的设备进行注册，并进行身份验证和授权，确保只有经过授权的设备可以接入系统。

7）防重放攻击：采取防重放攻击措施，防止设备的认证信息被截获并重放，以冒充合法设备。

2. 加密与传输安全

通过使用安全传输协议和加密算法，采用加密技术来保护数据在传输过程中的安全性，确保数据不被未经授权的访问和篡改。这是为了防止数据在 IoT 网络中被截获、窃取或被恶意篡改，保障数字孪生系统中的数据传输过程的安全，确保数据在网络中的安全传输。基于物联网（IoT）的数字孪生实现数据加密与传输安全功能可以采用以下方法。

1）使用安全传输协议：在数字孪生系统中，使用安全传输协议如 HTTPS（基于 TLS/SSL 协议）来进行数据传输。HTTPS 协议使用公钥加密和私钥解密的方式，确保数据在传输过程中经过加密，防止中间人攻击和数据窃取。

2）数字证书认证：通过数字孪生系统中服务器和设备的特有数字证书，验证服务器和设备的身份，并建立安全的通信连接。客户端（设备）在连接服务器时会验证服务器的数字证书，确保连接的服务器是合法的，防止恶意服务器的攻击。

3）设备认证与身份验证：通过每个设备分配到的唯一的设备标识码或 API 密钥，在数据传输过程中要求设备提供认证信息。服务器验证设备的认证信息，确保只有经过认证的设备可以访问系统，并进行数据传输。

4）数据加密：在数据传输之前，使用加密算法对数据进行加密。只有经过认证的设备和服务器才能解密和访问数据。常用的加密算法包括 AES（高级加密标准）和 RSA（非对称加密算法）。

5）数据完整性验证：在数据传输过程中，通过数据完整性验证机制，确保数据在传输过程中没有被篡改或损坏。常用的完整性验证技术包括使用消息认证码（MAC）和数字签名。

6）安全存储：在数字孪生系统中，还需要采取安全存储措施，确保敏感数据在服务器和设备上的存储安全。这包括设备的加密存储和安全访问控制。

7）定期更新和升级：保持数字孪生系统的软件和安全组件处于最新的状态，定期更新和升级，以防止已知漏洞的滥用并提高系统的安全性。

8）漏洞管理与安全更新：及时发现和修复数字孪生系统中的安全漏洞，确保系统的稳定和安全性。定期进行安全检查和更新是防范潜在威胁的重要措施。

9）访问控制：实施细粒度的访问控制策略，根据用户角色和权限限制访问和操作数字孪生系统的范围。这有助于防止未经授权的访问和数据泄漏。

3. 数据隐私保护

保护数字孪生系统中涉及的个人或敏感信息的隐私，确保数据处理符合相关隐私法规和政策。其功能实现的方法主要有以下手段。

1）数据加密：对数字孪生系统中存储和传输的敏感数据采用加密技术，确保数据在存储和传输过程中是加密的，防止未经授权的访问和窃取。

2）访问控制：实施严格的访问控制策略，对数字孪生系统中的数据进行细粒度的控制，只有经过授权的用户、设备才能访问和操作敏感数据。

3）身份认证：对连接到数字孪生系统的设备和用户进行身份认证，确保只有经过认证的用户和设备才能访问系统中的敏感数据。

4）数据脱敏：对敏感数据进行脱敏处理，将数据中的敏感信息部分进行替换或删除，保留数据的结构和格式，同时保护隐私信息。

5）匿名化：对数据进行匿名化处理，将数据与特定个体或设备的关联信息去除，保护数据所有者的隐私。

6）数据分级：将数字孪生系统中的数据进行分类和分级，对不同级别的数据采取不同的隐私保护措施，确保高敏感性数据得到更严格的保护。

7）合规性与监管：确保数字孪生系统的设计和运营符合相关的隐私法规和监管要求，保护用户的隐私权益。

8）安全存储与销毁：对数据进行安全存储，同时采取措施确保在数据不再需要时进行安全销毁，防止数据泄漏和滥用。

9）安全传输：使用加密技术和安全传输协议，在数据传输过程中保障数据的安全性，防止数据被窃取或篡改。

10）安全培训与意识：提高数字孪生系统用户和管理者的安全意识，教育他们如何正确处理敏感数据，防止数据泄漏。

4. 事件响应与安全监控

数字孪生运维技术可以建立健全的事件响应机制，及时发现和应对安全事件。通过实施安全监控和日志记录，能够及时发现异常行为和攻击。其实现的关键步骤如下。

1）安全事件监控：建立安全事件监控系统，对数字孪生系统中的关键设备、网络和数据进行实时监控。监控系统可以采集设备和网络的日志信息，检测异常活动，发现潜在的安全威胁。

2）威胁检测与预防：使用安全防护工具和技术，例如入侵检测系统（IDS）、入侵防火墙（IPS）、网络流量分析等，对网络和设备进行实时监测和威胁检测，防止潜在的安全威胁入侵系统。

3）安全事件响应计划：制定完备的安全事件响应计划，明确事件响应流程和责任人员，确保在发生安全事件时能够及时做出反应并采取应对措施。

4）实时警报与通知：当安全监控系统检测到异常行为或安全事件时，及时发送警报和通知给相关的安全团队和管理人员，确保他们可以迅速做出响应。

5）安全事件分析与溯源：对安全事件进行深入分析和溯源，确定事件的来源、影响范围和威胁级别，为采取适当的应对措施提供依据。

6）事件响应与处置：根据安全事件的威胁级别和影响程度，及时做出响应和处置措施，尽快消除安全隐患，并恢复系统的正常运行。

7）安全漏洞修补：及时修补系统和设备中发现的安全漏洞，保持数字孪生系统的安全性。

5. 物理安全

数字孪生运维技术可以利用数字孪生技术和物联网技术，结合传感器、网络通信等，对真实物理世界中的实体设备、设施和环境进行安全保护和监控，确保数字孪生系统中的物理设备和设施得到适当的保护，防止非授权的物理访问和破坏，保障物理实体的安全。其中，物理安全主要包括以下两个方面：

1）物理设备和设施安全：通过数字孪生技术，对连接到物联网的物理设备设施进行监控和管理，确保设备的运行状态和安全性。可以实时监测设备的工作状况，预测设备故障，提高设备的可靠性和稳定性。

2）环境安全：对数字孪生系统模拟的真实环境进行监测和管理，包括温度、湿度、气体浓度等参数的监测，以保障环境的安全和适宜性。

其实现步骤如下。

1）传感器监测：在物理实体（如设备、设施、环境等）上部署各类传感器，例如温度传感器、湿度传感器、压力传感器、运动传感器等。这些传感器用于实时监测物理实体的状态和变化。

2）数据采集与传输：传感器收集的数据通过物联网技术传输到数字孪生系统。物联网设备可以使用无线通信技术（如 Wi-Fi、蓝牙等）将数据传输到云平台或本地服务器。

3）数字孪生模型：在数字孪生系统中创建与物理实体相对应的虚拟模型。这些模型用来实时反映物理实体的状态和运行情况，并与实际数据同步更新。

4）实时监控与分析：数字孪生系统实时监控物理实体的状态和数据，并对数据进行分析。例如，检测设备是否正常运行、环境参数是否在安全范围内等。

5）预测性维护：通过对数字孪生模型进行数据分析和建模，实现预测性维护。系统可以预测设备可能出现的故障或异常，并提前采取措施避免损失。

6）报警和通知：当数字孪生系统监测到物理实体存在异常情况（如温度过高、压力异常等）时，及时触发报警和通知相关人员，以便采取紧急措施。

7）远程控制：基于数字孪生技术，可以实现对物理实体的远程控制。例如，通过数字孪生系统远程控制设备的启停或调整设施参数。

8）访问控制与身份认证：确保只有经过授权的人员或设备可以访问数字孪生系统，并限制对物理实体的远程控制权限，增强物理安全性。

9）安全备份与恢复：定期备份数字孪生模型和物理实体数据，以备份恢复和应急处理。

6. 网络隔离

通过数字孪生技术，将物联网设备和系统与其他网络环境隔离开来，确保物联网设备在独立的网络环境中运行，以提高网络安全性和隐私保护。对数字孪生系统进行网络隔离，确保系统与其他不相关系统隔离，减少攻击面，可以提高物联网设备的安全性和可靠性，降低整体网络风险，提升网络的稳定性和性能。常见的网络隔离方法有以下6种：

1）网络分割：将物联网设备连接到独立的网络中，与其他网络环境（如企业内部网络、互联网等）进行物理或逻辑上的分隔。这样可以防止物联网设备直接暴露在公共网络中，降低遭受网络攻击的风险。

2）隔离访问：实现物联网设备与其他网络环境之间的访问隔离。只有经过授权的设备或用户可以访问物联网设备，其他未经授权的设备无法访问，确保物联网设备的安全。

3）安全隔离技术：采用安全隔离技术和措施，如虚拟局域网（VLAN）、防火墙、网络隧道等，对物联网设备进行安全隔离，防止网络攻击跨越到其他网络环境。

4）专用网络：建立专用的物联网网络，只用于连接物联网设备，不与其他业务网络混合。这样可以降低其他网络因物联网设备带来的安全风险。

5）网络流量监测：在物联网网络中设置流量监测机制，及时检测网络异常和攻击行为，采取相应的应对措施。

6）网络隔离管理：建立独立的物联网网络管理系统，对物联网设备进行监控和管理，及时发现设备异常，并迅速采取措施修复和恢复。

7. 安全培训和意识

利用数字孪生技术和物联网平台，为相关人员提供针对安全方面的培训和教育，并通过数字孪生系统模拟真实场景，使培训更加实际、直观和生动，提高学习的积极性和效果，并为员工提供与实际场景接近的练习机会，提升他们在实际工作中应对安全问题的能力。这有助于建立全员参与的安全文化，提高整个组织的安全防护水平，实现方法有以下 8 种：

1）虚拟场景培训：通过数字孪生技术，构建真实场景的虚拟模拟环境，让相关人员在安全培训中亲身体验和操作，提高培训的实效性。

2）安全演练：利用数字孪生系统，模拟安全事件和事故场景，让培训对象在虚拟环境中面对各种安全挑战，学习正确的应对方法和处置策略。

3）个性化培训：数字孪生系统可以根据不同人员的岗位和职责，提供个性化的安全培训内容，满足不同层次的安全需求。

4）实时反馈：在数字孪生模拟环境中，相关人员的操作和决策会得到实时反馈，帮助他们及时发现错误，纠正不当行为，促进学习效果。

5）安全知识普及：通过数字孪生平台，向相关人员传递各类安全知识、政策和规定，提高他们对安全问题的认知和理解。

6）意识宣传：利用数字孪生技术制作安全意识宣传视频、海报等，向全体员工传递安全意识和保护意识的重要性。

7）问题演练：通过数字孪生系统，模拟安全事件的应对过程，让相关人员在虚拟环境中练习处理问题的能力，提高应对突发事件的能力。

8）数据统计与分析：通过数字孪生系统，对培训过程和效果进行数据统计和分析，评估培训的成效，不断改进和优化培训内容。

4.2.5 数字孪生运维技术实践案例

1. 案例 1：智能制造车间数字孪生运维

1）背景与目标

某制造公司拥有大规模的生产车间，涉及多种设备和工艺流程。传统的车间运维方式存在问题，如设备维护不及时导致生产停机、能耗控制不精确等。为了提高车间生产效率和降低生产成本，该公司引入基于物联网的数字孪生运维技术，建立智能制造车间管理系统，实现设备远程监控、故障预测和智能优化运维，如图 4-11 所示。

2）解决方案

（1）传感器与数据采集：在生产车间的各个关键设备上安装传感器，实时采集设备的运行数据、温度、压力等参数，并将数据传输到云平台。

（2）数字孪生建模：基于采集的实时数据，构建车间的数字孪生模型，模拟车间的运行状态和生产过程，并与实际车间运行保持同步更新。

（3）运维决策支持：利用数字孪生模型，对车间的设备状态进行监测和分析，实时发现潜在故障，预测设备故障，并提供运维决策支持。

（4）智能优化：基于数字孪生模型，优化车间设备的运行策略和生产工艺，比如调整生产参数、节能措施等，以提高生产效率和降低生产成本。

图 4-11　发动机生产线数字孪生系统

（5）远程维护：运维人员可以通过智能终端远程访问数字孪生模型，实时监控设备运行状态，进行设备故障的快速定位和排除。

3）成效与效益

（1）生产效率提升：基于数字孪生模型的优化措施，车间生产效率得到显著提升，生产能力得到有效利用。

（2）运维成本降低：远程维护减少了运维人员上门巡检的频率，降低了运维成本。

（3）故障预测：通过数字孪生模型，设备故障可以提前预测，减少了停机时间，提高了设备可靠性。

（4）能耗控制精准：利用数字孪生模型进行能耗优化，降低了生产能耗成本。

（5）质量提高：优化生产工艺和参数，提高了产品质量稳定性，降低了次品率。

4）总结

通过基于物联网的数字孪生运维技术的实践，该制造业公司实现了智能化的制造车间管理，有效提高了生产效率，降低了运维和能耗成本，提高了产品质量稳定性。这个案例为其他制造业企业的智能制造车间运维提供了借鉴和参考，展示了基于物联网的数字孪生运维技术在实际生产场景中的成功应用。

2. 案例 2：智能楼宇数字孪生运维

某市的一座大型智能化办公楼引入了数字孪生运维系统，以提升建筑设备的运维效率和可靠性。在感知和标识技术方面，办公楼各个楼层和区域部署了多种传感器，包括温度传感器、湿度传感器、烟雾传感器等。同时，每个设备都被分配了独特的二维码标识。通过这些传感器和标识，数字孪生系统可以实时感知并标识各个设备的状态和位置信息。智能楼宇信息管理系统如图 4-12 所示。

图 4-12 智能楼宇信息管理系统

在信息传输技术方面，办公楼建立了一套稳定的物联网通信网络，使用无线传输技术将设备数据传输到数字孪生系统中心。通过网络，数字孪生系统可以在实时监控设备状态的同时远程控制和操作设备，例如调整灯光亮度和空调温度。

在信息处理技术方面，数字孪生系统采集了大量的设备数据，并使用数据处理和分析算法进行实时处理。系统可以监测设备的能耗情况，并根据数据分析结果提供节能建议。此外，系统还对设备的运行状况进行监测和预测，如预测设备的维护周期和寿命，以便提前安排维修和更换工作。

在信息安全技术方面，办公楼的数字孪生系统实施了严格的安全措施。数据传输过程中采用加密技术确保数据的机密性和完整性。数字孪生系统与外部网络有严格的网络隔离和防火墙保护，以防止未经授权的访问和恶意攻击。

通过数字孪生运维系统的应用，智能化办公楼实现了设备状态的实时监测和优化。系统能够及时检测并报告设备故障或异常，减少设备停机时间。同时，根据设备数据和分析结果，优化设备的能耗管理，实现节能减排的目标。此外，数字孪生系统还可以协助运维团队进行设备维护和调度计划，提高运维效率和服务质量。

4.3　BIM 与数字孪生运维应用

4.3.1　BIM 轻量化技术

建筑行业一直有很多复杂的数据，但没有很好的技术来收集、组织和存储整个过程各个要素的完整数据，以及科学地提取和应用这些数据。BIM 最大的价值在于不同岗位、专业和利益相关者之间的协作，将多个专业模型集成为一个综合模型是最基本的任务。

BIM 是模型和信息的集合，其特点是多种类型的专业模型，如建筑、结构、暖通、给水排水等的集合。同时，数据信息丰富且复杂，具有全生命周期的几何和非几何信息，可用于工程应用。原始设计模型在设计过程中留下了大量信息，由于集成了多个专业，存储体积数量级增加，硬件要求也越来越高。目前建筑行业 BIM 面临的困境主要包括以下 7 个方面。

1）技术普及程度不高：虽然 BIM 技术在建筑行业中表现出许多优点，但很多建筑企业和机构尚未全面引入 BIM 技术，导致人才匮乏和应用范围有限。

2）数据的完整性和准确性：要使 BIM 技术发挥最大作用，需要确保数据的完整性和准确性，这对项目参与方的质量控制和数据管理能力提出了更高的要求。

3）学习成本高：BIM 技术非常复杂，新用户需要进行系统的学习和培训，这增加了技术的使用成本。

4）系统兼容性问题：由于不同软件平台之间的差异，建筑信息可能无法兼容，可能需要进行重新采集和处理，导致额外工作量和费用。

5）缺乏 BIM 复合型人才：BIM 技术人员不仅需要了解 BIM 知识，熟练操作 BIM 软件，还需要具有工程项目经验。这样才能在工程设计和施工过程中，结合项目特点，编制出科学合理的 BIM 应用方案。

6）标准和规范不完善：尽管国内已经初步建立起 BIM 标准体系，但是在实施过程中，仍会出现许多问题，这些问题导致 BIM 应用受限。

7）BIM 软件兼容困难：目前 BIM 软件问题主要在两个方面。一是软件兼容问题，由于 BIM 软件来自不同厂商，软件间由于格式问题，导致建筑信息传递和共享困难；二是软件功能问题，市面上的 BIM 软件主要集中在三维建模和基础分析上，施工管理、分析模拟和成本控制等方面的软件相对较少，且功能不完善。

近年来，建筑信息化一体化程度逐步提高，BIM 模型信息也越来越复杂。为了更好地利用 BIM 模型，实现高速在线传输，降低计算机和移动设备的资源消耗，BIM 轻量化的概念应运而生。

1. BIM 轻量化概念

BIM 轻量化技术是一种将建筑信息模型（BIM）进行优化和压缩，使其在有限的网络带宽和计算资源下能够快速、高效地传输和渲染的技术。该技术主要通过对 BIM 模型进行几何形状、纹理、材质等信息的提取和压缩，以及采用高效的模型数据结构和网络传输协议，实现 BIM 模型的高效传输和渲染。BIM 轻量化技术不仅有助于提高建筑行业的协同设计和施工效率，同时也能为相关企业和政府部门提供更高效、精准、便捷的数据管理和决策支持。

BIM 轻量化技术的本质在于利用先进的算法，在不改变模型和数据文件结构特征的情况下来重建模型数据，以达到缩小 BIM 模型体量、精简数据的目的，从而加快模型展示速度，方便提取和使用。作为 BIM 技术发展的必然产物，BIM 轻量化技术代表着 BIM 技术新的发展方向，为模型数据的细化应用奠定了坚实的基础，提高了 BIM 应用的有效性。

具体而言，BIM 轻量化技术主要通过模型实体面片化技术、信息云端化技术和逻辑简化技术等手段，在满足信息的无损、模型精度和使用功能等要求的前提下，对模型的几何实体、承载信息和构建逻辑进行精简、转换和缩减。模型实体面片化技术通过将实体模型转化为面片模型，减少模型的复杂性和体积。信息云端化技术则通过将模型数据存储在云端，减轻本地存储和传输的负担，方便多方共享和协同工作。逻辑简化技术则通过简化模型的构建逻辑和数据结构，提高模型处理和计算的效率。

BIM 轻量化技术可以定义为一种利用特定算法和处理方法有效降低建筑信息模型（BIM）数据冗余和复杂性的方法。它具有多个优点，包括提高模型的可视化效果、减轻数据存储和传输的负担、提高数据交换的效率以及加速模型的分析和计算过程。BIM 轻量化技术的原理基于对 BIM 数据进行精简、压缩和优化，以减少模型的文件大小和处理时间。这涉及使用诸如几何简化、数据过滤和比例优化等技术来减少模型中不必要的细节和信息。核心技术方面，BIM 轻量化技术包括模型简化算法、数据压缩算法、级别细化算法等。通过深入研究和应用这些技术，可以实现 BIM 模型的高效管理和应用，从而提升建筑行业的效率和可持续发展。

总体来说，BIM 轻量化技术是一种具有重要应用价值的建筑信息模型优化和压缩技术。它不仅可以提高建筑行业的协同设计和施工效率，同时也能为相关企业和政府部门提供更高效、精准、便捷的数据管理和决策支持。通过探索和应用轻量化技术，能够实现 BIM 模型的高效管理和运用，进而推动 BIM 技术的更深入应用，并提升 BIM 技术在实际工程项目中的成效和价值。

2. BIM 轻量化的优点

将建筑信息模型进行轻量化处理，可以减少数据量和提高计算效率。而 BIM 轻量化技术作为进一步提高 BIM 技术应用效果的关键，主要优点有：提高效率、降低成本、加强协作、改善决策、提高可视化效果和交互性。

1）提高效率：BIM 轻量化可以减少软件运行和加载时间，加速 BIM 模型的渲染和运行，从而提高模型的呈现速度和用户操作的响应速度，从而提高设计、施工和维护过程中的工作效率。对于大型的 BIM 模型，采用轻量化算法可以减少模型文件的大小，降低内存占用和加快数据传输。这样，设计师和施工人员就可以更快地访问和处理 BIM 模型，提高工作效率和质量。

2）降低成本：BIM 轻量化可以减少大型 BIM 模型的文件大小，减少网络传输和存储需求，降低硬件和软件基础设施的成本。此外，随着 BIM 技术的逐渐普及，很多建筑企业需要购买昂贵的软件和硬件设备来支持 BIM 应用。而采用 BIM 轻量化模型可以减少软件和硬件的需求，还可以降低计算资源的需求，从而减少渲染和分析过程中的计算时间和成本。

3）加强协作：BIM 轻量化可以使设计团队、建设公司和业主之间更快速、更流畅地进行信息共享和协作。轻量化模型方便在各种设备上查看和编辑，利于移动办公和远程协作，进一步加强团队协作效率。

4）改善决策：BIM 轻量化提供了一种可视化的方式来呈现建筑模型，使决策者更容易理解和评估设计方案。轻量化模型可以进行可视化分析、模拟和演示，帮助决策者更准确地评估建筑性能，并做出更明智的决策。

5）提高可视化效果和交互性：采用轻量化算法可以将 BIM 模型转换为更简单的形式，从而提高渲染速度和交互效果，例如，使用虚拟现实技术可以实现更真实、更直观的 BIM 交互体验。

3. BIM 轻量化原理及核心技术解析

减轻 BIM 重量的中心目标是减少 BIM 模型的体量，以提高显示速度。从数据的角度来看，设计模型由两部分组成：几何信息和非几何信息。几何信息是指直观看到的模型，非几何信息指建模过程中的属性数据或其他数据。非几何信息轻量化技术难度相对较低，只需要根据需要提取和存储，几何信息的轻量化需要更高的技术，下面主要针对几何信息的轻量化进行描述。

将设计转化为 BIM 模型，并最终呈现在终端上，中间经历了两个主要处理阶段：几何转换和渲染处理。BIM 模型轻量化中，几何转换和渲染处理是两个关键环节，它们分别涉及对 BIM 模型的不同方面的处理和优化。通过进行几何转换和渲染处理，BIM 模型可以得到更加精简、高效和逼真的表达，提高用户的可视化体验和数据提取的效率。

BIM 模型轻量化的几何转换是指通过采用特定的算法和技术，对 BIM 模型的几何信息进行处理和转换，以达到将设计模型转换为 BIM 模型的过程中，减少模型复杂性和体积的目的。这个过程中需要对 BIM 模型进行参数化处理和压缩存储，使得模型更易于传输和存储，同时保持其原始的几何信息。参数化处理是指将几何形状表示为参数化的形式，以便于进行模型形状的调整和修改。压缩存储则是为了减小 BIM 模型的体量，以便于进行更高效的数据传输和存储。在几何转换过程中，需要将 BIM 中的几何数据转换为大多数软件支持的三角面格式，这种格式被大多数软件所支持，可以使得 BIM 模型在不同的软件中更容易被读取和使用。同时，以构件为粒度融合属性数据也是几何转换的一个重要方面，这可以使得 BIM 模型中的不同构件之间建立联系，达到缩小 BIM 模型体量的目的，并为后续的工程设计和施工提供便利。这是整个轻量化的源头，也是其核心。

具体而言，几何转换可以包括以下内容：

1）几何简化：通过对模型的几何数据进行简化，去除不必要的细节和复杂的几何结构，从而减少模型的顶点、面片数量，降低模型的复杂度，提高模型的显示效率。

2）几何优化：采用优化算法和方法，对模型的几何形状进行优化处理，使模型的几何结构更加合理、紧凑，减少冗余信息和不必要的几何数据，提高模型的性能和使用效率。

3）几何压缩：采用压缩算法和技术，对模型的几何数据进行压缩处理，减少模型文件的大小，降低存储和传输的负担，方便模型的存储和传输。

BIM 模型的渲染处理是指，对模型进行视觉呈现和渲染，以将 BIM 模型转化为在电脑或移动终端上显示的、逼真的、具有光影效果的模型、图像或动画的过程。这个过程中需要考虑如何提高模型的显示速度和流畅性，同时保持其细节和质量。需要通过各种手段来加速场景的绘制，同时精简和控制内存的开销。这包括使用更高效的渲染算法和技术，如基于 GPU 的渲染技术、分布式渲染技术等，以提高渲染的速度和效率；使用更高效的模型数据结构和网络传输协议，以提高数据的传输效率和渲染速度。同时，也需要对 BIM 模型进行优化，如去除不必要的细节和优化几何形状、精简冗余的数据、使用更高效的模型表示方式等，以减小内存的开销和提高渲染速度。

在 BIM 模型轻量化中，渲染处理可以包括以下内容：

1）材质处理：对模型中的材质属性进行处理和调整，使其能够正确反映真实世界中的材质特性，如光泽度、颜色、透明度等。

2）光照计算：进行光照模拟和计算，确定模型中不同区域的光照亮度和阴影效果，以提高渲染的真实感和逼真度。

3）纹理映射：将纹理贴图应用到模型的表面上，增加模型的细节和真实感，使模型更加具有视觉吸引力。

4.3.2　BIM 与物理实体动态物联交互技术

目前，对于 BIM 技术而言，想要更深入地发展延伸应用，可以与其他技术相结合来发展相应的应用，物联网技术就是其中之一。使用 BIM 与物理实体动态物联交互技术，可以帮助实现更高效、更智能的建筑全生命周期管理。

二维码 4-4
北澄子河大桥项目

BIM 技术可以发挥上层信息集成、交互、展示和管理的作用，而物联网技术则承担底层信息感知、采集、传递、监控的功能。通过物联网技术中的 RFID 标签、二维码、智能传感器、视频前端、定位装置等感知层设备，将现实环境、人、物与 BIM 模型中的信息关联起来，可以实现对施工建造及运维阶段的行为监控、数据采集，结合 BIM 模型数据完成数据交互，实现有效的效率提升、现场管理及操作行为。两者的集成应用可以实现建筑全过程"信息流闭环"，实现建筑全生命周期的虚拟信息化管理与实体环境硬件之间的有机融合。

例如，BIM 技术可以提供直观的建筑信息模型，同时应用物联网技术可以实现对建筑、设备和设施等实体的实时监控和管理，获取实时的建筑信息，从而提高设计和施工的效率。BIM 技术在提供丰富的建筑构件信息的同时，通过物联网技术，可以减少人工干预和错误，降低项目成本。BIM 技术在提供集成的平台来考虑可持续性问题的同时，物联网

145

技术可以帮助实现建筑能源的智能化管理，提高能源利用效率，降低建筑对环境的影响。

BIM 技术与物联网的结合应用，可以将现实与虚拟、实体与数据间打通接口，实现对施工建造及运维阶段的行为监控、数据采集，结合 BIM 模型数据完成数据交互，促进信息化数字技术与实体硬件之间的深化交流，实现有效的现场管理及操作行为。

因此，BIM 与物联网的结合应用可以促进项目各方之间的协同工作。设计师、工程师、承包商和业主等可以通过共享的 BIM 模型和物联网数据平台进行实时沟通和协作，从而提高项目的整体效率和质量。通过物联网技术，可以实现建筑设备的智能化管理，包括设备的远程监控、故障预警、能源管理等。这可以帮助物业管理和维护人员更好地管理建筑设备，提高建筑的运营效率和服务质量。

总体而言，BIM 技术与物联网技术的融合不仅延伸和拓展了丰富的综合应用模式与价值，更在建筑信息集成和融合方面发挥了重要作用，同时也促进了信息化数字技术与实体硬件之间的深化交流。使用 BIM 与物理实体动态物联交互技术可以提高建筑工程的设计和施工效率、降低成本、减少错误和争议，并提供更好的项目管理和运营管理方法。同时，这种技术的应用还可以促进各方的协同工作、提高可持续性和实现建筑的智能化管理。

4.3.3 BIM 的三维动态呈现方法

BIM 的技术支撑是三维数字技术，BIM 的三维动态呈现主要利用 BIM 信息创建的专业软件系统，将建筑信息模型以动态的方式展示出来。下面介绍一些常见的三维动态呈现方法。

1. 建立三维几何模型

BIM 的三维几何数据是 BIM 模型中重要的建筑产品数据，是贯穿于建筑生命期的核心数据，这些数据在建筑生命期的不同阶段被创建和利用，包含了丰富的工程信息，例如通过对建筑三维几何数据的演算可以得出建筑构件的体积、空间位置、拓扑关系等工程信息。然而，建筑工程的不同阶段的不同应用对三维几何数据的处理需求是不一样的。

表 4-1 对不同类型的三维几何模型的特点和适用范围进行了总结。在建筑设计阶段，设计软件创建三维几何数据，这些数据通常以实体模型的方式存在，实体模型记录了完整的几何拓扑信息，便于修改和编辑。

三维几何模型的特点和适用范围 表 4-1

模型类型	特点				适用范围
	几何拓扑信息	修改和编辑	显示效果	图形显示难度	
实体模型	完整	容易	好	大	建筑设计、MEP 设计、HVAC 设计
线框模型	不完整	困难	不好	小	结构分析
表面模型	较完整	困难	好	小	虚拟现实、火灾模拟、能耗分析、光照分析

  然而，几何实体模型的处理是一个相当复杂的过程，涉及许多计算机图形学算法，通常需要借助专业的图形引擎实现。在结构分析阶段，通常采用线框模型便于各种结构计算分析，例如对钢筋混凝土框架结构的力学分析。在施工阶段和运营阶段，由于不需要修改和编辑三维几何数据，其主要的应用是对三维几何数据的展现，因此表面模型更加适合。另外，对于特定的应用，表面模型具有更加便于处理的特点，例如火灾模拟分析（FDS）、能耗分析、光照分析等。

  设计阶段产生的三维几何实体模型处于 BIM 生命期数据的上游，这些数据作为核心的产品模型数据随着建筑工程的进展被下游的应用所使用。然而，由于对数据处理要求的不同，需要将实体几何模型演变为其他形式的三维几何模型，例如线框模型或表面模型（图 4-13、图 4-14）。

图 4-13 数字孪生建筑模型（一）

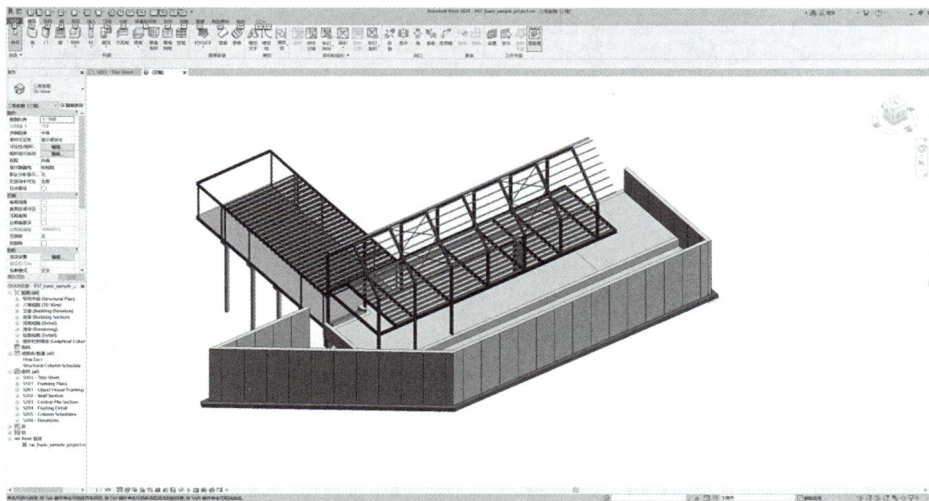

图 4-14 数字孪生建筑模型（二）

2. 实时三维模型漫游

借助 BIM 软件进行实时三维模型漫游是一项常见的技术应用，其可用于建筑项目的模型展示与理解。利用 BIM 软件的漫游功能，可以在三维模型中自由移动和导航，实时查看建筑物的各个角落和细节。以下是一般的步骤：

1）模型准备：使用 BIM 软件创建建筑模型，确保模型中包含了建筑元素的完整几何形状、材质属性和构造信息。常用的 BIM 软件包括 Autodesk Revit、ArchiCAD、Bentley AECOsim 等。

2）漫游路径设置：在 BIM 软件中，可以定义漫游路径来指导漫游过程中的导航路径。这可以通过设定导览点、路径曲线等方式进行。例如，Autodesk Navisworks、Bentley Navigator 等软件允许用户设置预定的漫游路径。

3）漫游控制器设定：为了方便用户进行漫游操作，常见的漫游控制器包括键盘、鼠标、游戏手柄等。用户可以在 BIM 软件中设置这些控制器以便在漫游过程中自由导航和查看建筑模型。例如，Autodesk Navisworks 提供了多种漫游控制模式供用户选择。

4）开始漫游：通过 BIM 软件启动实时三维模型漫游。根据定义的漫游路径和所选的控制器，用户可以使用设备中的键盘按键、鼠标动作或游戏手柄的操作来控制视角的移动和视图的变换。例如，使用键盘上的方向键或鼠标进行拖拽和缩放来导航漫游。

5）可视化和交互：BIM 软件通常提供了丰富的可视化和交互功能，以增强漫游体验和展示效果。如图 4-15 所示，用户可以根据需要调整光线设置、显示模型中的各种属性信息，或与模型中的对象进行交互。例如，在漫游过程中切换灯光模式、开启门窗、触发动画效果等。各个 BIM 软件

二维码 4-5
恒通 AI 科创大厦
BIM 运维平台

图 4-15　动画虚拟场景

都提供了丰富的可视化和交互功能，如 Autodesk Navisworks、Graphisoft BIMx、Bentley Navigator 等。

6）动画演示：通过在 BIM 软件中设置特定的动画路径和相机视角，可以创建建筑物的动画演示。这种方法可以展示建筑物的外观、结构和内部空间的变化，如建筑物的组装过程、构件的运动等。

3. 虚拟现实（VR）和增强现实（AR）

利用虚拟现实和增强现实技术，可以将 BIM 模型与现实场景进行结合，实现沉浸式的三维体验。用户可以通过戴上 VR 头盔或者使用 AR 设备，将虚拟的建筑物模型投射到现实世界中，以更真实的方式感知建筑物的外观和空间。BIM 与 VR 在建筑设计领域结合应用的价值总结如下。

1）规划与设计阶段：VR 可以让用户身临其境地在建筑中任意漫游，去感受具体空间尺度，获取如材料与特性等基于 BIM 的数据信息，对任何不满意的地方即可进行标注，及时反馈，进行下一步的优化与调整。

2）施工图设计与节能计算阶段：VR 技术可将 BIM 模拟碰撞检测等应用的具体操作可视化，实现 BIM 可视化的升华体验，并且使不同专业的设计集中到一个协同显示与设计平台，更清晰地看到问题所在。

3）工程实施阶段：通过 VR 技术建立的虚拟体验场景，结合全身动作捕捉、体感和电击等力反馈穿戴设备，可以进行各种 VR 施工安全事故体验和事前施工难点预习。同时创建的可视化平台可以让施工人员在对图纸产生疑问的时候及时进行审核与反馈。

4）运维阶段：工程试运行管理，设施运维管理可进一步发挥 BIM 数据的管理功能，集成 VR，让设备维护检修、消防应急等变得更为直观可控。同时可对接现场设备传感器，将实时数据传递进入 VR 场景，通过图表化的 3D 形式显示。

5）项目营销阶段：VR 交互样板房，VR 样板间能替代实体样板间，通过手持移动端和 VR 头盔端的多方互动，对于整个建筑项目的体验感将更强。同时集成客户信息录入和客户体验数据捕捉系统，进行大数据支持。

4. 交互式模型展示

利用 BIM 软件提供的交互功能，用户可以在三维模型中触发或操控特定的对象或动作，以展示建筑物的功能和操作流程。例如，通过点击开关来演示照明系统的开关和调节，或者通过操作家具来展示空间布局的变化等。

这些三维动态呈现方法可以有效地展示建筑物的外观、结构、空间布局和功能特点，帮助设计师、工程师和相关利益相关者更好地理解和评估建筑物设计方案，并进行决策和沟通。同时，它们也可以为建筑物的销售、营销和教育等领域提供视觉上的展示和交互体验。

4.3.4　BIM 数字孪生运维平台设计与实现

物联网技术、人工智能、云计算和云平台技术的不断发展，为动态数据的存储、管理和分析提供了很好的技术方法。将基于 BIM 的虚拟建筑模型与物联网结合，建立 FM 阶段的运维系统，将有效解决当前运维管理靠人为操控的、落后的、效率低下的现状。通过物联网将建筑物相关联，再运用 BIM 技术实现三维可视化，管理者完全可以在 BIM 提供的三维环境中实现高效的运营管理。

BIM 数字孪生运维平台是基于 BIM 和数字孪生技术开发的一种针对建筑物运维管理的软件平台。该平台整合了建筑信息模型和实时数据采集、分析、模拟等功能，旨在提供全方位的建筑物运维支持和管理。将 BIM 数据与 IoT 数据由各自的原始软件中导出，并通过映射融合形成新的数据，新数据再经数字孪生运营平台与应用层、服务层进行关联，实现智慧管理的新方法，如图 4-16 所示。

图 4-16　数据关系

1. BIM 数字孪生运维平台构建

面对行业内的运维需求，以数字孪生为主要建设理论，尝试构建一个具有设备管理、设备监控、远程预警、远程诊断、远程指导、运维保障、远程故障处理、设备优化、数据分析、备件管理等功能的数字孪生运维平台。数字孪生的三大组成部分分别是现实空间中的物理实体，虚拟空间中的虚拟产品以及连接物理实体与虚拟产品之间的信息通道，对应这三个部分，构建框架（图 4-17）。

1）物理实体部分。这部分主要对应具体的物理设备。对于没有自动化控制部分的设备需要配合传感器，单独研制数据采集及控制板，实现设备状态数据的采集和设备控制功能。对于本身具有远程控制功能的设备，需要研制协议转化卡，将设备厂商的协议

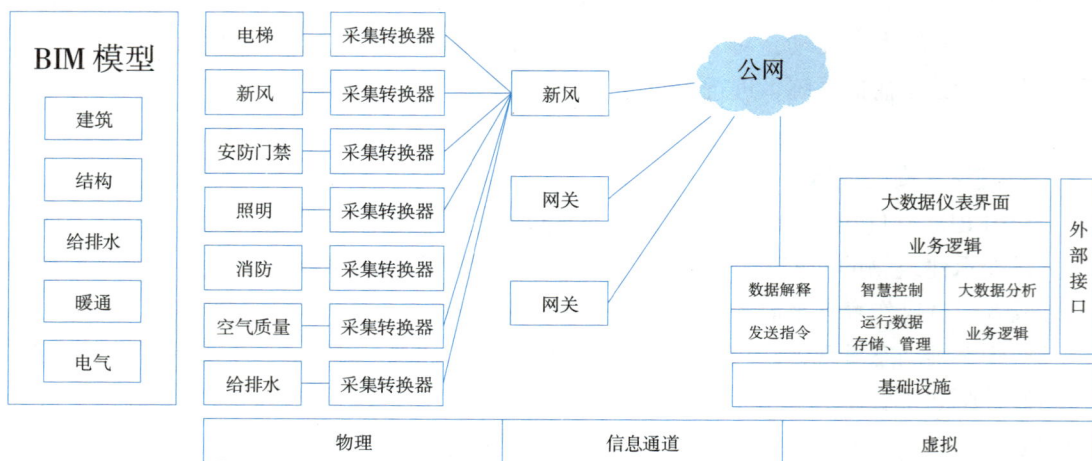

图 4-17　基于数字孪生的运维平台框架

转化成系统统一的协议实现设备状态采集和控制。所有的数据采集卡或者协议转换卡都通过信道连接到网关上，由网关调度控制。连接的信道可以有多种形式，无线的方式有 Wi-Fi、ZigBee、NBIoT、蓝牙等，有线方式包括以太网、485 总线等。

2）信息通道。通信信道包含设备端的网关软硬件和服务器端的数据解析、命令发送软件。网关向下与设备通信，向上与服务器通信。同时网关还要承担边缘计算的工作，实现下端区域内的简单智能联动，如检测到漏水信号，则直接关闭对应的电磁阀；发现二氧化碳过高，则启动排风扇等。

3）虚拟部分。远程运维系统能够对所有售出的设备进行管理，包括设备型号、售出时间、运行地点等信息。由于设备运行具有分布分散的特点，系统提供 GIS 地图方式来查看运行地点，方便进行快速定位。另外系统中应提供关系数据库表展示的能力，以便展示设备管理的信息。

4）设备监控。对设备进行远程监控，通过网络技术、通信技术，将分散在不同地点的设备数据接入到远程运维系统中来，对设备运行、易损部件磨损程度及电气控制系统进行检查和校验，便于判断设备的运行情况。

5）远程诊断、预警、故障维护。远程运维系统的操作员根据设备运行有关的数据、报警、事件等信息，结合设备特性和专家经验，可对其进行远程诊断和故障预警，指导用户按规定及时加注润滑油，检查、调整设备可调整数值至标准范围，紧固松脱的零件等，及时消除设备隐患。

通过对设备的远程监控，远程运维系统收集了大量的数据，掌握了设备技术状况的变化和损耗情况，但这些数据需要与设备模型、专家经验结合，进行分析才能进行准确的设备诊断、预警。远程运维系统能与设备厂商已有的设备模型、总结出来的专家经验结合，实现远程诊断和预警功能，当设备出现故障后，远程运维系统可根据故障类型，通知给不同的专家、技术人员，便于相关人员与现场取得联系，尽快排查故障原因、恢复正常运行。远程运维系统应具有丰富灵活的通知方式，将设备的故障信息及时通知给设备厂商的专家或技术员，以便进行下一步的故障排除和维护工作。

2. BIM 数字孪生运维平台设计步骤

1）数据建模与集成：首先收集建筑物的相关信息，包括设计图纸、物料清单、设备信息等，然后将这些数据进行建模，并通过 BIM 软件进行集成，形成建筑物的数字孪生模型。

2）数据采集与传输：利用物联网技术，将建筑物中的传感器、设备等进行连接和配置，并实时采集各种数据，如温度、能耗、设备状态等。

3）可视化与分析：通过数据可视化技术，将采集到的数据以图表、曲线等形式展现出来，使用户能够直观地了解建筑物的运行状态。同时，结合人工智能算法，对数据进行分析，识别异常情况，提供预警和建议。

4）智能运维与管理：基于建筑物的数字孪生模型和实时数据，平台可以进行智能运维和管理，包括设备维护、能源管理、故障排除等。然后自动识别设备异常，并生成相应的工单或报警信息，提高响应速度和效率。

5）决策支持与优化：通过建筑物的数字孪生模型和历史数据，平台可以进行建筑物的模拟和优化。比如，根据实际使用情况，对建筑物的能源利用进行模拟和优化，提出节能措施和改进建议，帮助决策者做出合理的决策。

6）移动端支持：为了方便用户的实时监测和管理，BIM 数字孪生运维平台通常还会提供移动端支持，用户可以通过手机或平板电脑等设备随时随地查看建筑物的运维情况，并进行相应的操作和管理。

BIM 数据通常包含建筑、设备、设施等物体的静态数据，通过 IoT 技术可以完成建筑、设备、设施等物体的动态数据采集。集成 BIM 和 IoT 技术可衔接设计阶段的虚拟与建造运维阶段的现实，保障工程建设各阶段 BIM 交付成果的一致性和可交互性。通过 BIM 数字孪生技术能够实现对工程项目有利的诸多功能如下。

1）智慧安防：基于数字孪生技术，利用人脸识别系统，实现以图搜人、跟踪人员轨迹、回溯历史等智慧安防功能。智慧安防的数字孪生技术还可实现管理黑名单库、下发布控任务、实时识别人员身份与告警、实时查询结果、处理统计结果等。在发生意外事件时，处理时间得到了数量级的提升。

2）智慧物业：基于数字孪生技术构建智慧物业管理，对物业缴费、设备维修、设备异常三维预警、设备维修要点三维模拟等功能进行统一化可视化管理及操作。

3）智慧楼宇：将现有的楼层照明、室内照明、公共区照明、街道照明、景观照明、灯光秀系统的实时数据和历史数据进行接入，并进行模型交互，通过现场设备和参数的反馈在综合管理平台对现有设备进行控制，并通过三维可视化模拟当前照明运行情况，实现远程可视化监控。对空调系统、风系统、水系统、变配电、网络系统等各个系统管线及设备通过数字孪生的方式三维可视化地展示各个部分的管线走向及设备分布情况，对异常设备实现预警，对设备的运行进行分析，实现集成化智慧化管理。基于数字孪生技术的综合可视化管理平台能够实现智慧能源、智慧环境、智慧消防、智慧网络、智慧停车、智慧室外管线管理、智慧招商等功能。

4）智能巡检系统：无人化或少人化值班得益于"四遥"（遥测、遥信、遥控、遥调），并通过监控与数据采集（SCADA）系统等对事故判断和快速处理。另外，人工巡检具有很强的主观性，如果单纯地依靠某个巡检人员的人工判断，一旦误判，会严重影响对事故处理的快速反应能力，增加排除故障的时间，甚至影响到可靠性。为缩短故障排除时间，通过安装摄像机及各类探头，将防火防盗、设备运行、发热，以及事故现场情况（波及范围），通过电话线或光纤等传送到调度所，供做出正确的决策。

基于 BIM 和 IoT 融合形成的新数据所构建的数字孪生运营平台，打通了建筑内各系统的协议壁垒，便于不同时间各管理部门对项目的统一管理和指挥，契合"新基建"建筑数字化转型。通过真实有效运行数据，实现设备在使用过程中的全生命周期管理，业主及物业管理公司对资产、设备及运维人员工作全闭环流程了如指掌，提高管理效率，降低运营成本。

4.3.5 BIM 数字孪生运维平台实践案例

1. 案例 1：上海中心大厦 BIM 数字孪生运维管理应用案例

上海中心大厦项目是异形建筑（图 4-18），建筑结构复杂，有很多杆件穿插在设备层中间，二维设计无法解决设计难题，所以运用 BIM 通过三维设计完成了整个设备层的设计工作，有效地避免了杆件之间的相互碰撞。整体结构是以 AutoCAD 为主进行出图，以 Autodesk Revit 软件为建模基本手段，并使用 Autodesk Navisworks 和 Autodesk Ecotect 进行碰撞检测和 CFT 模拟，使之互相衔接，从而实现了高效率出图、减少返工、节省材料。

上海中心大厦 BIM 数字孪生运维具体应用如下：

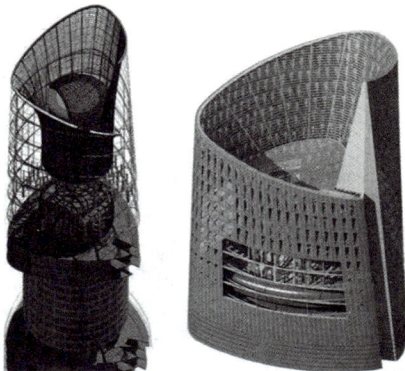

图 4-18　上海中心大厦 BIM 模型

1）实时建筑监测：将上海中心的建筑信息模型（BIM）与实时传感器数据整合，包括结构健康、温度、湿度等方面的监测。利用数字孪生平台实时监测建筑结构的变化，通过传感器检测潜在的结构问题，如裂缝、倾斜等。

2）节能和环境监测：BIM 数字孪生平台通过整合能源系统的 BIM 数据和实时能耗数据，进行建筑能效分析，识别能源浪费并提出优化建议。利用传感器监测室内温度、湿度、空气质量等参数，通过数字孪生平台提供实时的室内环境状态，以改善舒适度和能效。

3）设备维护和预测性维护：将建筑内部设备的 BIM 信息与传感器数据整合，实时监测设备的运行状况。借助数字孪生平台的数据分析和机器学习算法，预测设备可能的故障，并制定维护计划，提高设备的可靠性。

4）安全管理：利用数字孪生平台模拟人员在建筑内的位置，结合实时数据监测人员分布，以提高安全管理效率。利用数字孪生平台进行紧急情况模拟，帮助培训和准备应对可能的突发事件。

5）可视化运营管理：利用数字孪生平台的可视化功能，建立虚拟运维控制中心，提供实时监控和运维决策支持。

2. 案例 2：杭州市萧山区基于"BIM+IoT"行政服务中心综合展示与监测平台

2019 年中国国际智能产业博览会上，科大讯飞智慧城市作为行业领军者，以建设完成的杭州市萧山区行政服务中心综合展示与监测平台项目作为 BIM 建筑超脑的样板工程，展现了建筑超脑"AI（人工智能）+BIM（建筑信息模型）"应用的成果。

杭州市萧山区行政服务中心集行政审批平台、便民服务平台、公共资源交易平台于一体。整个工程建筑智能化系统众多，业务系统运维管理难度大，既要高效合理发挥最大效能，又要最大限度做好节能减排，降低能耗和成本，这需要建立一套集成各子系统的综合管理平台，实现各子系统的全面监控、集中管理和运维，使整个处理过程自动化，从而让整个建筑在数字化的前提下进行综合展示分析，真正做到运筹帷幄、统一指挥。

为了实现以上目标，科大讯飞 BIM 团队采用"BIM+IoT"的技术，建设基于 BIM 的多端协调运营管理平台，是多终端协同、多角色协同管理一体化平台，如图 4-19 所示，可以全方位管控行政服务中心的基础设施运行情况、业务运行情况、管理运行情况、安防运行情况以及设施设备运维管理等。

图 4-19　综合展示与监测平台

通过人脸识别、人员轨迹识别、图像识别、物联网等技术的应用，综合管理平台可以接入大厅实时人数、当日和当月大厅总人流量、密度监测区域人数情况、车位使用情况、会议室使用情况、大厅考勤情况、窗口工作状态、厕所使用实时情况等数据，并可通过点击窗口屏幕，查看窗口今日信息数据，并基于中心空间信息和管理数据建立中心区域数据本位标记。

综合管理平台接入了整个行政服务中心的安防监控，可实时预览查看，随意调取回放画面。平台可以通过直接在视频中截取人脸信息，进行人员轨迹追踪查看。同时采用 AR 全景的沉浸式交互，满足全景监控应用，并形成二维、三维监控电子地图。综合管理平台通过远程监控设备的运行状态，对楼宇、消防报警、防盗报警、一卡通消费、公共广播、智能照明、能耗、门禁等设备的运行状态信息以及预警信息进行全方位展示，一旦设备运行发生异常，就会发出预警信息，辅助工作人员进行故障排除。

杭州市萧山区政府服务中心项目的成功实践，是 BIM 平台与物联网平台融合应用的一个典型案例，将多元异构数据利用人工智能平台进行分析、计算、预测、展现，形成可感知、可计算、可展示的统一平台。

本章小结

本章深入探讨基于物联网的数字孪生运维在智慧运营管理中的应用，探究如何借助 BIM 技术实现建筑运维的数字化发展，从数据采集、数字孪生建模、运维决策支持等方面进行阐述，旨在深入了解这一技术的原理和应用场景。同时，本章通过实际案例和应用实践，展示数字孪生运维的实际效果和潜在价值。

思考与习题

4-1 在数字孪生运维中，如何确保物联网设备的实时数据准确性和可靠性，以保证数字孪生模型准确反映现实世界的状态？

4-2 在数字孪生运维中，如何处理大量来自物联网设备的数据流，以提取关键信息和进行实时决策，同时保障数据隐私和安全？

4-3 简述数字孪生运维和传统运维的区别及其优势。

4-4 思考数字孪生运维普及应用的关键技术瓶颈，并简述其现有技术。

4-5 请思考现有 BIM 体系的理论缺陷。

二维码 4-6
第 4 章 思考与习题参考答案

参考文献

[1] 李景航.数字孪生技术在智能电网中的应用研究 [J].电气时代，2023（7）：34-37.

[2] 郑国辉，丁玉，刘烨华，等.环境敏感区深基坑大型全地下泵站建造数字孪生方案研究 [J].人民黄河，2023，45（S1）：196-197.

[3] 赵康为，李明轩，吕彩霞，等.基于 BIM 的建筑运维信息标准化交付研究 [J].住宅产业，2023（4）：57-60.

[4] 刘丽，聂慧梓，魏雷涛，等.基于数字孪生的工程项目管理研究 [J].中国军转民，2023（11）：8-10.

[5] 高艳丽，陈才，张育雄.数字孪生城市：智慧城市建设主流模式 [J].中国建设信息化，2019（21）：8-12.

[6] 张旭东，齐雷杰，王敏，等.从规划亮点看雄安"未来之城"[J].资源导刊，2019（9）：54-55.

[7] 王君弼.智能城市中的数字孪生 [J].互联网经济，2020（7）：84-88.

[8] 李超，刘君武，王理，等.数字孪生在智慧城市中的应用 [J].中国检验检测，2022，30（4）：42-46.

[9] 秦磊，林希佳，周轩，等.基于物联网的大数据采集与存储技术解决方案 [J].科学技术创新，2021（32）：104-107.

[10] 吴冬方，于琦龙，孙腾，等.浅谈物联网技术在统计数据采集中的应用 [J].时代农机，2020，

47（6）：83-84.

[11] 王淞，彭煜玮，兰海，等.数据集成方法发展与展望 [J].软件学报，2020，31（3）：893-908.

[12] 信息化和软件服务业司.大数据分析建模及其应用建议 [J].信息系统工程，2019，No. 304（4）：12-13.

[13] 黄彦德.大数据时代下的计算机信息处理技术分析 [J].信息记录材料，2023，24（3）：95-97.

[14] 杨荔琼."大数据"背景下计算机信息处理技术探索 [J].网络安全技术与应用，2022，No. 254（2）：71-72.

[15] 崔亮亮.大数据时代背景下计算机信息处理技术的分析 [J].现代工业经济和信息化，2022，12（2）：122-123+152.

[16] 张洋.基于 BIM 的建筑工程信息集成与管理研究 [D].北京：清华大学，2009.

[17] 沈育祥，殷小明，黄辰赟，等.基于 BIM 和 IoT 的数字孪生运营平台的研究 [J].建筑电气，2023，42（3）：3-7.

[18] 郭文强.基于"BIM+VR"的建筑可视化设计方法及应用研究 [D].北京：北京交通大学，2017.

第 5 章

能源、空间与设施运维管理

本章要点 📖

1. 智能建筑能耗管理；
2. 智能建筑空间运维管理；
3. 智能建筑设备运维管理。

教学目标 🖥

1. 掌握建筑运维的基本概念和原理；
2. 掌握建筑能耗控制及优化的方法；
3. 掌握空间运维管理机制。

案例引入 📄

苏州湾学校智慧校园运维管理

智慧校园是以促进信息技术与教育教学融合、提高学与教的效果为目的，以物联网、云计算、大数据分析等新技术为核心技术，提供一种环境全面感知、智慧化、数据化、网络化等一体化的教学、科研、管理和生活服务，并能对教育教学、教育管理进行洞察和预测的智慧学习环境（图5-1）。

二维码5-2
引导案例–智慧学
校–苏州湾中学

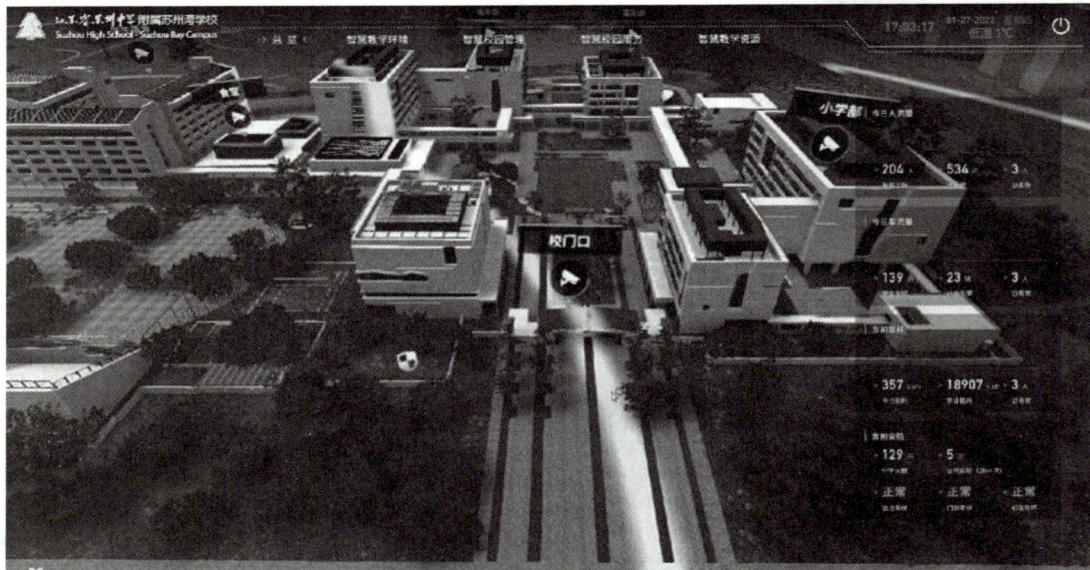

图 5-1　案例校园建筑分布图

江苏省苏州中学附属苏州湾学校是由江苏省苏州中学与苏州市吴江区政府合作创办的一所国有民营性质的全日制寄宿学校。校园占地 150 亩，拥有普通教室 46 间、多媒体教室 15 间、实验室 15 间、办公室 18 间、运动场地 6 座，还有其他设施 63 座。

依托智慧校园智能运维管理平台（图 5-2），对校园的能源消耗、空间及各类设施进行智能化管理，从而使学校实现更高效、更智能、更节约的目标。

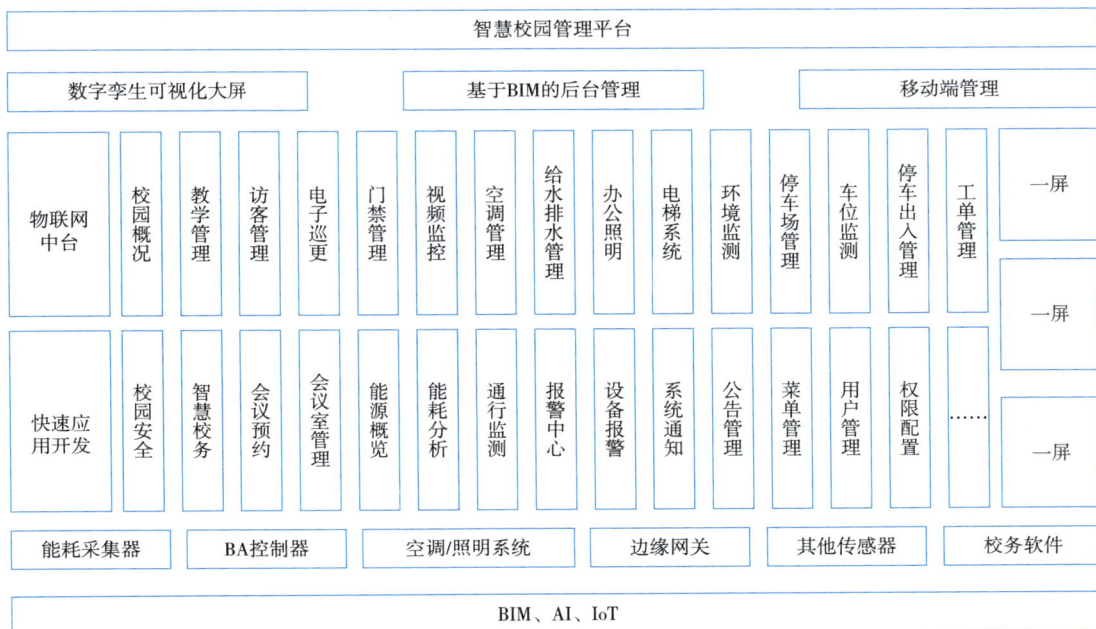

图 5-2　智慧校园智能运维管理平台

在传统建筑运维过程中存在着诸如管理资产不清晰、运营成本难降低、运维人员难监管、运维效果难保持、应急处置不及时等痛点及难点问题，急需通过现代化智能技术来解决。智慧运维利用 GIS、BIM、互联网、物联网、大数据等信息技术，通过可视化智慧综合运维平台（图 5-3），集合单位信息化系统数据、绩效及运维管理系统数据、安全防范管理等要素和社会化资源于一体，实现效率提升和服务协同，从而使资产管理直观清晰、运维人员监管更动态、运维效果更新更实时、监控安防更智能，并且能够通过数据分析优化运营方案，从而降低建筑碳排放量。

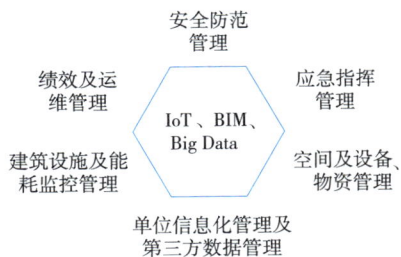

图 5-3　智慧综合运维平台

5.1 智能建筑能源运维管理

建筑业是我国国民经济的重要产业部门之一，随着我国城镇化建设的不断推进，建筑业的能源消耗占到总量的 30% 多，直接或间接碳排放占比超过 40%。建筑业的节能减排和低碳发展将会直接影响到"双碳"目标的实现。建筑行业能源消耗的主要部分就是建筑运行阶段的消耗，其碳排放量占到行业的 60% 左右。我国建筑规模巨大，节能潜力非凡，是整个行业碳减排的重中之重。

5.1.1 建筑运维能耗管理的内涵

1. 建筑运维能耗管理的概念

建筑运维能耗管理是指在建筑物使用过程中，通过科学的管理和技术手段，对建筑能耗进行全面管理，包括能耗监测、能效评估、节能措施实施、能源设备维护、能源数据分析等，以实现建筑能源消耗的最优化和能效的持续改进。

因此从优化建筑能源消耗的管理目标来看，建筑能耗管理的对象不仅仅包括通常意义上的日常用能，如供暖、空调、照明、炊事、洗衣等的能耗，还包括相关的水、汽等各类建筑使用过程中消耗的资源。

建筑运维能耗管理的范围涵盖建筑的能源供应与使用、能源系统运行与调整、能源设备运维与管理、能源数据采集与分析、节能技术应用等多个方面。通过合理的管理和实施，建筑运维能耗管理可以提高建筑的能效水平，降低能源消耗和运营成本，同时也对实现可持续发展目标具有重要意义。

2. 运行阶段碳排放计算

2022 年 4 月 1 日我国正式实施的强制国家标准《建筑节能与可再生能源利用通用规范》GB 55015—2021 中规定：建设项目可行性研究报告、建设方案和初步设计文件应包含建筑能耗、可再生能源利用及建筑碳排放分析报告。当前我国计算建筑碳排放主要依据为住房和城乡建设部发布的《建筑碳排放计算标准》GB/T 51366—2019。

《建筑碳排放计算标准》GB/T 51366—2019 将建筑全生命期划分为建材生产与运输、建筑运营以及建筑物的建造与拆除三个阶段（图 5-4），规定建筑碳排放计算应包含《IPCC 国家温室气体清单指南》中列出的各类温室气体。

从图 5-4 可以看出，建筑运维阶段的碳排放及建筑寿命终了时的建筑拆除与运维相关，因此为了更科学合理地实现建筑低碳运维与管理，有必要掌握相关的碳排放计算方法。

建筑运行阶段碳排放计算是指对建筑物在使用阶段所产生的碳排放进行量化和计算的过程。它涉及对建筑物的能源消耗、能源类型和碳排放系数等因素进行考虑，并结合建筑的使用时间、能源效率和其他相关因素来计算出运行阶段的碳排放总量。建筑运行

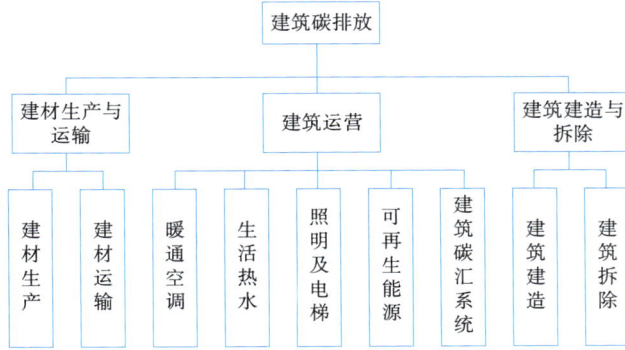

图 5-4　建筑全生命周期碳排阶段

阶段碳排放计算范围包括暖通空调、生活热水、照明及电梯、可再生能源、建筑碳汇系统在建筑运行期间的碳排放量。

1）运行阶段总碳排放量计算

建筑运行阶段碳排放量应根据各系统不同类型能源消耗量和不同类型能源的碳排放因子确定，建筑运行阶段单位建筑面积的总碳排放量（C_M）应按式（5-1）计算：

$$C_M = \frac{\left[\sum_{i=1}^{n}(E_i EF_i) - C_p\right]y}{A}$$

（5-1）

$$E_i = \sum_{j=1}^{n}(E_{i,j} - ER_{i,j})$$

式中　C_M——建筑运行阶段单位建筑面积碳排放量（$kgCO_2/m^2$）；

　　　E_i——建筑第 i 类能源年消耗量（单位 /a）；

　　　EF_i——第 i 类能源的碳排放因子；

　　　$E_{i,j}$——j 类系统的第 i 类能源消耗量（单位 /a）；

　　$ER_{i,j}$——j 类系统消耗由可再生能源系统提供的第 i 类能源量（单位 /a）；

　　　i——建筑消耗终端能源类型，包括电力、燃气、石油、市政热力等；

　　　j——建筑用能系统类型，包括供暖空调、照明、生活热水系统等；

　　　C_p——建筑绿地碳汇系统年减碳量（$kgCO_2/a$）；

　　　y——建筑设计寿命（a）；

　　　A——建筑面积（m^2）。

2）暖通空调系统碳排放量计算

暖通空调系统能耗包括冷源能耗、热源能耗、输配系统及末端空气处理设备能耗。

暖通空调系统中由于制冷剂使用而产生的温室气体排放，应按式（5-2）计算：

$$C_r = \frac{m_r}{y_e}GWP_r / 1000$$

（5-2）

式中　C_r——建筑使用制冷剂产生的碳排放量（tCO_2e/a）；

r——制冷剂类型；

m_r——设备的制冷剂充注量（kg/台）；

y_e——设备使用寿命（a）；

GWP_r——制冷剂 r 的全球变暖潜值。

3）生活热水碳排放量计算

建筑物生活热水年耗热量的计算应根据建筑物的实际运行情况，并应按式（5-3）计算：

$$\begin{cases} Q_{rp}=4.187\dfrac{mq_r C_r (t_r -t_1)\rho_r}{1000} \\ Q_r = TQ_{rp} \end{cases} \quad (5-3)$$

式中　Q_r——生活热水年耗热量（kW·h/a）；

Q_{rp}——生活热水小时平均耗热量（kW·h）；

T——年生活热水使用小时数（h）；

m——用水计算单位数（人数或床位数，取其一）

q_r——热水用水定额（L/人），按现行国家标准《民用建筑节水设计标准》GB 50555—2010 确定；

ρ_r——热水密度（kg/L）；

t_r——设计热水温度（℃）；

t_1——设计冷水温度（℃）。

建筑生活热水系统能耗应按式（5-4）计算，且计算采用的生活热水系统的热源效率应与设计文件一致。

$$E_W=\dfrac{\dfrac{Q_r}{\eta_r}-Q_s}{\eta_w} \quad (5-4)$$

式中　E_W——生活热水系统年能源消耗（kW·h/a）；

Q_r——生活热水年耗热量（kW·h/a）；

Q_s——太阳能系统提供的生活热水热量（kW·h/a）；

η_r——生活热水输配效率，包括热水系统的输配能耗、管道热损失、生活热水二次循环及储存的热损失（%）；

η_w——生活热水系统热源年平均效率（%）。

4）照明系统碳排放量计算

照明系统无光电自动控制系统时，其能耗计算可按式（5-5）计算：

$$E_1=\dfrac{\sum\limits_{j=1}^{365}\sum\limits_{i}P_{i,j} A_i t_{i,j}+24 P_p A}{1000} \quad (5-5)$$

式中　E_1——照明系统年能耗（kW·h/a）；

$P_{i,j}$——第 j 日第 i 个房间照明功率密度值（W/m²）；

A_i——第 i 个房间照明面积（m^2）；

$t_{i,j}$——第 j 日第 i 个房间照明时间（h）；

P_p——应急灯照明功率密度（W/m^2）；

A——建筑面积（m^2）。

5）电梯系统碳排放量计算

电梯系统能耗应按式（5-6）计算，且计算中采用的电梯速度、额定载重量、特定能量消耗等参数应与设计文件或产品铭牌一致。

$$E_e = \frac{3.6Pt_aVW + E_{tansdby}t_s}{1000} \tag{5-6}$$

式中　E_e——年电梯能耗（kW·h/a）；

P——特定能量消耗（mWh/kgm）；

t_a——电梯年平均运行小时数（h）；

V——电梯速度（m/s）；

W——电梯额定载重量（kg）；

$E_{standby}$——电梯待机时能耗（W）；

t_s——电梯年平均待机小时数（h）。

6）可再生能源系统碳汇量计算

可再生能源系统应包括太阳能生活热水系统、光伏系统、地源热泵系统和风力发电系统。

（1）太阳能热水系统

太阳能热水系统提供能量可按式（5-7）计算：

$$Q_{s,a} = \frac{A_cJ_T(1-\eta_L)\eta_{cd}}{3.6} \tag{5-7}$$

式中　$Q_{s,a}$——太阳能热水系统的年供能量（kW·h）；

A_c——太阳集热器面积（m^2）；

J_T——太阳集热器采光面上的年平均太阳辐射量（MJ/m^2）；

η_{cd}——基于总面积的集热器平均集热效率（%）；

η_L——管路和储热装置的热损失率（%）。

（2）光伏系统

光伏系统的年发电量可按式（5-8）计算：

$$E_{pv} = IK_E(1-K_S)A_p \tag{5-8}$$

式中　E_{pv}——光伏系统的年发电量（kW·h）；

I——光伏电池表面的年太阳辐射照度（kW·h/m^2）；

K_E——光伏电池的转换效率（%）；

K_S——光伏系统的损失效率（%）；

A_p——光伏系统光伏面板净面积（m^2）。

（3）风力发电机组

风力发电机组年发电量可按式（5-9）计算：

$$E_{wt}=0.5\rho C_R(z)V_0^3 A_w\rho\frac{K_{WT}}{1000}$$

$$C_R(z)=K_R\ln(z/z_0)$$

$$A_w=5D^2/4$$

$$EPF=\frac{APD}{0.5\rho V_0^3}$$

$$APD=\frac{\sum_{i=1}^{8760}0.50\rho V_i^3}{8760}$$

（5-9）

式中　E_{wt}——风力发电机组的年发电量（kW·h）；

　　　　ρ——空气密度，取 1.225kg/m³；

　$C_R(z)$——依据高度计算的粗糙系数；

　　　　K_R——场地因子；

　　　　z_0——地表粗糙系数；

　　　　V_0——年可利用平均风速（m/s）；

　　　　A_w——风机叶片迎风面积（m²）；

　　　　D——风机叶片直径（m）；

　　　EPF——根据典型气象年数据中逐时风速计算出的因子；

　　　APD——年平均能量密度（W/m²）；

　　　　V_i——逐时风速（m/s）；

　　　K_{WT}——风力发电机组的转换效率。

3. 建筑拆除碳排放计算

当建筑寿命终了需要拆除时，建筑拆除碳排放计算是指对建筑物拆除过程中产生的碳排放进行量化和计算的过程。它考虑拆除阶段所涉及的各种活动、材料和能源消耗，并评估其对碳排放的贡献。通过进行拆除碳排放计算，可以了解拆除过程对环境的影响，并为减少拆除活动的碳排放提供指导和决策依据。

建筑拆除阶段的单位建筑面积的碳排放量应按式（5-10）计算：

$$C_{cc}=\frac{\sum_{i=1}^{n}E_{cc,i}EF_i}{A}$$

（5-10）

式中　C_{cc}——建筑拆除阶段单位建筑面积的碳排放量（kgCO₂/m²）；

　　$E_{cc,i}$——建筑拆除阶段第 i 种能源总用量（kW·h 或 kg）；

　　　EF_i——第 i 类能源的碳排放因子（kgCO₂/kW·h）。

建筑物人工拆除和机械拆除阶段的能源用量应按式（5-11）计算：

$$E_{cc} = \sum_{i=1}^{n} Q_{cc,i} f_{cc,i}$$
$$f_{cc,i} = \sum_{j=1}^{m} T_{B-i,j} R_j + E_{jj,i}$$

（5-11）

式中　E_{cc}——建筑拆除阶段能源用量（kW·h 或 kg）；

$Q_{cc,i}$——第 i 个拆除项目的工程量；

$f_{cc,i}$——第 i 个拆除项目每计量单位的能耗系数（kW·h/ 工程量计量单位或 kg/ 工程量计量单位）；

$T_{B-i,j}$——第 i 个拆除项目单位工程量第 j 种施工机械台班消耗量；

R_j——第 i 个项目第 j 种施工机械单位台班的能源用量；

i——拆除工程中项目序号；

j——施工机械序号。

掌握建筑运行阶段及拆除阶段碳排放计算的方法，可以对建筑运营及拆除方案进行优化设计，从而减少碳排放量，进而实现"双碳"目标。

5.1.2　智能建筑能耗监管平台

1. 智能建筑能耗监管平台构成

智能建筑能耗监管平台是一种利用先进技术和数据分析来监测、控制和优化建筑能源消耗的系统。该平台利用传感器、物联网技术和人工智能算法，对建筑内各个能源系统进行实时监测和数据收集，以提供全面的能耗分析和管理。智能建筑能耗监管平台主要有实时监测、数据分析、智能控制、能耗管理、节能优化等功能。建立健全的建筑能耗监控平台，对能耗数据进行收集、上传、储存，并通过数据分析进行后续节能规划对完善建筑全生命周期管理、降低建筑运营能耗具有重要意义。

智能建筑能耗监管平台主要包含终端仪表层、数据采集传输层、应用展示层（图 5-5），具体有以下 8 个模块设计。

1）数据采集与集成：平台需要能够与建筑内各种数据源进行连接，包括智能电表、传感器、监测设备等，实时采集建筑的能耗数据。可以通过物联网技术或数据接口集成，确保数据的准确性和完整性，数据采集与集成架构见图 5-5。

2）能耗数据分析：平台具备强大的数据分析能力，能够对采集的能耗数据进行处理和分析。通过合理的数据模型和算法，识别能耗波动、瞬时峰值等特征，帮助用户理解能耗模式和潜在的节能机会。

3）能耗可视化：平台的用户界面提供直观、易于理解的数据可视化功能，以图表、图形等形式展示能耗数据。可以通过实时监控、历史趋势分析、能耗对比等视图，帮助用户直观地了解能耗情况，并发现异常和优化机会。

4）报表与告警：平台能够生成能耗报表，包括日、周、月等不同时间周期的报表，帮助用户进行能耗分析和监管。同时，平台也需要具备告警功能，通过预设的阈值或规则，及时发出能耗异常的警报，促使用户采取相应的措施。

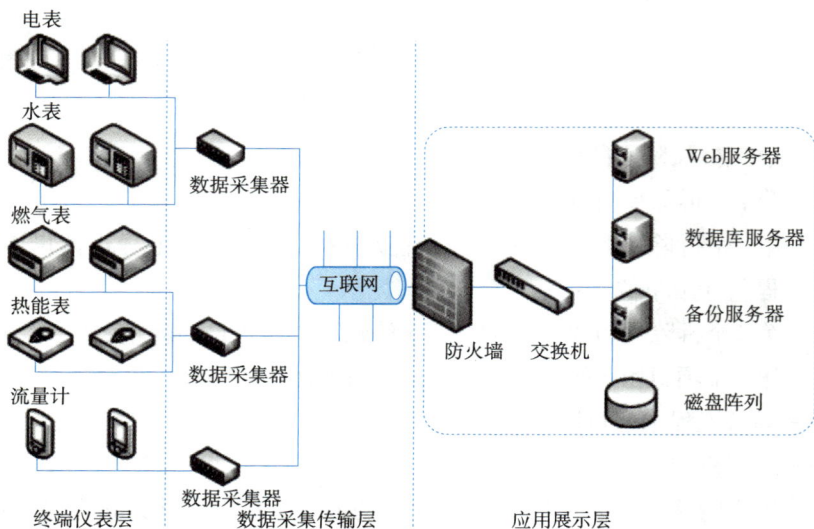

图 5-5　智能建筑能耗监管平台

5）能耗预测与优化：基于历史数据和算法模型，平台可以提供能耗预测功能，根据当前建筑的运行状态和环境因素，预测未来的能耗趋势。同时，平台也可提供能耗优化的建议和措施，帮助用户减少能耗、提高能源利用效率。

6）智能控制与反馈：平台可以与建筑系统进行集成，实现智能化的能耗调控与管理。通过与照明、空调、供暖等系统的联动控制，优化能源的使用，并及时反馈能耗改进的效果。

7）用户管理与权限控制：平台提供多层次的用户管理和权限控制功能，分配不同用户的操作权限，确保敏感的能耗数据和设置受到保护。

8）数据安全与隐私保护：平台能够采取安全措施，确保能耗数据的安全存储、传输和处理。同时，平台也应注重用户隐私保护，明确数据使用规则，并遵守相关的隐私法律法规。

建筑能耗监管平台的设计要点，可以根据具体需求和建筑场景进行进一步地调整和扩展，对建筑运维期间消耗的其他如水、供热等各类资源进行智能管理与控制，从而帮助建筑业主和管理人员实现能源的高效利用，减少能源消耗和碳排放，降低运营成本，并提升建筑的可持续性和室内环境质量。

2. 智能建筑能耗的监测与控制

建设智能建筑能耗监管平台，有助于智能建筑管理人员及时了解建筑能源消耗的实时情况及历史记录，通过分析相关的建筑能耗指标及能源利用效率，发现建筑运行中的节能潜力点，并针对性地开展节能管理工作和节能技术改造。在直接方面，降低能源消耗有利于提高建筑的能效水平，降低建筑运行过程中的能源费用；在间接方面，可有效促进社会经济的绿色发展，打造友好和谐的环境生态。因此建设分项计量能耗监测系统对社会的发展和进步具有积极的意义。智能建筑能耗的控制与优化可以通过以下 6 个方面实现：

1）实时监测和数据分析：通过安装传感器和监测设备，智能建筑能耗监管平台可以实时监测建筑内各个能源系统的能耗数据。这些数据可以用于识别能耗异常情况、发现能源浪费和低效问题，并提供数据支持进行优化决策。

2）能耗信息透明化：建筑内的能耗信息对用户透明可见，例如通过能耗监管平台和实时显示屏展示当前能耗数据。这可以促使用户更加关注自身的能源消耗行为，并激励他们改变不良的能耗习惯。

3）智能控制：基于实时监测数据和预设条件，智能建筑能耗监管平台可以自动控制建筑内的能源系统。例如，智能照明系统可以根据光线强度和人流量自动调节照明亮度，减少能源浪费。智能控制还可以包括空调、暖通系统、水资源管理等方面。

4）能耗分析和优化建议：智能建筑能耗监管平台可以利用机器学习和数据分析算法对能耗数据进行分析，识别节能潜力和提供优化建议。通过对历史数据、趋势分析和模拟预测，平台可以识别出节能的关键领域和潜在的效益，提供相应的优化方案。

5）能耗管理和策略制定：智能建筑能耗监管平台可以帮助建筑管理员设定能效目标，制定能源管理策略，并进行能源消耗的监督和评估。管理员可以通过平台随时查看建筑的能耗情况，分析能源消耗的趋势和特征，并根据实际情况调整能源管理策略。

6）持续改进与培训：智能建筑能耗控制与优化是一个持续的过程。建筑管理员和工作人员可以根据智能建筑能耗监管平台提供的数据和建议，进行持续改进。同时，提供针对能耗管理的培训和意识加强活动，以提高员工对能耗优化的重视和参与度。

通过智能建筑能耗的控制与优化，可以实现建筑能源的高效利用，降低能耗与运营成本，提升建筑的可持续性，减少碳排放，并提供更为舒适和健康的室内环境。

3. 智能建筑能耗监控平台的功能实施案例

中亿丰未来建筑数字产业园以数字环境下建筑能耗管理为对象，改变手工管理时代各环节存在的重复和冲突、缺少衔接和协调、信息难以共享、统计分析简单等问题，为了保证数据的准确性、真实性、可读性、完整性、保密性等增加的实时归档、技术鉴定、存储、载体转换、权限控制、数据迁移和实时发布等内容，对业务流程进行思考和设计，建立了一套数据的收集、整理、鉴定、统计、保管、利用的综合业务管理系统，实现能耗及碳中和管理业务的流程化、规范化管理。

1）能耗概览

（1）功能描述

智能能耗管理展示场内各维度的能耗用量，相比手工抄表、数据不及时、效率低下而言，高效地实现设备能耗管理，见图 5-6。

（2）功能说明

①当天、本周、本月、本年度累计用电、用水量、储能状况；

园区选择 ▽ 日期选择 当日 近7日 近30日 本年度 累计 开始日期 至 结束日期

用电概览
总用电量
⚡ 1793.24 kW·h
● 总部办公楼1615.22kW·h
● 研发楼178.02kW·h

9.93%
1615.22
总部办公楼
（K...）
90.07%

用水概览
总用水量
💧 41m³
● 总部办公楼 m³
● 研发楼 m³

7.32%
数据概览
总部办公楼
92.68%
总部办公楼（m²）
92.68%

储能概览
总储能量
🔋 1099.6kW·h
● 总部办公楼361.15kW·h
● 联合办公楼738.45kW·h
● 研发楼0kW·h

0%
32.84%
361.15
总部办公楼
（K...）
67.16%

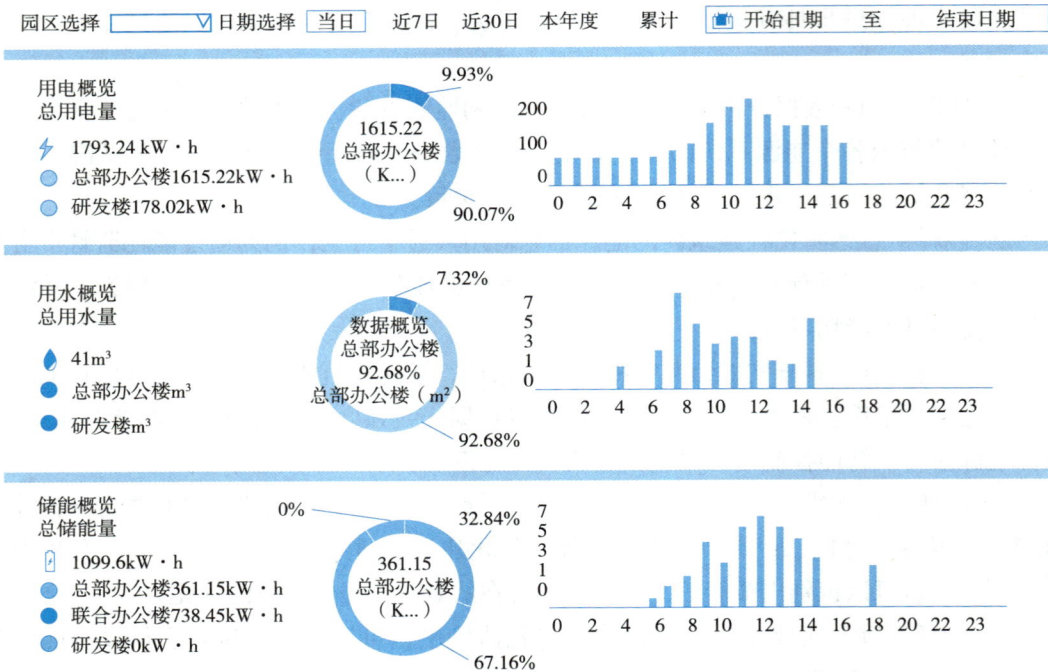

图 5-6　智能能耗管理展示

②展示本月用水、用电量与定额之间的对比；

③设备当天各时段能耗预测趋势展示；

④区域用电排名，已用电量、已用电量占比定额电量，环比同一时间段的用电情况；

⑤用水排名，已用水量、已用水量占比定额水量，环比同一时间段的用水情况；

⑥用电排名，已用电量、已用电量占比定额电量，环比同一时间段的用电情况。

2）实时能耗

（1）功能描述

能耗数据查看：实时读取设备数据，并拉取同比、环比数据与当下进行对比，及时发现能耗异常，实时能耗管理展示如图5-7所示。

（2）功能说明

①列表展示字段，可根据需求的不同，自定义不同的展示字段；

②环比数据，反映本期比上期增长了多少，与前一时期水平之比；

③采集器的状态，智能检测设备采集器的状态，实时同步到页面中；

④设备状态，反映设备状态：运行中、关闭、故障；

⑤节能报警，对每个设备预设能耗标准，如超出或接近发出报警状态；

⑥历史能耗数据：选定不同的时间，显示相应能耗类型的数据状况；

⑦数据对比：基于3D技术开发的能耗分析模块，将建筑的能耗按照能耗用途和设备类型进行多层级划分，形成统一的、规范化的能耗分项模型，可按不同时间跨度（日、月、年）建筑总体能耗；按照不同分项（空调、照明、插座、动力等）用电；按照不同

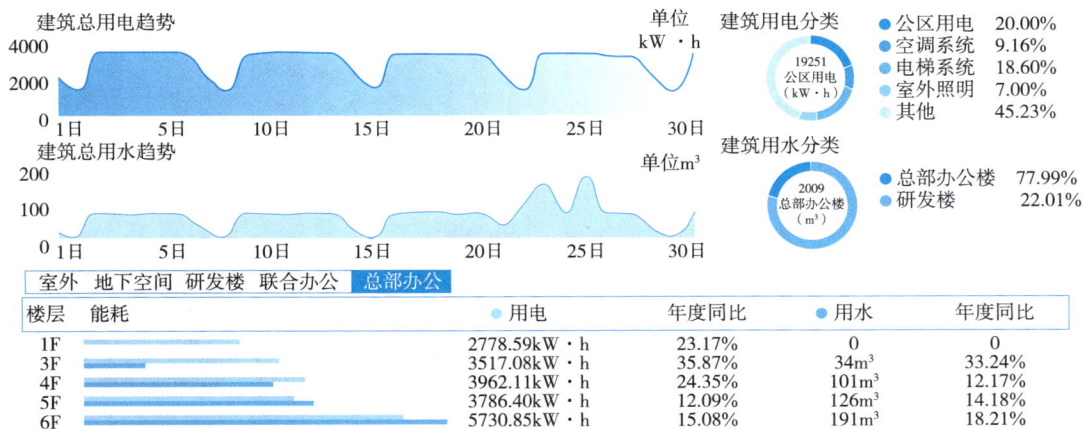

建筑总用电趋势　　　　　　　　　　　　　单位 kW·h

建筑总用水趋势　　　　　　　　　　　　　单位 m³

建筑用电分类

● 公区用电　20.00%
● 空调系统　9.16%
● 电梯系统　18.60%
● 室外照明　7.00%
● 其他　　　45.23%

19251 公区用电（kW·h）

建筑用水分类

● 总部办公楼　77.99%
● 研发楼　　　22.01%

2009 总部办公楼（m³）

室外　地下空间　研发楼　联合办公　**总部办公**

楼层	能耗	用电	年度同比	用水	年度同比
1F		2778.59kW·h	23.17%	0	0
3F		3517.08kW·h	35.87%	34m³	33.24%
4F		3962.11kW·h	24.35%	101m³	12.17%
5F		3786.40kW·h	12.09%	126m³	14.18%
6F		5730.85kW·h	15.08%	191m³	18.21%

图 5-7　实时能耗管理展示

的用能类型（电、水等）进行查看，在线分析合理指导管理方和使用方能够更加高效地进行节能管理。

3）能效分析

（1）功能描述

对能效数据进行分析，作为能效管理的依据，从而达到节能的目标，能耗分析结果如图 5-8 所示。

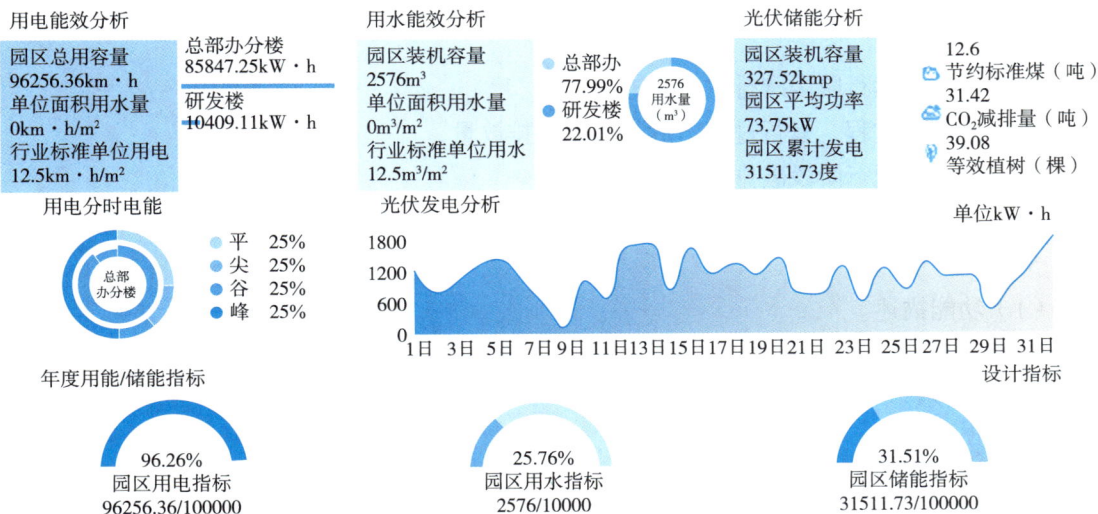

用电能效分析

园区总用容量 96256.36km·h
单位面积用水量 0km·h/m²
行业标准单位用电 12.5km·h/m²

总部办分楼 85847.25kW·h
研发楼 10409.11kW·h

用水能效分析

园区装机容量 2576m³
单位面积用水量 0m³/m²
行业标准单位用水 12.5m³/m²

● 总部办　77.99%
● 研发楼　22.01%

2576 用水量（m³）

光伏储能分析

园区装机容量 327.52kmp
园区平均功率 73.75kW
园区累计发电 31511.73度

12.6 节约标准煤（吨）
31.42 CO₂减排量（吨）
39.08 等效植树（棵）

用电分时电能

● 平　25%
● 尖　25%
● 谷　25%
● 峰　25%

总部办分楼

光伏发电分析　　　　　　　　　　　　　单位 kW·h

设计指标

年度用能/储能指标

96.26%
园区用电指标 96256.36/100000

25.76%
园区用水指标 2576/10000

31.51%
园区储能指标 31511.73/100000

图 5-8　能耗分析结果展示

（2）功能说明

①用电能效分析，总用电量、单位面积用电量、行业标准；

②用水能效分析，总用水量、单位面积用水量、行业标准；

③光伏储能分析，装机容量、平均功率、累计发电量；

④分时分析，分析分时用电情况、光伏发电情况、考核用能/储能指标完成情况。

4）碳排放量统计

（1）功能描述

对运行阶段的碳排放量进行统计，汇总如图5-9所示。

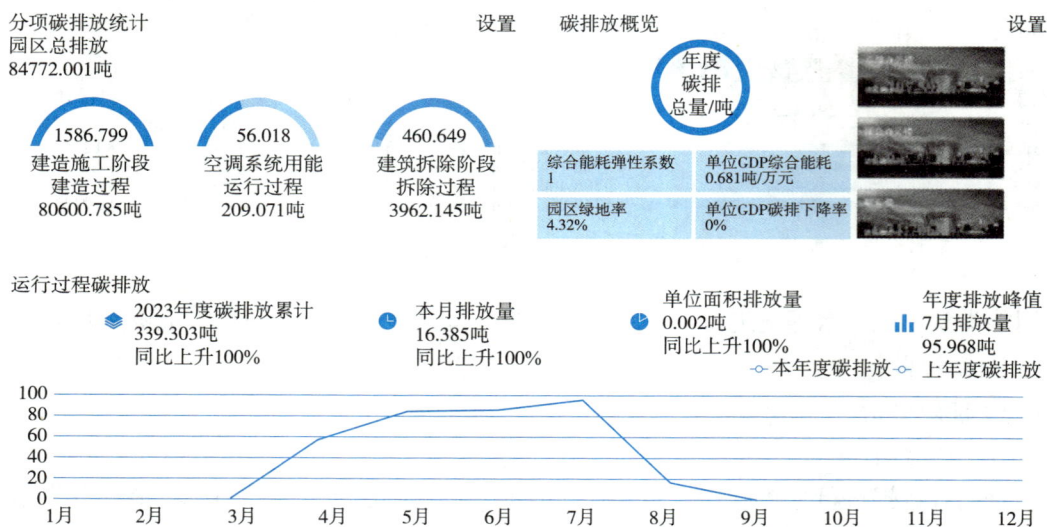

图5-9　碳排放监测统计汇总

（2）功能说明

①实时监测运行阶段碳排放量；

②汇总建造过程、运行过程、拆除过程碳排放量；

③分时统计运行阶段碳排放量；

④综合碳排放概览。

5）碳资产管理

（1）功能描述

对建筑运行阶段的碳资产进行管理，包括碳配额、碳交易等，碳资产实时管理展示如图5-10所示。

（2）功能说明

①实时监控碳排放配额余量；

②支撑碳交易；

③实时统计展示碳资产余额。

6）碳中和管理

（1）功能描述

对建筑运行阶段的碳排放进行碳中和管理，实现碳中和目标，碳中和管理展示如图5-11所示。

园区碳配额概况　　　　　　设置　　园区碳配额详情

园区碳配额（吨）	150000
园区储备额度（吨）	150749
可交易额度（吨）	150749
已采购额度（吨）	−251

99.85%　年度碳排配余量　　0.15%　年度配额已使用　　150527.593
149778.593吨　　　　　　　　221.407吨　　剩余碳排余额

年度碳排配额余量　　年度碳配额使用率

园区碳资产维护　　　　　　　　　　　碳交易记录

0.15%　园区配额余量　　　　　0　碳资产交易占比
已使用　● 已使用　0.15%　买入配额　● 买入配额　0
　　　　● 未使用　99.85%　　　　　● 其他配额　100%

2023-07-26	卖出	39.9吨
2023-06-30	卖出	42.0吨
2023-05-05	卖出	16.9吨
2023-04-30	卖出	38.9吨
2023-03-31	卖出	42.9吨
2023-02-28	卖出	19.9吨

园区碳资产交易　　　　　　　　　　　　　　　—— 买入交易　—— 卖出交易

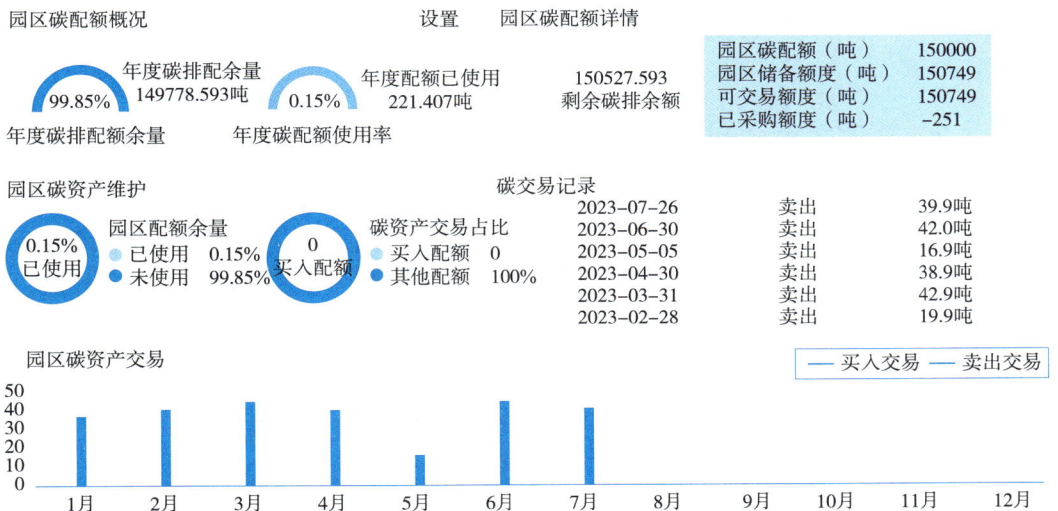

图 5-10　碳资产实时管理

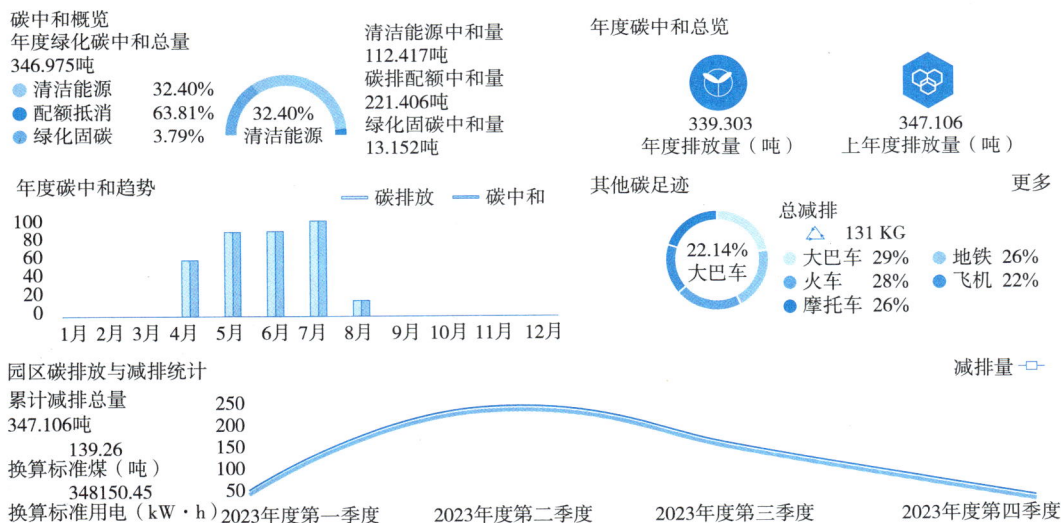

碳中和概览　　　　　　　　　清洁能源中和量　　　　年度碳中和总览
年度绿化碳中和总量　　　　　112.417吨
346.975吨　　　　　　　　　碳排配额中和量
● 清洁能源　32.40%　　　　221.406吨
● 配额抵消　63.81%　32.40%　绿化固碳中和量　　339.303　　347.106
● 绿化固碳　3.79%　清洁能源　13.152吨　　　年度排放量（吨）　上年度排放量（吨）

年度碳中和趋势　　　—— 碳排放　—— 碳中和　　其他碳足迹　　　　　　　更多
　　　　　　　　　　　　　　　　　　　　　　总减排
　　　　　　　　　　　　　　　　　　　　22.14%　△ 131 KG
　　　　　　　　　　　　　　　　　　　　大巴车　● 大巴车　29%　　● 地铁　26%
　　　　　　　　　　　　　　　　　　　　　　　　● 火车　28%　　● 飞机　22%
　　　　　　　　　　　　　　　　　　　　　　　　● 摩托车　26%

园区碳排放与减排统计　　　　　　　　　　　　　　　　　减排量 ⊟
累计减排总量
347.106吨
139.26
换算标准煤（吨）
348150.45
换算标准用电（kW·h）　2023年度第一季度　　2023年度第二季度　　2023年度第三季度　　2023年度第四季度

图 5-11　碳中和管理展示

（2）功能说明

①年度碳中和总览；

②分类统计展示清洁能源、碳排配额、绿化固碳中和量；

③展示其他碳足迹；

④按月对比分析碳中和目标达成情况。

从实施案例来看，平台实现了智能化节能降耗，取得实际收益，并为碳中和目标的实现提供了有力的支撑。

5.2 智能建筑空间运维管理

5.2.1 智能建筑空间运维管理内涵

智能建筑空间运维管理是在智能建筑环境中，通过应用物联网、云计算、大数据分析和人工智能等技术手段，对建筑内部空间进行实时监测、优化调配、设备管理和资源配置的管理方法，涵盖了环境监测与调控、设备运行管理、能源管理、安全与保障以及数据管理与分析等方面，旨在实现空间的最优化利用，提高工作效率，提供舒适、安全和可持续的建筑环境。

5.2.2 智能建筑空间监测与管理

1. 空间运维管理机制

空间运维管理机制是指对建筑空间的运维工作进行有序、高效和可持续管理的机制。它涵盖了建筑内部各个空间的管理和维护，包括办公室、会议室、公共区域、设备房间等。以下是常见的空间运维管理机制。

1）空间规划和分配：在建筑的设计和使用阶段，进行合理的空间规划和分配。根据不同功能和使用需求，确定各个空间的用途、布局和面积分配，确保空间的有效利用和合理布局。

2）设备设施维护：定期检查和维护建筑内的设备设施，包括暖通空调、电力系统、给水排水系统、照明系统等。建立设备设施的巡检和维护计划，及时发现和解决问题，保障设备的正常运行。

3）清洁和卫生管理：制定清洁和卫生管理方案，包括定期的清洁计划、保洁人员的组织和培训，确保建筑的卫生状况良好。同时，要注意垃圾分类和垃圾处理，推行环保的清洁方式。

4）安全和保安管理：建立安全管理制度，包括制定安全政策、建立安全演练和应急预案，提供安全培训和防火教育。配备安全人员和监控设备，确保建筑空间的安全和保安。

5）空间使用监测：利用传感器、监控设备和智能系统，对空间的使用情况进行监测和记录。了解人员的使用习惯和空间利用率，优化空间布局和利用效率。

6）维修和保养管理：建立维修和保养管理制度，包括定期的维修计划、维修记录和维护报告。及时修复和维护建筑内的问题，保持建筑的良好状态。

7）空间效能评估：通过空间使用数据的收集和分析，评估空间的效能和使用效率。根据评估结果，进行相应的优化和改进，提升空间的利用效率和舒适度。

8）绿色环保管理：推行绿色环保理念和管理措施，如节能减排、水资源管理、环保材料使用等。倡导可持续发展的运维管理，降低对环境的影响。

通过实施这些空间运维管理机制，可以保证建筑空间的良好运行和管理，提升办公环境的舒适度和效率，延长设备和建筑的使用寿命，降低运维成本，实现可持续的空间管理和运营。

2. 空间可视化规划与管理

空间可视化规划与管理是指利用先进的计算机技术和可视化工具，对空间进行规划、设计和管理的过程。通过将空间的相关数据和信息以可视化的方式呈现，帮助人们更好地理解和决策。建筑空间可视化可以采用多种方式进行展示，其中一种常见的方法是利用三维建模技术。通过建立建筑的三维模型，并应用贴图、光线渲染、材质等效果，可以呈现出逼真的建筑空间图像。这种可视化方式可以帮助人们更好地观察建筑的外观、内部布局、光照效果等，深入理解建筑设计的细节和整体效果。

此外，建筑空间可视化还可以利用虚拟现实（VR）或增强现实（AR）技术。通过穿戴虚拟现实头盔或使用增强现实设备，人们可以身临其境地进入建筑空间，与虚拟的建筑进行互动和探索。这种可视化方式可以提供更为沉浸式的体验，让人们更加真实地感受建筑空间的比例、空间规划。

建筑空间规划管理是对建筑物内部空间的组织、设计和管理，以实现有效的空间利用和功能需求的安排。这涉及建筑物布局、空间分配、设备配置、人流流动等方面的规划和管理。建筑空间规划管理可以包括以下内容。

1）空间布局与功能划分：确定建筑物内各个区域的功能划分和空间布局，例如确定办公区、会议室、公共区、厨房等区域的位置和大小，图 5-12 为某医院通过 BIM 技术进行空间布局及功能划分的案例。

2）空间比例与尺度：根据不同空间的功能需求和使用人数，确定各个空间的大小、形状和比例，以实现空间的舒适度和效率，案例见图 5-13。

3）设备设施配置：根据建筑物的功能需求，合理配置各种设备设施，如空调系统、

图 5-12　某医院空间布局与功能划分

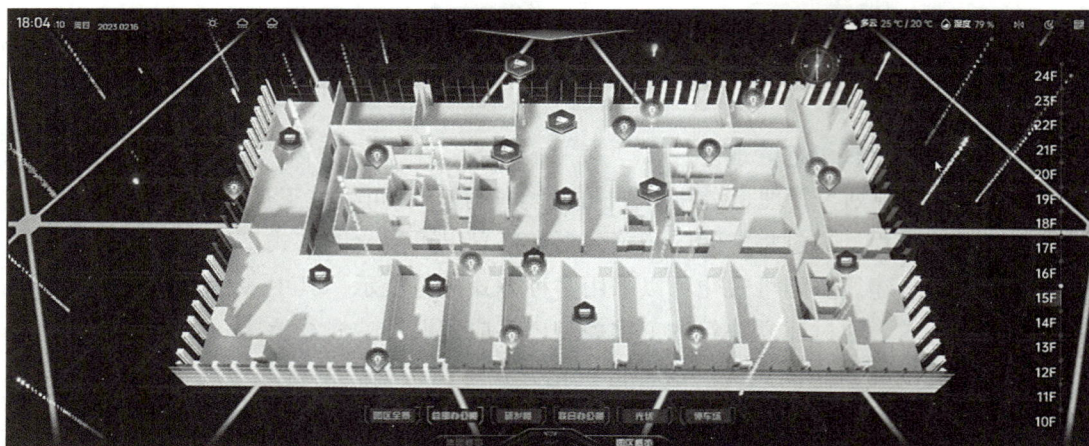

图 5-13　BIM 在空间比例与尺度规划中的应用案例

照明设备、网络设备、消防设备等，以满足人们的基本需求，图 5-14 为某别墅的空间及设施配置案例。

4）人流与交通组织：考虑建筑物内人员和物资的流动，合理规划人流通道、楼梯、电梯、走廊等，以保证人们的安全和便利。图 5-15 为通过 AI 技术识别摄像头画面中人

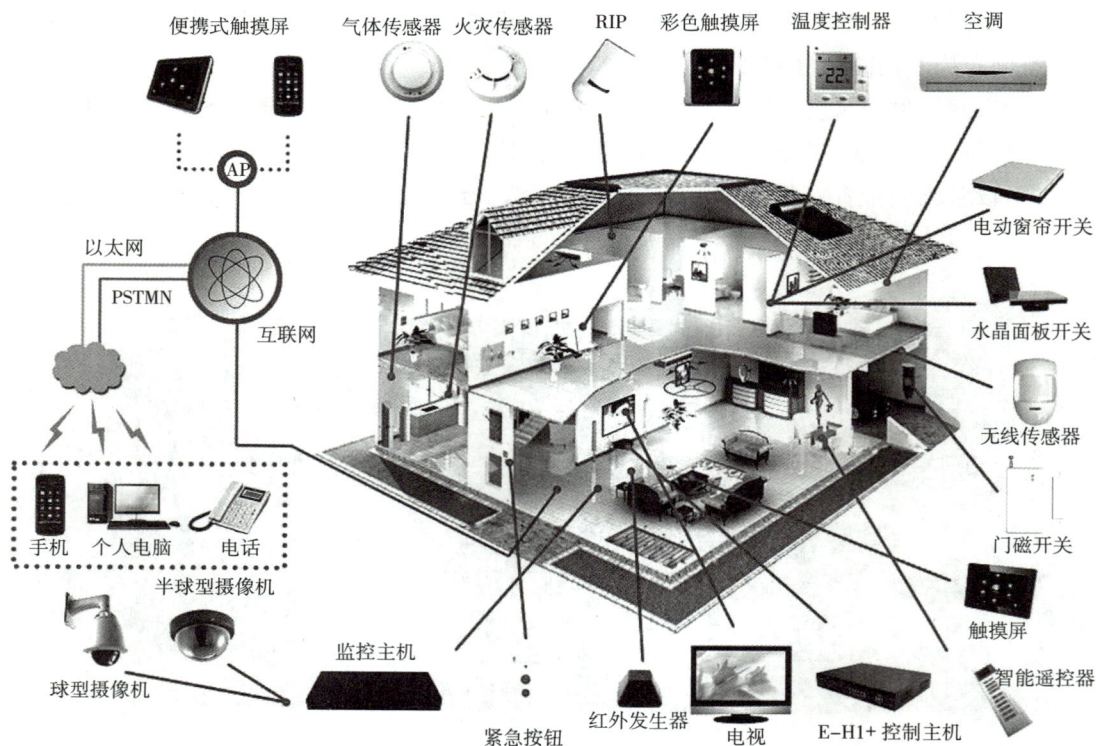

图 5-14　某别墅的空间布局及设施配置案例

图 5-15　AI 人员聚集智能提醒功能

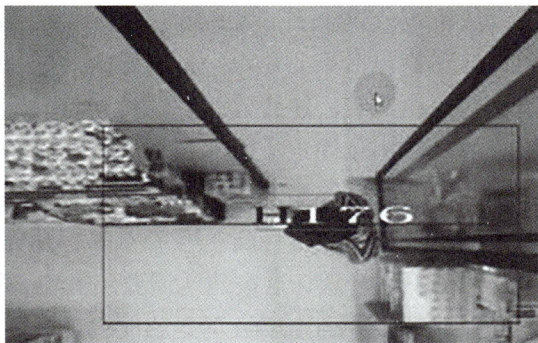

图 5-16　出入通道人流量统计功能

员聚集的情况，达到设定阈值，进行自动提醒；图 5-16 为通过 AI 技术实现出入通道人流量的自动统计。

5）空间美观与绿化：考虑建筑物内部空间的美观性和舒适度，通过合理的装饰、色彩搭配和绿化设计等手段，创造宜人的工作和生活环境，图 5-17 为通过 BIM 技术进行空间绿化优化的案例。

6）变化与适应性：考虑到建筑物在使用过程中的变化和发展，设计空间以适应未来的需求变化，提高建筑物的可持续性和灵活性。

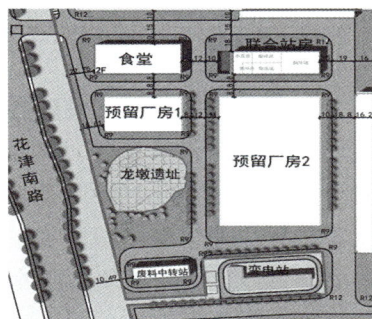

图 5-17　空间绿化优化案例

建筑空间规划管理需要结合建筑物的功能需求、使用者的需求以及相关的法规标准进行综合考虑。通过科学合理的规划和管理，可以提高空间利用效率，创造舒适宜人的建筑环境。

空间可视化规划与管理，可以帮助运营者和管理者监控和管理空间的各种数据和信息。例如，通过建立虚拟平面图和空间布局模型，可以实时跟踪设施和设备的状态，进行维护和保养计划的制定和执行。此外，空间可视化管理还可以提供实时的数据分析和决策支持，帮助管理者优化空间利用、提高效率和降低成本。

空间可视化规划与管理的应用领域广泛，包括建筑设计、城乡规划、室内设计、工业设施管理等。它能够提供直观、全面和高效的视觉化工具和分析平台，促进各方的合作和共享，提高空间规划和管理的效果和成果。

5.2.3　智能安防管理

1. 智能安防管理范畴

近年来，建筑智能化和小区管理智能化发展很快，各种自动化设备和系统如视频监控、门禁控制、防盗报警、综合布线等得到了广泛的应用，为人们创造出日益方便、安全的工作和生活环境。随着各种新技术、新产品的规模部署，智能建筑安防系统也在不断升级。

从建筑分类来看，建筑有十大分类，按其服务特性可分成独立、包容、开放三类。独立性建筑包括工业建筑、办公建筑、学校建筑，包容性建筑包括住宅建筑，开放性建筑包括商业建筑、体育建筑、医疗建筑、文化建筑、媒体建筑、交通建筑。独立性建筑服务的对象比较固定，多是工厂、学校、公司内部人员，再加上少量访客，并且可以对访客的活动进行限制和管理，这类建筑需要出入口、周界、门禁、重点区域的安全保护及智能化联动。包容性建筑服务对象包括住宅业主，也包括临时进出人员，由于临时人员的活动不易管理，这类建筑需要出入口、周界、住宅内监控的安全保护及智能化联动。开放性建筑服务的主要人群是临时性的，并且人、车流量大，这要求车辆进出以及停车场内部要实现智能化管理，要求整个建筑园区内能预判异常事件，要求报警能及时复核，要求事件能方便回溯，并且要求系统能提取海量信息中的有效信息并进行分析。这些需求，为强调综合性、分析性的智能化建筑安防系统开发提供了广阔的市场空间。

2. 智能安防管理主要内容

智能建筑要求安全、管理、智能、环保，出入口、周界、门禁、园区、重点区域的安全保护及智能化联动。面对这些需求，需要智能化安防系统能按需进行全方位覆盖，实现全程业务管理，即从时空的角度，由建筑外围向建筑内部逐层覆盖六大场景。根据各处场景业务实际需求，提供专业可靠的管理服务，构筑智能建筑管理六大防线。

第一防线需要立足建筑的最外围，对周界隔离、出入口进行统一管理。周界隔离区管理采用传统防护加智能化分析的方式，将多种常见周界防卫报警采用智能分析手段，对穿越围栏、非法停车等人车违章进行监控。出入口处管理采用出入口摄像机进行车牌抓拍、识别，联动道闸，实现车辆准入控制。

第二防线需要针对园区道路、建筑外围车辆、行人进行行为管理，对特殊区域进行重点防范。维持园区正常车辆、道路秩序；对人员聚集、快速奔跑等异常行为进行实时侦测、报警。对重点区域圈定智能分析围栏，实现区域入侵、绊线入侵等非法入侵行为进行报警。

第三防线需求是门禁权限，在建筑入口处增加门禁管理，实现对大楼人员的出入控制，同时通过门禁系统辅助完成人员考勤、值班巡更等业务，并可实现人流统计形成报表。

第四防线是对建筑内部大厅、电梯、楼道等公共区域进行监控，需要看清人员的脸部特征和行为特征，记录人员动作。

第五防线针对的是财务室、机要室、领导办公室、中心机房等重要区域，需要看清所有进出人员的脸部特征和行为特征，记录所有室内人员的动作，涉密要求高的地区可酌情与门禁系统进行联动。使用智能分析服务，设置不同检测规则，对区域徘徊、入侵等异常行为进行自动报警，可通过实时监控视频进行安全复核。

第六防线着重解决停车管理的问题，从出入口准入到泊车诱导，从停车计费到反向寻车，需要给予车主便利，物业管理有效，达到智能建筑应有的效果。

3. 智能安防管理平台

智能安防管理平台是一种综合应用智能技术的系统，旨在提供高效、智能化的安防管理解决方案。该平台利用先进的人工智能算法、大数据分析和物联网技术，整合安防设备（如摄像头、传感器等）和软件系统，实现全面监控和管理各类安防事件。基于算法平台的社区安防系统计算能力大、数据处理快，需要把所有数据都汇集到算法服务器，经对应策略计算处理，建立智能安防管理平台。

平台包括算法服务器、协议对接网关、数据存储等设备，终端设备包括社区内各单元楼、路口监控、电梯摄像头、智能门禁终端，以及各传感器、烟感、水浸等安防设施等。以上设备通过各平台对接协议或终端接入到平台中。

协议对接网关设备主要实现现有系统的接入和设备间的相互联通，通过网关动态添加设备、平台，甚至社区业主可以接入家庭监控，记录每一个新添加设备的详细信息，同时配置报警策略，监控各设备运行状况，预先设置判断逻辑，对故障设备进行预警和报警、智能故障诊断及服务执行、远程诊断与预防性维护。智能安防社区架构见图 5-18。

智能安防管理平台的设计主要包含以下 7 个方面：

1）架构设计：智能安防管理平台具备可扩展性和可定制性，能够适应各种规模和需

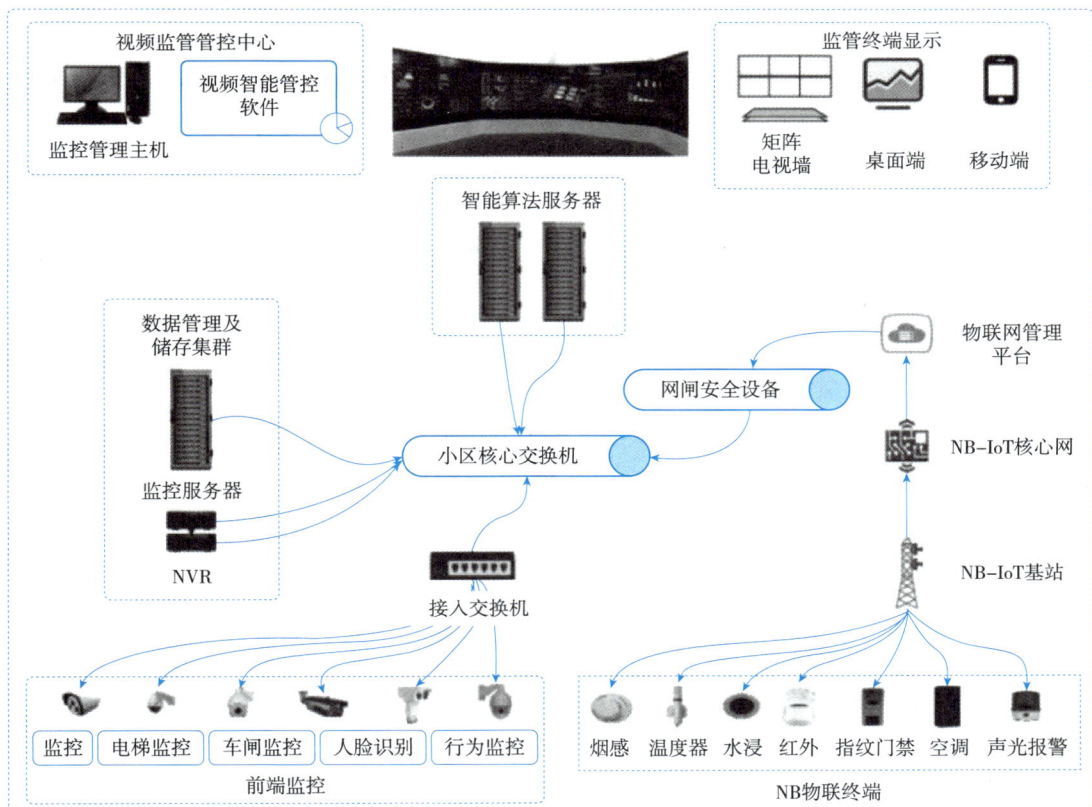

图 5-18　智能安防社区架构图

求的安防系统，平台可以采用分布式架构，将不同的功能模块进行解耦，实现模块化开发和部署。

2）设备接入：平台支持各类安防设备的接入和集成，如摄像头、传感器、门禁系统等，可以采用标准的网络协议和接口，与各种设备进行通信和数据交换。

3）数据采集与分析：平台具备强大的数据采集和处理能力，能够处理大规模的监控数据，并进行实时分析和挖掘，可以利用人工智能算法进行图像识别、行为分析等高级数据处理。

4）实时监控与预警：平台具备实时监控和预警功能，能够实时获取设备状态和监控画面，并能自动检测异常事件并发出预警通知，可以利用视频分析、声音识别等技术进行实时监测和分析。

5）用户界面与操作：平台提供友好的用户界面和操作方式，方便用户进行设备管理、数据查询和操作控制，可以采用 Web 界面或移动应用的方式，支持跨平台的操作和访问。

6）数据存储与共享：平台提供可靠的数据存储和管理机制，能够对监控数据进行长期存储和备份；同时，平台还应支持数据的共享和交换，方便与其他系统进行数据对接和集成。

7）安全与隐私保护：平台具备强大的安全机制，保护用户数据和系统的安全性，包括数据加密、访问控制、漏洞防护等安全措施，同时也要确保用户的隐私安全。

综上所述，智能安防管理平台的设计需要综合考虑系统架构、设备接入、数据处理、用户界面、数据存储和安全等方面，以实现高效、智能、安全的安防管理功能。

智能安防管理平台具有以下主要功能和特点：

1）监控和预警：通过高清摄像头、智能传感器等设备实时监控场景，并能实时监测和分析异常情况，如有可疑行为或事件发生，系统能及时发出预警通知，以便采取相应措施。

2）数据分析和挖掘：平台可以对大量的监控数据进行自动化分析和挖掘，帮助安防团队发现潜在的安全风险和问题，并提供相应的解决方案。

3）智能识别和推理：通过人脸识别、行为分析等技术，平台能够识别和追踪特定的人员或物体，并对其行为进行推理和预测，减少安全隐患和风险。

4）远程监控和管理：用户可以通过移动设备或互联网远程访问和管理安防系统，实时查看监控画面、进行设备配置和操作，提高管理的便捷性和效率。

5）数据存储和共享：平台能够对监控数据进行存储和管理，支持数据的查询、整合和共享，为安防决策提供有力依据。

智能安防管理平台广泛应用于各类场所和领域，如企业园区、公共场所、住宅小区等，帮助保障人员安全和财产安全，提升安全管理水平。同时，智能安防管理平台也为安防管理人员提供了更多的工具和手段，提高了工作效率和应急响应能力。

5.2.4 智能消防管理

1. 智能消防管理范畴

随着智能建筑技术的发展和成熟，越来越多的新型建筑采用了智能消防系统。智能建筑的消防管理系统是智能建筑基本的设计内容之一，这与智能建筑系统集成度密切相关，以实现系统综合优化、系统联动控制、系统信息资源共享，最终通过系统集成达到"1+1>2"的效果。

智能消防管理科技应用涵盖了各个与火灾安全和消防管理相关的区域。以下是智能消防管理科技应用的一些具体区域：

1）住宅区和公共建筑：智能消防技术可以在住宅小区、公寓大楼、写字楼、购物中心等各类建筑物中应用。通过智能烟雾报警、灭火系统、消防设备监控等手段，提高火灾预警、灭火和救援的效率，保护居民和建筑物的安全。

2）工业厂区和仓储场所：工业厂区和仓储场所是火灾风险较高的地方，智能消防技术可以在这些区域中广泛应用。利用智能报警系统、火灾监测设备和自动化灭火系统，及时发现并控制火灾，减少火灾对生产设施和货物的损失。

3）酒店和旅游场所：酒店、度假村、游乐园等旅游场所需要采取特殊的火灾安全措施。智能消防技术可以提供智能烟雾报警、多功能灭火器、紧急疏散导引等系统，确保游客和员工在紧急情况下的安全。

4）交通枢纽：智能消防管理科技应用可以在火车站、机场、地铁站等交通枢纽中发挥重要作用。通过智能视频监控、火灾预警系统和紧急指示标识，提高事故报警和疏散指引的准确性和速度，保障乘客和工作人员的安全。

5）医疗机构：医院、诊所和护理院等医疗机构需要确保在火灾发生时能够及时疏散和保护患者、员工和设备。智能消防技术可以提供智能烟雾报警、紧急疏散导引和楼梯疏散控制等系统，提高火灾应急响应能力。

6）文化与教育机构：博物馆、图书馆、学校等文化与教育机构也需要重视火灾安全。智能消防管理科技可以提供智能报警和监控系统，保护文化财产和学生的生命安全。

智能消防管理科技的应用不限于以上区域，它可以在任何需要火灾安全保护的地方发挥作用。通过使用智能消防技术，可以提高火灾预防、报警、灭火和救援的效率，保护人员生命和财产安全。

2. 智能消防管理主要内容

智能消防管理是利用智能化技术和系统来改进消防安全和应急管理的方法。它将传感器、监测设备、大数据分析、人工智能等技术与消防领域结合，实现对火灾风险的监测、预警、灭火和救援的智能化管理。智能消防管理的主要内容涵盖了以下 6 个方面：

1）灾害预警与监测：利用先进的传感器和监测设备，实时监测环境中的温度、烟雾、气体浓度等参数，以及火灾风险的变化。通过智能算法对数据进行分析和处理，实现对火灾风险的预警和预测，及时发现潜在的火灾隐患。

2）系统化的火灾报警：建立智能化的火灾报警系统，将传感器、监测设备和警报器相连，以实现火灾发生时的即时警示。智能报警系统能准确地定位火灾发生的位置，并及时将警报信息传输给相关人员，包括消防部门、建筑物管理人员和居民。

3）智能化的灭火系统：利用自动化和智能控制技术，实现灭火设备和系统的智能化。例如，智能灭火系统可以根据火源位置、火势大小和类型选择最合适的灭火手段，包括水雾灭火、干粉灭火、气体灭火等。此外，智能系统还可以自动调整灭火剂的喷射量和方向，提高灭火效率。

4）智能消防设备管理：通过物联网和大数据技术，实现对消防设备的集中管理和维护。智能消防设备管理系统可以实时监控设备的状态和性能，包括消火栓、消防水泵、灭火器等。通过数据分析和故障诊断，及时发现设备的运行异常和故障，并通过远程操作和维修保养系统，确保设备的正常运行。

5）智能化的应急指挥与救援：利用智能化技术，建立应急指挥中心和救援调度系统，实现消防救援资源的优化配置和调度。通过智能分析和决策支持系统，对火灾信息、救援资源和交通状况等进行集中管理和调度，以提高救援效率和响应速度。

6）智能消防培训与演练：利用虚拟现实和增强现实技术，建立智能化的消防培训和演练平台。消防人员可以在虚拟环境中进行模拟火灾场景的训练和演练，提高应急响应能力和实践技能，以应对实际火灾情况。

通过智能消防管理的应用，可以提高火灾预防、报警、灭火和救援的效率和准确性，保护人员生命和财产安全。

3. 智能消防管理平台

智能消防管理平台以建筑物内的消防设施为感知对象，采用物联网技术、有线／无线（4G/5G/NB）等多种联网方式，将离散在城市各个建筑内部的火灾自动报警设备、消防灭火系统、电气火灾系统、防排烟系统、视频监控系统、气体灭火系统等建筑消防设施全部感知起来，利用强大的计算机软件系统，进行查询、处理、统计、分析，从而实现对联网单位建筑消防设施的全面、远程、集中监控管理，并集成维保巡查、消防在线学习等多样化功能，以保证单位消防安全，提高消防安全水平，见图5-19。

智能消防管理平台包含以下9个模块：

1）数据采集与传输：确定需要采集的数据类型，例如温度、烟雾、气体浓度等，选择合适的传感器和监测设备进行数据采集，并确保数据的可靠传输与存储。

2）数据处理与分析：建立数据分析和处理模块，利用机器学习和人工智能算法对采集到的数据进行实时分析和处理，以识别火灾迹象、预测火灾风险等。

3）警报与通知系统：设计警报与通知系统，当检测到火灾迹象或异常情况时，能够及时向相关人员发送警报通知，包括短信、电话、即时通信等方式。

4）灭火系统与设备管理：建立灭火系统和设备管理模块，对灭火设备和消防设备进

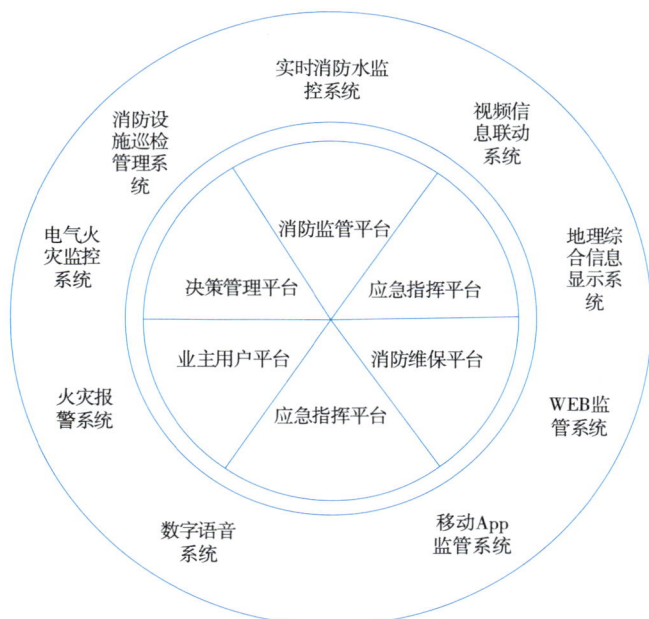

图 5-19　智能消防管理平台

行实时监控、故障诊断和维护管理，确保设备的正常运行和可用性。

5）指挥与调度系统：设计智能指挥与调度系统，集中管理火灾应急资源和救援队伍，包括资源分配、任务调度、交通状况监测等功能，优化人员和物资的调度与协调。

6）数据分析与决策支持：建立数据分析和决策支持模块，对采集到的数据进行综合分析，提供火灾风险评估、应急响应决策等决策支持信息，帮助决策者做出合理决策。

7）虚拟现实培训与模拟演练：设计虚拟现实培训与模拟演练环境，开发相应的虚拟场景和模拟操作系统，以提供消防人员进行实际模拟操作和应急训练的平台。

8）用户界面设计：设计直观、易用的用户界面，以便用户能够方便地查看系统状态、接收警报通知、进行资源调度等操作。

9）安全与隐私保护：考虑数据传输、存储和处理过程中的安全性和隐私性，采取相应的加密和权限控制措施，确保系统数据的安全性和隐私保护。

总体来说，智能消防管理平台的设计需要根据实际需求和场景进行定制化设计，以满足消防安全管理的要求，提高火灾预防、报警、灭火和救援效率。

5.2.5　智能应急管理

1. 智能应急管理范畴

智能应急管理是指利用智能技术和系统来改进应急管理的方法和策略。它包括使用人工智能、大数据分析、物联网、云计算等先进技术，实现对突发事件和灾害的预警、监测、应急响应和恢复进行智能化管理和决策支持。

智能应急管理的目标是提高应急管理的效率、准确性和灵活性，从而更好地应对各种突发事件和灾害，减少损失和风险，并保障公众的生命安全和财产安全。它涵盖了灾害预警、资源调度、指挥与调度、信息共享、培训与演练、社会参与等多个方面，通过整合多源数据、智能分析和自动化技术，实现全方位、全过程的应急管理。

突发事件和灾害可以根据不同的分类标准进行分类。以下是常见的应急事故类型分类：

1）自然灾害事故：包括地震、洪水、飓风、台风、暴雨、泥石流、干旱、森林火灾、雷击等自然灾害引起的事故。

2）工业事故：涉及工厂、化工厂、石油炼厂等工业设施的事故，如爆炸、火灾、泄漏、中毒、坍塌等。

3）交通事故：涉及道路、铁路、水路、航空等交通运输系统的事故，包括交通碰撞、火车脱轨、航空事故、船只事故等。

4）公共卫生事故：涉及传染病暴发、食品中毒、严重疾病流行等公共卫生突发事件。

5）土地、水资源事故：涉及地质灾害、水污染、水灾、土地塌陷、水库破坏等与土地和水资源相关的事故。

6）核事故：涉及核电站事故、核设施泄漏等与核能相关的事故。

7）环境污染事故：涉及化学品泄漏、油污染、大气污染等引起环境污染的事故。

8）网络安全事故：涉及黑客攻击、计算机病毒、信息泄漏等与网络和信息安全相关的事故。

以上只是一些常见的应急事故类型分类，每一类别下还可以进一步细分和具体化。针对不同类型的应急事故，需要制定相应的应急预案和处置措施，以及加强事前预防和事后救援能力的建设。

2. 智能应急管理主要内容

智能应急管理基于先进的信息技术和通信技术，构建智能化的应急管理平台和系统，实现数据的实时监测、快速分析和精确预测，为决策者提供科学、全面的决策支持。同时，它还注重社会参与和公众教育，通过移动应用、社交媒体等渠道与公众进行交流和信息发布，提高公众的应急意识和自我保护能力。

智能建筑的管理系统在正常情况和突发事件中都发挥着极其重要的作用，它的主要功能是如果智能化建筑处于安全的环境中，管理系统就会在该环境下生成并执行相应的指令；而一旦智能化建筑面临紧急突发事件，它就会在各种紧急状况下对紧急事件做出处理，并立即发出警报，相应的智能化建筑的管理系统还有对突发事件进行风险评估以及推理决断的功能，能够为突发事件的指挥人员提供跨系统的联动方案以及应急措施决断的支持，谨防突发事件势态的进一步扩大。做到事前准备与预防、事中积极响应、事后进行恢复与管理。

针对不同的事件有不同的应急管理方案：

1）火灾安全管理：火灾预防措施的制定和执行，消防设施的安装和维护，员工的火灾应急培训，灭火和疏散的组织和指导等。

2）突发事件应急管理：指针对突发事件（如地震、爆炸、气体泄漏等）制定应急预案和演练，明确责任分工和应急响应程序，提供紧急疏散和救援措施，确保建筑物内人员的安全。

3）地震灾害管理：建筑抗震设计和设施的加固，地震监测和预警系统的建设，地震疏散和应急救援计划的制定等，以减少地震对建筑物造成的破坏和人员伤害。

4）环境污染事故应急管理：建立应对环境污染事故的预警和应急机制，制定应急预案和处置措施，做好现场监测、人员疏散和物资救援等工作，减轻环境污染的后果。

5）建筑物恶劣天气应急管理：根据地区气候特点，制定恶劣天气（如台风、暴雨、大雪等）应急预案，加强建筑物防水、排水、防风等设施的维护和管理，确保建筑物的安全性。

6）人员伤害和突发疾病应急管理：建立人员伤害和突发疾病应急处置机制，培训员工急救技能，配置必要的急救设备和药品，提供紧急救护和就医帮助。

智能应急管理的发展能够极大提升应急管理的效能和水平，使各级应急管理部门和机构能够更加迅速、准确地响应突发事件和灾害，最大限度地减少损失，保障社会的安全和稳定发展。同时，它也具有跨行业、跨领域的特点，能够与其他智能应用领域相结合，为未来智慧城市、智能交通、智能医疗等领域的发展提供有力的支持。

3. 智能应急管理平台

智能应急管理平台是为应急管理部门、机构和相关人员提供各类智能化功能和服务的综合性平台。它整合了大数据分析、人工智能、物联网、云计算等先进技术，用于突发事件和灾害的预警、监测、应急响应、指挥调度、信息共享和决策支持等方面，应急方案架构图见图 5-20。

智能应急管理平台的应包括以下功能：

1）数据采集和监测：通过传感器、监测设备、卫星遥感等手段，实时采集环境数据、事件信息等，并对数据进行整合和分析，实现对突发事件和灾害的监测和预警。

2）预警和报警系统：基于预警模型和算法，通过短信、语音、移动应用等方式向相关人员发送预警信息，提醒其采取相应的应急措施。

3）数据分析和决策支持：通过大数据分析和人工智能技术，对采集的数据进行处理和分析，提取关键信息，为决策者提供准确、及时

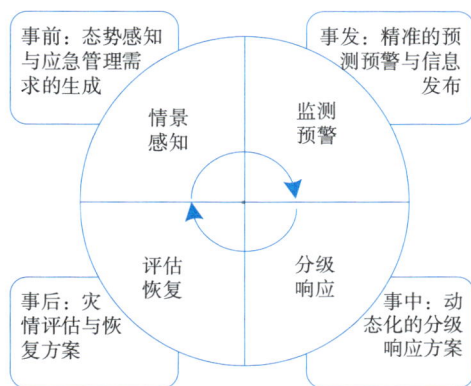

图 5-20 应急方案架构图

的数据支持和决策建议。

4）应急指挥与调度：实现对应急资源的实时监控、调度和协同管理，通过智能调度算法和系统，优化资源配置，提高应急响应效率。

5）信息共享与协同：建立应急信息共享平台，集成各类数据和信息资源，实现多方的数据共享和协同工作，促进信息交流和应急行动的协调。

6）远程监控与遥控：利用物联网技术，实现对建筑设施、设备和环境的远程监控和控制，及时发现问题并做出相应的调整和处理。

7）虚拟仿真和培训：通过虚拟现实、增强现实等技术，提供应急演练和培训的虚拟环境，让应急人员通过模拟实践，提高应急反应能力和处置能力。

8）社会参与和公众通知：基于移动应用、社交媒体等平台，与公众进行交流和互动，提供应急信息发布、求助报警等功能，增强公众的应急意识和参与能力。

智能应急管理平台的建设和应用，可以提升应急管理工作的效率、准确性和协同性，优化资源配置，提高应急响应能力，最大限度地减少人员伤亡和财产损失，确保社会安全和稳定发展，见图 5-21。

图 5-21　智能应急管理平台应用示意图

5.3　智能建筑设备运维管理

随着建筑规模的不断扩大，建筑物内暖通空调、给水排水、供配电、照明、电梯及自动扶梯等建筑设备的数量也迅猛增加，建筑平均能耗强度日益增长成为人们关注的焦点，节能显得越来越重要，因此对建筑物内建筑设备的控制和运行维护提出了更高的要求。

2008 年 1 月发布的国家标准《民用建筑电气设计标准》GB 51348—2019，提出了建筑设备监控系统的概念，即"将建筑物（群）内的电力、照明、空调、给水排水等机电设备或系统进行集中监视，控制和管理的综合系统"，并明确了监控范围包括暖通空调、给水排水、供配电、照明、电梯及自动扶梯等建筑设备。

2014 年 6 月发布的行业标准《建筑设备监控系统工程技术规范》JGJ/T 334—2014 对民用建筑中建筑设备监控系统工程的设计、施工、调试、检测、验收与运行维护进行规定，并在功能设计章节增加能耗监测内容。

2015 年 3 月发布的国家标准《智能建筑设计标准》GB 50314—2015，提出智能化系统工程的设计要素宜包括建筑设备管理系统，其中建筑设备管理系统宜包括建筑设备监控系统，建筑能效监管系统以及需纳入管理的其他业务设施系统等。

2017 年 4 月发布的行业标准《建筑智能化系统运行维护技术规范》JGJ/T 417—2017，对建筑设备监控系统系统运行、系统维护、系统维修及系统优化进行规定，并指出其运维对象宜包括暖通空调、变配电、公共照明、给水排水、电梯及自动扶梯及能耗监测系统。

可见，应用建筑设备监控系统来实现建筑设备的智能控制与运维是不可阻挡的大趋势。

5.3.1 智能建筑设备运维管理内涵

智能建筑设备运维管理是指对智能建筑中的各种设备进行维护、管理和优化的过程。它包括对设备的监测、检修、保养、维修和更新等方面的工作，旨在确保设备的正常运行、延长设备的寿命、提高设备的性能，并提供可靠、安全、节能和舒适的建筑环境。现代楼宇系统越来越复杂，楼宇自动控制系统组成如图 5-22 所示，因此智能建筑设备运维管理依靠先进的技术和系统，如物联网、远程监控、数据分析等，以提高运维效率、降低运营成本，并实现智能化建筑的可持续运营。

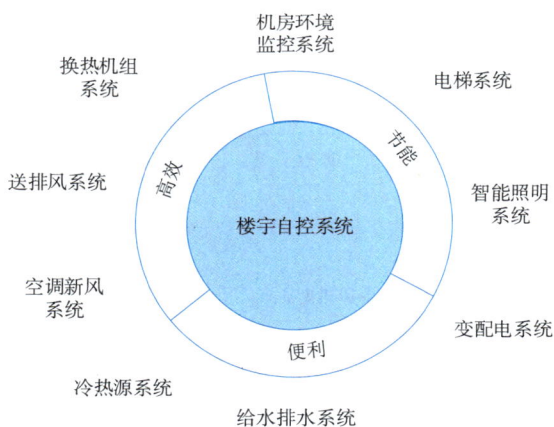

图 5-22　楼宇自动控制系统组成

5.3.2 智能建筑设备互联和状态监测

智能建筑设备互联和状态检测是指通过物联网技术，将建筑内各种设备连接到一个统一的网络，实现设备之间的信息交流和数据传输，同时对这些设备的状态进行实时监测和检测。

智能建筑设备互联的关键技术包括传感器、无线通信、数据采集和云计算等。传感器可以安装在建筑内的各个设备上，用于感知设备的状态和环境参数，如温度、湿度、光照、能源消耗等。这些传感器通过无线通信技术，将采集到的数据发送给数据采集系统。数据采集系统对这些数据进行采集、整合和存储，然后通过云计算技术进行处理和分析。

智能建筑设备互联和状态检测的主要目的是实现设备的智能化管理和优化运行,以提高建筑的舒适性、安全性和能源效率。通过实时监测设备的状态,可以及时发现设备的异常情况,并进行预警和维护。同时,利用云计算技术,可以对大量的设备数据进行分析和挖掘,发现设备运行中存在的问题和优化空间。

智能建筑设备互联和状态检测的应用领域广泛。例如,通过连接空调系统、照明系统、安防系统等设备,实现建筑内部的智能化控制和管理。同时,通过连接能源管理系统、环境监测系统等设备,对建筑内的能源消耗和环境质量进行监测和调控。此外,还可以通过连接消防系统、电梯系统等设备,实现对建筑安全设备的远程监测和管理。

总之,智能建筑设备互联和状态检测通过实时监测和数据分析,可以使建筑设备运行更加高效、可靠,并提供更好的用户体验,如图 5-23 所示;同时,它也为建筑管理人员提供了更全面的设备状态信息,便于及时维护和管理。

图 5-23 智能建筑控制系统的智能互联

5.3.3 智能建筑设备寿命预估及预警

智能建筑设备寿命预估是通过对设备的历史运行数据和其他相关因素进行分析,预测设备的使用寿命和剩余寿命,可以帮助建筑业主和设备管理人员做出更加科学的设备更新和维护决策,以确保设备的性能和可靠性,并降低运营成本。

智能建筑设备寿命预估通常包括以下步骤:

1)数据采集:收集和记录设备的历史运行数据,包括设备启停次数、工作时间、能耗等。

2)数据清洗和处理:对采集到的数据进行清洗和处理,排除异常值。

3)特征提取:基于采集到的数据,提取设备运行的特征参数,如平均工作时间、每次启停时间等。

4)建立模型:利用统计分析方法、机器学习、人工智能等技术,建立设备寿命预测模型。常用的模型包括回归分析、时间序列分析、神经网络等。

5）寿命预测和评估：根据建立的模型，对设备的剩余寿命进行预测，并对预测结果进行评估和可靠性分析。预测结果可通过设备年报废概率、剩余使用年限等来表达。

6）决策支持：基于寿命预测结果，制定设备维护计划和更新计划，及时进行设备维护、更换或升级，提高设备的可用性和可靠性。

值得注意的是，智能建筑设备寿命预估是一个复杂的任务，预测结果受到多种因素的影响，包括设备类型、使用环境、维护保养等。因此，在进行预估时，需要综合考虑多个因素，结合专业知识和经验进行权衡和综合分析；同时，定期的数据更新和模型的校准也是确保预估准确性的重要步骤。

5.3.4 智能建筑设备维修智能化

1. 精准化维修

建筑设备精细化维修是指利用智能化技术和数据分析手段，对建筑内的设备进行详细、精确的维修管理。通过实时监测、故障预测、维修优化等方法，提高设备维修效率和准确度，降低维修成本，延长设备使用寿命。

首先，使用传感器和监测设备对建筑设备，实时监测设备的运行状态、能耗、振动等关键指标，并利用数据分析技术实现故障预警。通过实时监测和故障预警，可以及时发现设备异常，提前采取维修措施，避免设备故障的发生或进一步恶化。其次，根据建立维修记录和知识库，记录设备的维修历史和维修过程，整理和积累维修经验和故障处理方案。维修人员可以参考维修记录和知识库，提高维修准确性和效率。并且，根据设备故障的紧急程度、优先级和维修人员的可用性，智能维修管理系统可以自动派发和调度维修任务。通过智能化的任务派发和调度，可以确保维修工作按时完成，减少等待时间，提高维修效率。最后，对维修过程和维修结果进行监测和评估，分析维修工作中的改进和优化空间。根据评估结果，不断改进维修方法和流程，提高维修质量和效率。

智能建筑设备精细化维修的目标是提高设备的可靠性、减少故障率，降低维修成本和停机时间，以保证建筑设备的正常运行和用户的舒适体验。同时，还能为设备运营商和维修服务提供商提供更精确、高效的维修管理模式，提升企业竞争力和服务质量。

2. 精细化管控

建筑设备维修精细化管控是指对建筑设备维修和保养工作进行细致、规范和有效的管理和控制的过程。它旨在提高设备可靠性、延长设备寿命，减少设备故障和停机时间，优化设备维修成本，提高建筑设备的运行效率和性能。

以下是实施建筑设备维修精细化管控的关键措施：

1）维修计划制定：制定全面的维修计划，包括设备巡检、定期保养和预防性维修等内容。根据设备的特点和运行情况，制定维修频次和维护周期，确保维修工作能按时进行。

2）维修流程优化：建立规范的维修流程，明确维修工作的责任和流程，并确保维修工作能按需求和时间节点进行，包括设备故障报修、报告评估、维修方案制定、备件采购、维修执行和验收等环节。

3）维修信息管理：建立设备维修的信息管理系统，记录设备的维修记录、故障统计、维修花费等数据，用于统计分析和未来的决策。通过分析维修数据，可以发现设备故障的共性问题，并采取相应的措施进行改进和预防。

4）备件库存管理：建立合理的备件库存管理制度，确保备件的及时供应和使用。根据设备的重要性和维修需求，制定合理的备件采购计划，避免过多或过少的库存，减少库存成本和维修时间。

5）外部服务供应商管理：与外部的维修服务供应商建立合作关系，签订明确的合同和服务协议，监督和评估其维修质量和效率。定期进行绩效评估和供应商的培训，确保外部服务供应商能够按要求进行维修工作。

6）维修质量控制：设立维修质量检查制度，对维修工作进行定期的检查和评估，确保维修工作符合规范和要求。设立维修质量评价指标，并与相关人员和供应商进行沟通和培训。

通过实施这些措施，可以提高建筑设备维修管理的精细化程度，提升维修效率，降低故障风险，延长设备使用寿命，提高建筑设备的可靠性和性能，从而提高建筑的运行效率和管理水平。

3. 精算化成本

建筑设备精算化成本是指对建筑设备的运维和维修管理过程中产生的各项费用进行详细计算和分析，以便全面了解和控制设备运行和维护的成本。这种精算化成本的计算和分析是基于准确的数据和信息，结合成本管理和控制的原则和方法，以实现对设备运维成本的有效管理和优化。

建筑设备成本通常会涉及设备购置成本、维修和维护成本、能源消耗成本、设备故障停机损失成本、替换和升级成本、设备寿命周期成本。设备管理可以有效保证设备正常运行，减少损坏及停机的损失，同时也能够优化维护计划，减少相关开支。

通过精算化成本的计算和分析，可以帮助管理者了解设备运行成本的组成和分布情况，制定合理的资金预算和维护计划，优化设备运维策略，提高设备运行效率和可靠性，降低运营成本，达到经济效益最大化的目标。

4. 精益化评价

建筑设备精益化评价是指对建筑设备的运维管理过程进行评估和分析，以确定管理效率和效果是否达到精益化的标准和目标。通过对运维管理的各个方面进行综合评估，包括流程效率、资源利用率、故障响应、维修成本、数据分析和决策支持等，以发现问题、提出改进措施，并推动设备运维管理向更加高效、精益和可持续的方向发展。

在建筑设备精益化评价中，可以应用一系列的评估方法和工具，例如流程分析、资源优化分析、故障响应时间评估、维修成本效益分析、数据分析和决策支持系统评估等，来评价运维管理的各个方面。评价的结果可以用于发现运维管理中的瓶颈和问题，并提出改进方案、优化流程、提高资源利用率、减少维修成本、提高故障响应速度等。评价还可以为管理者提供决策依据，引导他们在改进运维管理方面做出明智的决策。

评价通常会考虑以下 6 个方面：

1）流程效率评价：评估设备运维管理流程的效率和流程改进潜力。这包括各项运维管理活动的顺序、时序和资源利用情况，分析瓶颈和不必要的环节，并提出改进建议。

2）资源利用率评价：评估设备运维管理过程中各项资源（人力、物资、设备等）的利用效率。分析资源使用情况，发现资源过剩或短缺的问题，并提出资源调配和优化措施。

3）故障响应评价：评估设备故障响应和处理的效率，包括故障诊断和排除的速度、维修任务分配和执行的及时性等方面，分析故障响应的效果和改进空间，提出提高故障响应效率的策略和措施。

4）维修成本评价：评估设备运维管理过程中的维修成本效率，包括维修和维护活动所需费用的控制和优化，比较维修成本与设备价值的比例，分析维修成本的组成和变动情况。

5）数据分析和决策支持评价：评估对设备运维管理过程进行数据分析和决策支持的能力和效果，包括数据采集、数据分析模型的建立和使用，以及决策支持系统的应用和效果评估。

6）持续改进评价：评估设备运维管理过程中持续改进的能力和实施情况，包括管理者对精益思想的理解和推动、改进活动的规模和频率等方面的评估。

综上所述，建筑设备精益化评价是一种对设备运维管理过程进行全面评估和分析的方法，旨在发现问题、改进流程、提高效率和降低成本，以实现设备运维管理的精益化和持续改进。

5.3.5 智能建筑设备运维管理平台

智能建筑设备运维管理平台由建筑能效监管系统、建筑设备监控系统、建筑设备运维管理系统及信息管理系统组成。

建筑能效监管系统组成及功能：建筑能效监管系统主要由现场安装的能耗计量装置，环境参数采集装置、数据采集器及交换机等硬件及相应的应用软件组成。通过实时采集能耗数据，如电、水、天然气及冷热量等，环境参数数据如温度、湿度及 CO_2 浓度等，通过有线或无线的方式传至建筑能效监管系统数据中心。建筑能效监管系统具备表计监测、能耗查询、能耗报表、定额管理、用能成本及能效分析等功能。

建筑设备监控系统组成及功能：建筑设备监控系统内安装有专用控制器能够对建筑

物内各种建筑设备进行控制，包括暖通空调、给水排水、供配电、照明、电梯及自动扶梯、锅炉和医用气体装置等。建筑设备监控装置主要由专用控制器、显示屏、配电单元及相应的应用软件组成，采用嵌入式技术构成强弱电一体化的控制装置，根据现场实际情况，该装置既可独立自动运行也可由系统平台集中管控。控制应用软件的功能覆盖建筑物内所有建筑设备，如空调主机、水泵、冷却塔及空调末端设备、生活给水排水泵、照明、锅炉和医用气体装置等，并可根据现场不同要求就地或集中设置运行参数。建筑设备监控装置具备能耗统计分析、设备运行参数设置及运行优化控制、故障报警等功能。

建筑设备运维管理系统功能：为解决建筑能效监管系统、建筑设备监控系统"重建设、轻运营"，系统可靠性低，可用性差及运行费用高等问题，通过物联网（IoT），大数据分析与移动互联网等先进技术相结合开发建筑设备运维管理系统，其主要功能包括运营首页、故障报修、巡检管理、大数校核、数据分析等。制定建筑设备运维管理体系标准，管理体系标准主要包括运维管理组织和设备运维标准。运维管理组织采取线上调度监管、线下运维执行的模式来实现一站式运维托管服务。制定的建筑设备运维标准流程包括维修标准流程、保养标准流程、巡检标准流程、报警标准流程等。

信息管理系统功能：信息管理系统主要功能包括资产管理、用户管理、图纸管理及备品备件。其中资产管理包括设备管理及库存管理，用户管理包括了用户列表、角色管理、权限管理。

智能建筑设备运维管理平台的展示功能主要通过交互界面和数据可视化来进行，平台模块包含：

1）仪表盘展：提供一个仪表盘界面，以图表、数字指标、实时状态等形式展示关键设备运行参数和重要指标，如能耗、设备状态、空气质量等，帮助用户快速了解整体运行情况。仪表盘展示效果如图 5-24 所示。

2）实时监测图表：将设备的运行数据，如温度、湿度、能耗等，以实时更新的图表形式展示，支持折线图、柱状图、饼图等不同图表类型，以便用户清晰地观察设备的变化趋势和实时状态，示意图如 5-25 所示。

3）设备状态可视化：通过平面图、楼层图或模型展示建筑内的设备布局和状态，以图标、颜色等方式显示设备的运行状态、故障警报等，方便用户快速定位和识别设备问题，展示效果如图 5-26 所示。

4）故障管理界面：提供一个故障管理界面，以列表、卡片等形式展示设备故障信息，包括故障描述、级别、发生时间等，支持按照时间、设备分类、故障类型等进行筛选和排序，示意如图 5-27 所示。

5）维护计划日历：以日历形式展示设备的维护计划和工单安排，可视化显示维护任务、保养计划、检查点等，在日历中标注计划开始时间、结束时间、执行进度等，方便用户了解和跟踪维护工作，管理流程如图 5-28 所示。

6）故障统计报表：生成故障统计报表，包括故障按设备分类、故障类型、时间段等进行统计和图表化展示，帮助用户分析设备故障的趋势和常见原因，以采取针对性的改进措施。

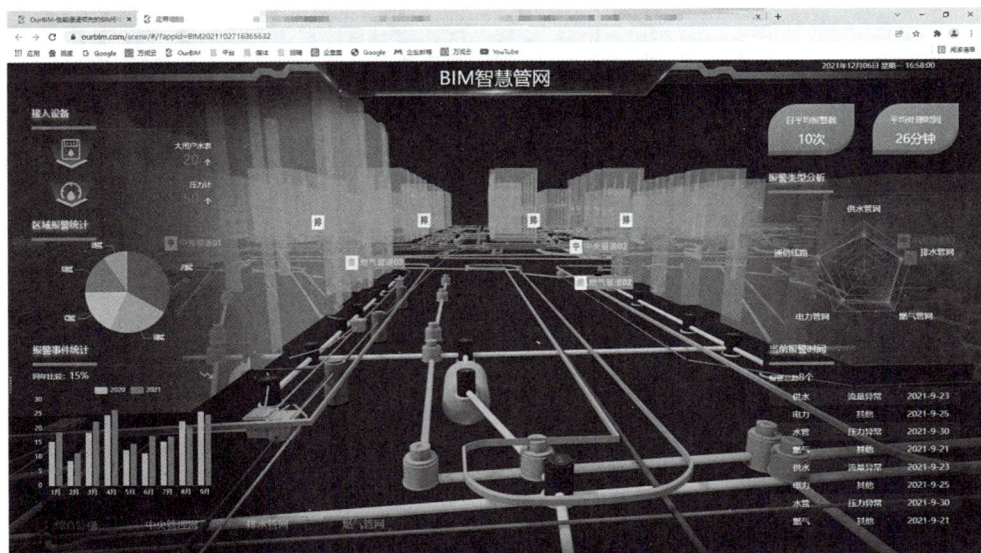

图 5-24　仪表盘展示效果图

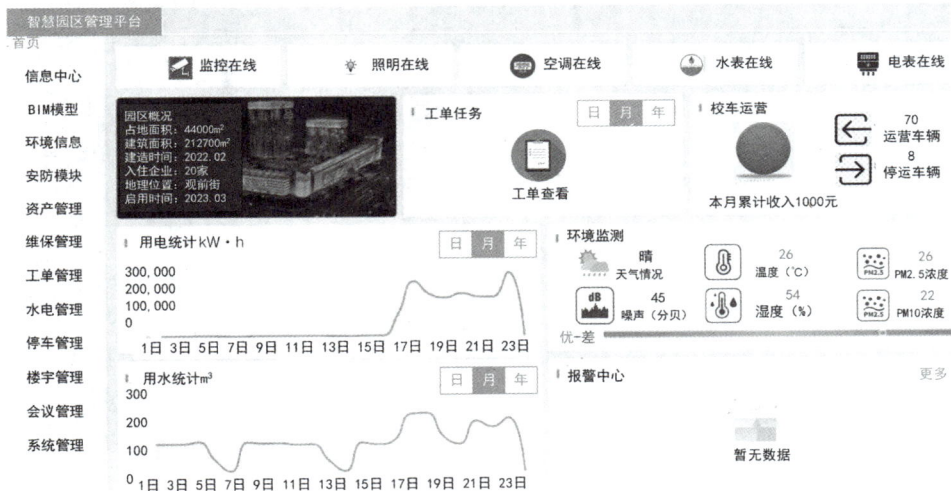

图 5-25　实时监测示意图

7）能耗分析图表：针对建筑能耗数据，生成图表和报告，包括能耗趋势、能源消耗分布、节能效果等，帮助用户评估建筑能效和能源优化的效果，并提供节能建议，如图 5-29 所示。

8）地理信息展示：以地图形式展示建筑设备的位置和分布情况，标注设备信息、运行状态、故障情况等，方便用户快速定位和查看设备状态，其状态展示效果如图 5-30 所示。

这些展示功能通过可视化和直观的界面，使用户能够准确、直观地了解和分析建筑设备的运行、维护和故障情况，实现更高效的运维管理决策。

图 5-26 设备状态可视化展示效果图

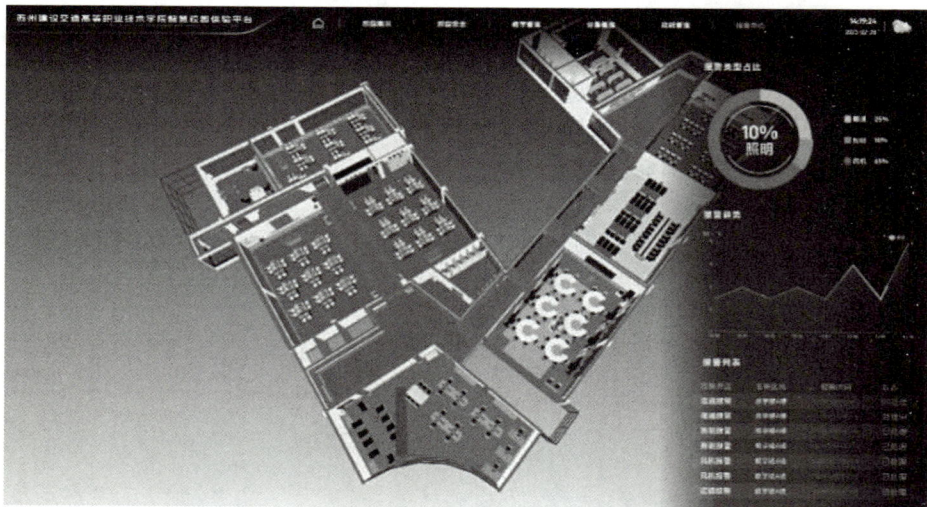

图 5-27 故障管理界面示意图

01 日常监管
基于项目建设的BIM库，对设备、线路、工作状态等全部数字化，为房间、设备、线路分配"二维码标签"进行日常监管。

05 工单审核
管理人员对维修完成的工单进行认定审核。

04 设备维修
工程师扫描故障设备二维码，开始维修并提交维修结果工单，运维资源库为工程师提供技术支持。

02 工单触发
智能化系统监测设备故障发送故障讯息，系统派发报修工单；科室人员提交报修工单。

03 工程师接单
后勤维护工程师接收维修工单。

IBMS系统

图 5-28 日常工单管理流程示意图

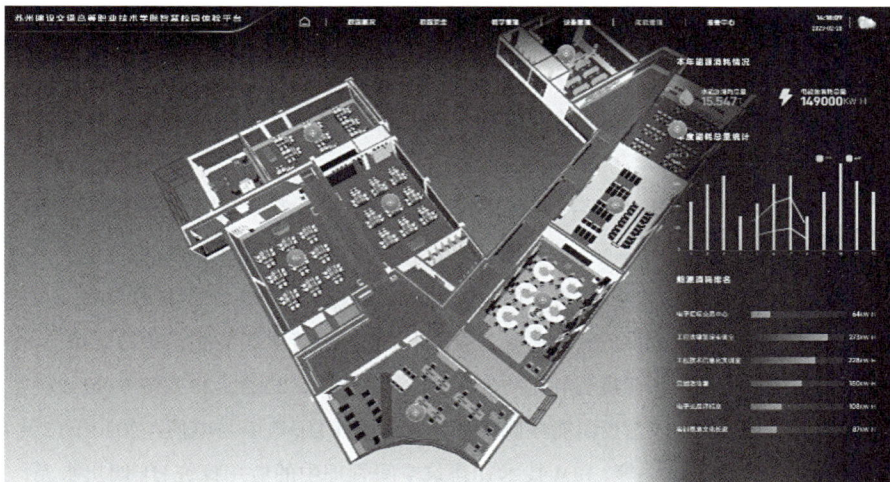

图 5-29　设备能耗管理

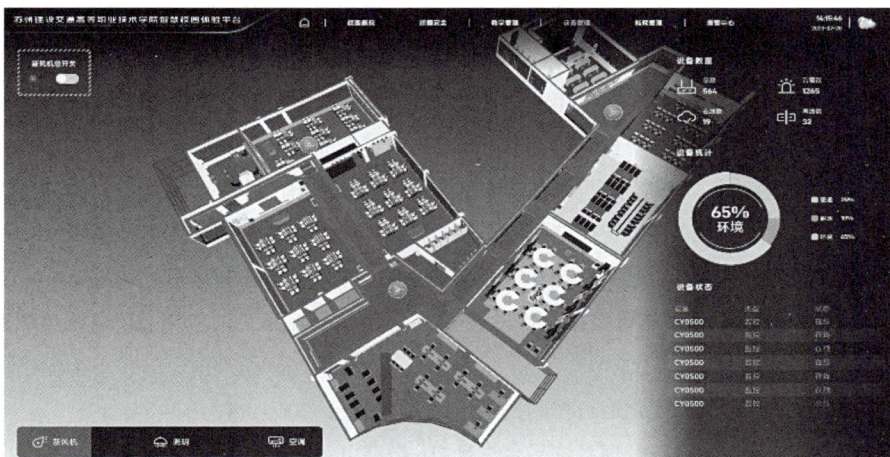

图 5-30　设备运行状态展示效果图

本章小结

本章主要分析了能源、空间和设备的运维管理，利用传感器、物联网和人工智能等先进技术，实现能源、空间、设备的实时监测和优化管理，以提高能源、空间、建筑的运行效率、可靠性和可持续性。通过智能控制和调节系统，满足智能建筑用户的需求，提升用户体验和满意度。同时，为运维人员提供基于数据的决策依据。

思考与习题

5-1 简述能源、空间与设施运维管理之间的关联性和相互作用。

5-2 简述能源、空间与设施运维管理在智慧城市建设中所能起到的作用和价值。

参考文献

[1] 王国光，崔欢欢．建筑碳排放计算及减碳策略之探索 [J]．智能建筑电气技术，2022，16（2）：150–154.

[2] 唐颂光，袁成，文涛．建筑能耗管理系统可视化平台的设计与实现 [J]．电子设计工程，2016，24（21）：76–78.

[3] 蒋义新．节能监管平台数据的分析与应用 [J]．建筑节能，2019，47（5）：139–143.

[4] 许晓坤，李彬．基于能耗监管平台的建筑节能技术研究 [J]．能源与节能，2022（10）：88–90.

[5] 陈宇震．建筑能耗监测对既有建筑节能的分析 [J]．安徽建筑，2021，28（10）：90–91.

[6] 李秉林，韦钰，周香伶．智慧校园能耗监管平台方案设计 [J]．电脑与电信，2020（12）：4–6+57.

[7] 周志聪，周锦荣，蔡思敏，等．BIM 技术在建筑空间管理中的应用探究 [J]．四川水泥，2020（3）：188.

[8] 张天睿．探究智能安防技术促智能建筑发展 [J]．中国新技术新产品，2019，（13）：136–137.

[9] 杨建华，董慧芳，杨胜安．边缘计算在小区安防中的应用 [J]．建筑电气，2021，40（4）：35–37.

[10] 梁国松．智能算法在安防社区中应用前景探索 [J]．中国有线电视，2023（5）：39–42.

[11] 彭兵．浅谈智能建筑中的消防控制模型 [J]．消防技术与产品信息，2008（9）：24–26.

[12] 卢胤舜．人工智能技术、消防物联网在消防安全标准管理中的应用 [J]．大众标准化，2022（22）：10–12.

[13] 贾宇奇，吴昊宇，顾辰，等．智能消防应急平台的发展构想 [J]．农村电气化，2019（8）：39–42.

[14] 陶振．迈向智慧应急：组织愿景、运作过程与发展路径 [J]．广西社会科学，2022（6）：120–129.

[15] 何影，易检长，任中俊．建筑设备智能管控系统及其在医院建筑的应用 [J]．建筑热能通风空调，2022，41（1）：95–98.

[16] 侯音．智能建筑设备节能优化运行控制技术探讨 [J]．居业，2015（4）：53–54.

[17] 杨文波．智能建筑设备维护管理系统平台设计 [J]．微型电脑应用，2019，35（5）：78–79+88.

二维码 5-3
第 5 章 思考与
习题参考答案

二维码 5-4
智慧校园方案

二维码 5-5
智慧医院 – 相城区
方舱医院一期工程

二维码 5-6
智慧文旅 – 虚实
结合的寒山寺智
慧运维

第6章

建筑数字资产运维和管理

1. 建筑数字资产移交运维与管理；
2. 数字资产移交的关键要素与流程；
3. 数字技术在资产移交中的应用。

教学目标 📑

1. 理解建筑数字资产移交运维与管理的重要性；
2. 掌握建筑数字资产移交的目标与原则；
3. 熟悉数字资产移交的关键要素与流程；
4. 了解 BIM 技术在资产移交中的应用。

案例引入 📄

太仓市娄江新城医院数字资产运维与管理

太仓德瑞健康产业有限公司新建太仓市娄江新城医院（上海交通大学医学院附属瑞金医院太仓分院）项目位于江苏省太仓市娄江新城南部临沪国际社区，项目建设用地总面积为 12 万 m²，总建筑面积约 264 295.55m²，地上 151 717.49m²，地下 112 578.06m²。为了推进医院数字资产运维管理，研发了基于 BIM 的智慧医院运维平台，该平台由领导看板、空间管理、资产管理、环境监测、运维管理、能源管理、BMS 分析、警告管理、综合管理等功能模块组成。其中领导看板配置大屏看板，领导可在主席台发布指令，实时调取医院建筑运维数据。空间可视化管理可以在软件中可单独点击每个区域，点击后可查看该位置的部门或公司的详细信息，同时也可查看当前选中楼层的办公位利用率、办公位总数量、闲置数量、闲置办公位的分布情况等；针对重点管理区域，可点击卡座、办公桌、会议桌等构件，弹窗查看关联信息，包括当前卡座员工信息（含职位、电话号码、网络端口号码等），也可查看历史信息；空间信息变化时，可手动改变区域或卡位关联信息，系统可保存历史记录，并能够展现当前信息的变化。办公空间管理可通过平台打通会议系统，实现 PC 端、移动端，智能约定会议室，进行合理会议排期，充分利用会议室的使用率，智能会议室集成了视频会议、远程协作、白板书写、无线投屏等办公场景功能，化繁为简，突破物理空间限制，构建数字化办公空间，沟通协作更高效。重点机房可全方位监控机房环境，对机房内温度、湿度、漏水检测、空调状态及 UPS 状态等数据进行监测，通过监控显示屏实时显示；机房环境的异常信息通过短信或电话形式通知管理人员。依托设备资产管理平台对固定资产进行编码登记，以及大型资产设施的在线监测，可实现物业对园区资产的管理使用情况一目了然，设备故障自动报警维修，唤醒沉睡资产，提高资产利用率。

随着建筑行业的数字化转型，建筑信息模型（BIM）等数字资产承载着建筑项目全生命周期的关键信息，涵盖了设计、施工、运营与维护等各个阶段的数据。因此，数字资产移交涉及资料的完整性、数据的准确性、系统的互通性等多个方面，需要建设团队和运营管理团队之间密切合作，确保数字资产在移交过程中不发生信息丢失或损失，并能够无缝对接后续的运营管理工作。

本章节旨在深入探讨建筑数字资产移交运维与管理的重要性，并提供相关的指导和建议。着重介绍数字资产移交的目标与原则，包括确保资料完整、数据准确、运营团队了解数字资产的使用方法等；探讨数字技术在资产移交中的应用，例如数据转换、信息集成和数字化培训等；讨论可能遇到的挑战以及解决方案，例如标准不统一、软硬件兼容性等问题。

建筑数字资产移交运维与管理是数字化建筑领域中至关重要的一环。在建筑项目完成后，将数字化资产从建设团队交接给业主或运营管理团队，确保后续的资产运营和管理能够高效、顺利地进行。成功的数字资产移交能够为业主或运营管理团队提供便利，使其能够充分利用数字资产，优化建筑运营和维护过程，提高效率，降低成本，并最终提供更好的建筑使用体验。因此，建筑行业必须重视数字资产移交运维与管理，积极推进数字化建筑项目的成功交付和运营管理，以适应数字化时代的发展趋势。

6.1　数字资产的内涵

6.1.1　数字资产的定义与特征

数字资产是指以数字形式存在的任何资产，可在区块链网络上进行交易和存储。这些资产的价值不仅来源于其本身的属性，还来源于市场对其价值的认可。数字资产的种类非常丰富，包括但不限于加密货币、数字艺术品、虚拟土地等。数字会计、办公自动化、电子支付系统等网络时代的平台，使得现行的生产方式具备传统生产方式无法比拟的优越性。然而在现实生活中，这些资产只是存在于磁性介质上的一连串"0"和"1"的代码。虽然它们是数字商品，但体现了资产的属性，具有以下五个关键特征，如图 6-1 所示。

1）价格昂贵：由于应用软件的专业性，专门设计用于特定任务，因此成本相对较高。

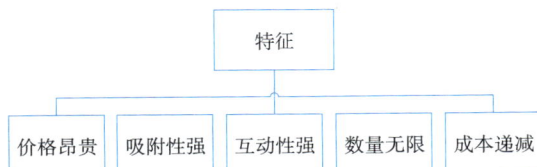

图 6-1　数字资产特征

特征

价格昂贵　吸附性强　互动性强　数量无限　成本递减

2）吸附性强：应用软件需要计算机硬件和系统软件的支持才能发挥作用，不能独立运行。

3）互动性强：即使是最简单的应用软件也具有一定的交互功能，比如提供操作员错误提示，展现了 IT 行业产品的基本优越性。

4）数量无限：数字资产作为资产是稀缺的（并非所有企业或个人都能创建数字资产），但其供应可以是无限的，而有形资产总是受到企业财产和存储空间的限制。

5）成本递减：数字资产的成本主要包括早期的研发以及销售和其他经营费用，由于数字产品的无限生产能力，随着销售量的增加，数字产品的成本将越来越低。

6.1.2 数字资产与 BIM 技术

建筑数字资产以行业需求驱动为工程建筑创造资产价值和业务价值，目前建筑数字资产的管理和应用还处于初级阶段，需要借助 BIM、数字孪生、智慧工地大数据等新一代信息技术，把建设项目全生命周期中的环节利用数字资产串联到一个整体。

作为工程数据集成化平台，BIM 模型在技术交付过程中承担着核心信息载体的功能。在制定技术交付协议时，缔约双方应就以下关键条款进行法定化约定：数字化资产转移的费用构成及支付条款、信息移交途径与标准、数据集成技术规范、合作各方的权责范围以及服务期限等核心要素。此类经法律认证的契约文件不仅为项目参与主体构建了权益保障机制，而且成为数字化资产交割流程中具有约束力的规范性文件。在项目全生命周期实施过程中，BIM 模型及其关联数据系统将作为核心信息载体，持续支撑各阶段的技术交付工作。这种数字化的信息传递机制不仅贯穿项目始终，而且在工程管理中发挥着主导作用。基于此，BIM 模型的体系架构必须具备严格的数据准确性与信息有效性标准，同时确保建筑信息模型的创建流程与传输机制保持高度协同，以此实现数字化资产交付的精确控制与高效运作。

二维码 6-2
案例——恒通 AI
科创大赛 BIM 运
维平台

如图 6-2 所示，在项目的全生命周期中，BIM 是各种技术的综合载体，

图 6-2 BIM 相关技术示意

也正是因为这个特点，BIM 技术数字档案转移机制和方案就成为整个过程的关键因素。依托工程结构单元的数字资产集成体系，构建覆盖项目全生命周期的 BIM 模型管控框架。通过动态化的数据嵌入机制与持续性的信息更新策略，结合项目具体实施需求，建立完整的数据治理体系与应急响应预案。在数字资产移交过程中，通过规范化的档案迁移流程确保各参与方的合法权益，从而实现基于 BIM 技术的数字化档案安全、高效转移目标。

6.2 数字资产交付

数字化交付是一种全新的交付方式，通过数字化平台有效管理工程信息，并按照标准运维模式提交设计、采购、施工等阶段生成的数据、文档和模型，与传统的纸质文档交付方式有所区别。数字化交付贯穿项目建设和运维全生命周期，是协同设计、建设信息透明化、提高工程效率和企业管理运维效果的有效手段。

在工程建设阶段，数字化交付提升了建设效率。它满足了业主和管理者对可视化数据的需求，通过数字孪生技术构建工程模型，透明地向各项目参与方提供施工过程信息，增强了各方在项目实施中的协调性，减少了冲突和风险，缩短了项目周期。

在工程运营阶段，数字化交付能够准确快速运维。系统以运维项目管理为中心，以设备设施为对象，采用信息化手段，对运维过程中的信息监控、应急抢修、运维检修、运行预警以及日常运营等多方面集中管理，建立统一管控平台。图 6-3 所示为数字资产运维系统。

数字化交付涵盖了基于 BIM 模型的工程建设全过程信息，其中包括以下数据对象：功能系统、数据、设施构件和设备、位置以及文档、组织机构及人员对象、关系对象等。通过数字化交付，工程项目能够实现信息的数字化、可视化、透明化，有助于提高工程的效率，降低风险，并促进各个参与方之间的协同合作。相比传统的纸质交付，数字资产交付具有更多优势，如图 6-4 所示。

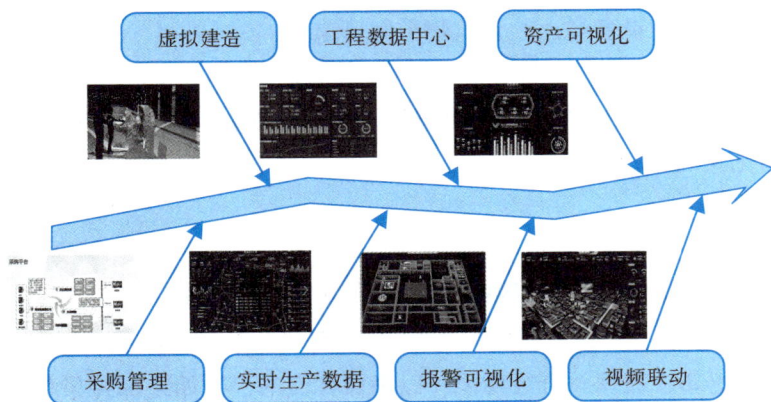

图 6-3　数字资产运维系统

图 6-4　数字资产传输流程

6.2.1　基于 BIM 技术数字资产移交

基于 BIM 技术的工程数字化移交系统是一个集成了 BIM 技术和相关工具的软件平台，用于在工程项目完成后，将项目相关信息以数字化形式交付给业主或运营方。这样的系统能够帮助实现更高效、更准确、更便捷的工程交付和设施运营。

1）基于 BIM 的工程数字化移交系统，其包括以下步骤：整合多部门多机构工程验收信息；管理系统的工作权限；判断集成信息管理系统功能的完备性；读取工程验交信息数据；BIM 模型数据有效完备，工程验交信息集成入库；工程验交信息数据移交。

2）BIM 的工程数字化移交系统，其特征在于：一是利用设计方提供的现有资料，创建全信息模型，以图形形式支持设施设备的可视化管理；二是通过建立工程数据中心，将传统二维设计和管理方式所产生的零散图纸、文档和数据记录与三维信息模型建立关联，为各类运行维护管理系统提供数据支持；三是将正向设计的模型进行拆分，并加入相应的施工设备，完整模拟施工全过程，形成一个真实模拟施工全过程的施工模拟模型，并通过参数设置将施工设备与永久建筑物分解开来。

通过系统中施工阶段的字段控制所述施工模拟模型形成所需的施工设备的形成与消失过程，所述施工设备的形成与消失均按标准施工顺序执行。验收数据的实时获取，工程资料的模型化导入，工程竣工资料完工，工程资料 BIM 快速化查询。数字资产移交流程如图 6-5 所示。

1. BIM 工程数字化移交系统具备功能

1）BIM 数据管理：承载、管理和维护 BIM 模型及其相关数据，包括对 BIM 模型的版本控制、数据更新、数据整合等功能，以确保移交的信息始终保持最新和准确。

2）文件管理：处理和管理项目相关的其他文档，如设计图纸、规范说明书、设备手

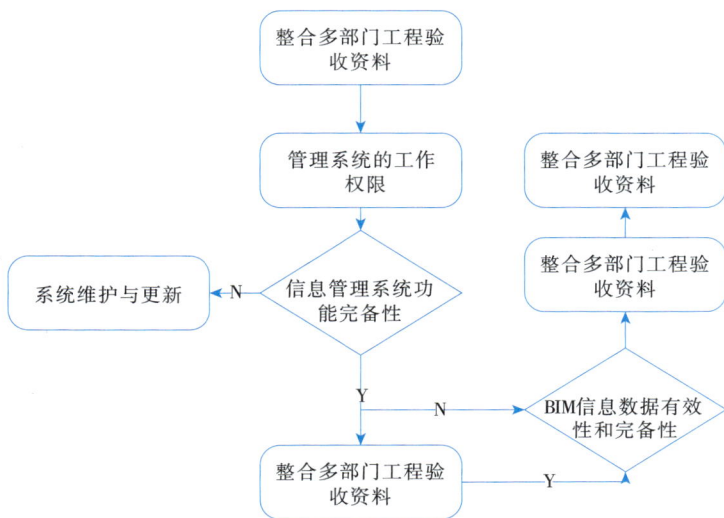

图 6-5　数字资产移交流程

册等。这些文件与 BIM 模型一起构成了完整的数字化移交内容。

3）可视化展示：提供基于 BIM 模型的可视化展示功能，使业主或运营方能够通过三维视图更直观地了解建筑物或工程项目的结构和属性。

4）属性信息管理：对 BIM 模型中的构件属性信息进行管理和维护，如设备规格、材料信息、维护周期等。

5）数据查询与检索：提供快速查询和检索功能，使用户能够轻松找到需要的信息，无须翻阅大量文件。

6）数据导出：允许将 BIM 数据和其他相关信息导出为标准格式，方便在其他应用程序中使用或与其他系统进行集成。

7）安全与权限管理：通常具备安全性措施，限制对敏感信息的访问权限，确保信息只向授权人员开放。

8）数据标准化：支持特定的数据标准和交换格式，以促进数据在不同项目和平台之间的交流和共享。

9）培训与支持：针对使用该系统的用户，可能提供相关的培训和技术支持，以确保他们能够充分利用系统的功能。

通过使用基于 BIM 技术的工程数字化移交系统，项目团队能够更好地管理、整合和传递工程项目的信息，为业主或运营方提供更高质量的数字化交付成果，提升工程项目的交付效率和后续运营管理水平。数字资产交付流程如图 6-6 所示。

2. BIM 工程数字化移交系统关键技术

基于 BIM 技术的工程数字化移交系统涉及多个关键技术，这些技术共同协作，实现高效、准确的数字化移交。以下是其中一些关键技术：

二维码 6-3
数字资产交付案例

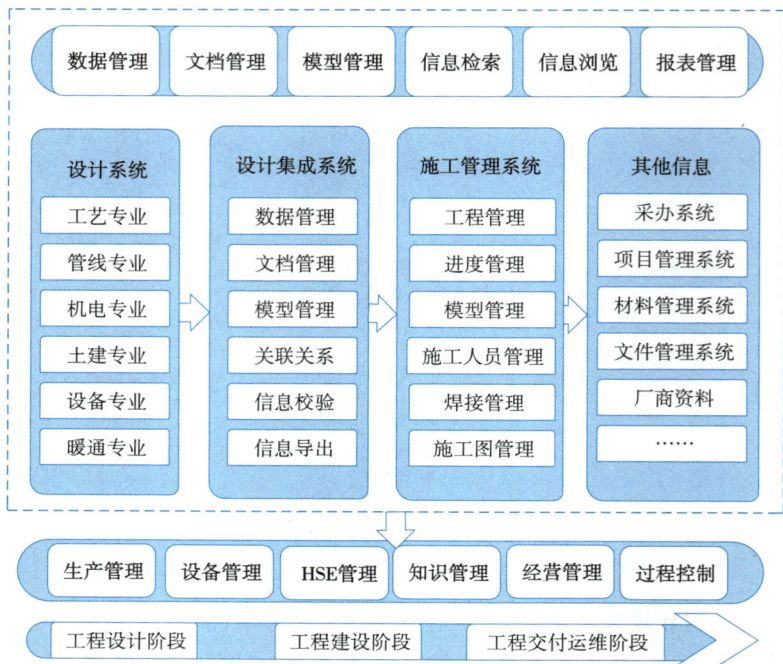

图 6-6　数字资产交付流程

　　1）BIM 建模与数据管理：这是整个系统的核心技术。BIM 建模技术用于创建建筑信息模型，包括几何形状、构件属性、材料信息等。数据管理技术用于对 BIM 模型中的数据进行管理、更新和维护，确保信息的准确性和一致性。

　　2）数据整合与交互：将来自不同软件和工具的数据整合到一个统一的 BIM 模型中是至关重要的，因为建筑项目涉及多个专业领域，如结构、机电、给水排水等，各专业的数据需要有效地交互和整合。

　　3）可视化技术：这项技术用于展示 BIM 模型和相关数据的可视化，通常以三维模型的形式展示，这样可更直观地理解建筑物的结构和特征。

　　4）数据标准化：在 BIM 项目中，数据标准化非常重要，特别是在数字化移交过程中，通过使用统一的标准，可以确保数据格式一致，方便数据的传递和交流。

　　5）数据安全与权限控制：数字化移交涉及大量的敏感信息，包括设计图纸、设备参数等。因此，确保数据安全性并限制不同用户对信息的访问权限是必要的。

　　6）数据查询与检索：高效的数据查询和检索功能使用户能够快速找到需要的信息，提高工作效率。

　　7）数据导出与集成：支持将数据导出为标准格式，以便在其他应用程序中使用或与其他系统进行集成。

　　8）版本控制与更新管理：工程项目在不同阶段可能会有多个版本的 BIM 模型，因此需要对这些版本进行管理，确保移交的信息是最新的。

9）培训与技术支持：这不仅是一项技术，还涉及为使用该系统的用户提供培训和技术支持，使他们能够充分利用系统的功能。

这些关键技术共同构成了基于 BIM 技术的工程数字化移交系统，使其能够有效地管理、整合和传递工程项目的信息，提高数字化移交的质量和效率。

3. BIM 工程数字化移交系统目标

基于 BIM 的工程数字化移交系统主要的目标是搭建网络平台，涉及移交系统的集成，以及在 BIM 平台上进行综合展现，提升数据管理的信息化水平，如图 6-7 所示，主要包括以下 5 个方面：

1）运用数字化设计成果移交系统开展数字成果移交，实现各阶段信息的充分共享。

2）利用 BIM 平台展示基础数据和设计成果，以便实现工程数据的一体化查询。

3）充分整合 BIM 平台与数字化移交系统，发挥各自优势，实现数字成果的共享和统一管理。

4）制定规范的数据处理流程，减少数据处理的重复工作，有效削减生产和数据成本，提高数据利用率。

5）调整数字化移交的工作流程和模式，降低相关人员的工作负担，提升工程设计成果的信息管理水平。

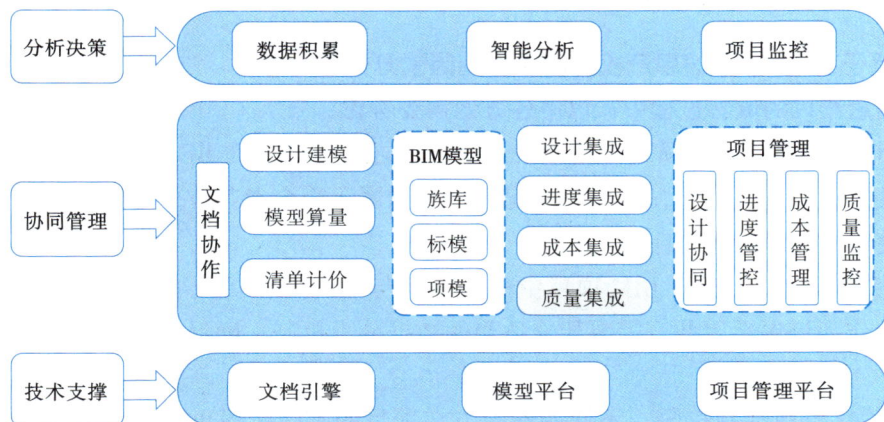

图 6-7 数字资产交付 BIM 协作平台

6.2.2 基于 BIM 技术信息产权的流转

1. 基于 BIM 技术信息产权的流转概念

基于 BIM 技术信息产权的流转涉及通过 BIM 技术创建、修改、使用和共享的信息的所有权和使用权的转移和管理过程。在 BIM 项目中，各个参与方（如建筑师、工程师、承包商、设备制造商等）会产生和贡献各种信息，包括但不限于设计方案、构件属性、设备规格、施工细节、材料参数等。这些信息在 BIM 模型中相互关联，形成了一个综合性的数字化建筑信息模型。因为涉及多个参与方的合作和协作，信息产权的归属和管理变得相对复杂。信息产权的流转是指在项目的不同阶段和不同参与方之间，这些信息的所有权和使用权进行转移和分配。

2. 基于 BIM 技术信息产权的流转应用

BIM 模型作为技术交付的核心媒介，承载着工程项目至关重要的工程技术数据信息。在交付双方正式签订交付协议之际，需详尽地将数字资产转移所涉及的费用构成、支付条款、双方约定的数据传递方式、数据整合的明确标准、各自的权利与义务，以及服务周期等关键要素纳入协议条款，并逐一清晰界定。依法缔结的这份协议，将为双方的合法权益提供坚实的法律保障，同时成为整个数字资产交付流程中不可或缺的指导与依据。

在 BIM 技术的推动下，信息产权的流转应用变得更加灵活与高效。传统的建筑项目管理中，信息产权的流转往往受到信息传递不畅、数据格式不兼容等问题的制约。而 BIM 技术通过统一的数据标准和平台，打破了这些壁垒，使得信息产权能够在不同参与方之间无缝流转。同时，BIM 模型的可视化特性也使得信息产权的价值更加直观，有助于各方在流转过程中达成共识，提升合作效率。此外，BIM 技术还支持对信息产权进行精细化的管理，如设置访问权限、追踪数据流向等，进一步保障了信息的安全与规范性。

3. 基于 BIM 技术信息产权的流转影响因素分析

在信息产权的流转过程中，以下各方面需要考虑：

1）合同和协议：在项目开始阶段，参与方之间应明确在 BIM 项目中产生的信息的归属和使用权。合同和协议应清楚规定哪些信息属于哪个参与方，并阐明是否允许其他参与方使用或共享这些信息。

2）数据分享和交换：BIM 项目中的不同参与方需要相互分享和交换信息，以实现项目的协作和进展。因此，需要建立适当的数据分享机制，确保信息得到适当的授权和保护。

3）信息可视性和权限：不同的参与方在项目的不同阶段可能需要查看和使用 BIM 模型和相关信息。在信息流转中，需要考虑不同参与方的可视性和权限设置，确保信息在合适的人员间进行交流。

4）信息修改和更新：在项目生命周期中，BIM 模型和相关信息可能会经历多次修改和更新。需要记录和追踪信息的修改，以防止不当的更改和误用。

5）知识产权保护：在 BIM 项目中，有些信息可能涉及知识产权，如专利技术或商业机密。在信息流转中，需要采取措施保护这些知识产权，防止未经授权的使用和泄漏。

6）数据格式和标准：为了保持信息的一致性和完整性，需要确保信息在不同软件平台和系统之间的交流和共享遵循特定的数据格式和标准。

7）信息归档和长期保存：在项目完成后，有些信息可能需要长期保存，以便后续运营和维护使用。因此，需要建立适当的信息归档和保存机制。

4. 基于 BIM 技术信息产权移交管理目标

BIM 技术信息产权移交管理的目标主要包括以下 6 个方面：

1）数据的准确性和一致性：BIM 模型中包含了大量的建筑数据，包括设计信息、构造细节、材料规格等。信息产权移交管理的目标是保证这些数据在交付过程中不出现错误或不一致，以避免后续阶段出现因数据错误导致的问题和额外的成本。

2）提供完整的信息交付：在项目不同阶段，各利益相关者需要不同的 BIM 信息来支持决策和执行任务。目标是确保在每个阶段都提供完整、适用的 BIM 信息，以满足相关方的需求。

3）确保信息的可访问性和可用性：BIM 信息在整个建筑生命周期中都需要被使用和更新。因此，信息产权移交管理的目标是确保这些信息可以方便地被获取、查看和修改，同时保持数据的一致性。

4）支持持续的合作和沟通：建筑项目涉及多个团队和利益相关者，信息产权移交管理的目标是促进各方之间的合作和沟通，使得信息交付的过程更加高效和无缝。

5）保护知识产权和商业机密：在信息交付的过程中，可能涉及一些商业敏感信息和知识产权。目标是确保这些信息不被未经授权的人员获取或使用，保护项目参与者的合法权益。

6）提高项目管理效率：BIM 技术可以提供更加全面和精确的建筑信息，信息产权移交管理的目标是利用这些信息来优化项目管理流程，提高项目执行效率。

BIM 技术信息产权移交管理的目标是通过确保 BIM 模型及相关信息的准确、完整和及时交付，支持建筑项目各个阶段的决策和执行，从而提高整个建筑生命周期的效率和质量。

5. 基于 BIM 技术信息产权移交管理步骤

基于 BIM 技术的项目数字信息交付产权移交管理涉及多个步骤，以确保信息的所有权、使用权和安全性得到合法和适当的管理。一般步骤包括：

1）明确产权归属：在项目启动阶段，明确项目中各个参与方的数字信息产权归属，确保每个参与方了解他们在项目中所拥有的信息产权。

2）制定产权管理计划：制定数字信息产权管理计划，明确信息的所有权、使用权、安全性管理措施以及信息交付的具体要求和标准。

3）数据规范和标准：确定数字信息交付的数据规范和标准，以便所有参与方在交付信息时使用统一的数据格式和标准。

4）数据采集和整合：在项目的不同阶段，各个参与方需要采集和整合数字信息，确保数据的采集和整合过程符合制定的数据规范和标准。

5）数据审核和验证：在信息产生和整合的过程中，进行数据的审核和验证，确保数据的准确性和完整性。

6）信息产权的移交：在项目完成后，进行数字信息产权的移交，确保信息的所有权和使用权在合同和协议约定的范围内进行合法的移交。

7）数据分享许可和权限管理：确定数据分享许可和权限管理机制，确保信息在合法授权的范围内流转和使用。

8）信息归档和保存：对数字信息进行归档和保存，以确保信息的长期保存，支持后续运营和维护使用。

9）信息安全管理：对于涉及敏感信息的数字信息，需要确保信息的安全性，采取适当的安全措施，防止信息泄漏和未经授权的访问。

10）监督和评估：在整个数字信息交付产权移交管理过程中，进行监督和评估，确保流程的有效性和合规性。

6.2.3　影响产权移交与管理的因素

BIM 信息产权移交与管理是将建筑信息模型的所有权从一个实体转移给另一个实体，并确保在整个生命周期内进行有效管理的过程。产权移交与管理是一个复杂的过程，受多个因素的影响。首先，法律和政策是产权移交与管理的基础。每个国家和地区都制定了相关规定，包括交易程序、登记制度和产权保护法等。其次，经济因素也起着重要作用，另外宏观经济政策、市场竞争和产业发展都会对产权流动和管理产生影响。

此外，技术进步也改变了产权管理的方式，比如区块链技术使交易更加透明和安全。文化因素也是不可忽视的，不同文化对产权的理解和价值观念会影响产权制度的建立和运行。同时，社会稳定和信任也是产权管理的重要前提。管理机制的健全性也决定了产权管理的有效性，包括登记制度和交易市场的完善程度等。为了促进产权的流动和保护，需要综合考虑这些因素，建立健全的法律和管理框架。

BIM 项目中资产移交涉及多个影响因素。技术因素包括数据兼容性、信息交付流程描述、数据信息差异性、软件兼容性和检测检验方式方法。这些因素导致信息传递和共享困难，数据一致性问题以及难以发现和纠正模型中的错误。此外，项目因素方面的影响因素包括基于 BIM 的信息交付任务流程的缺乏形成和应用，组织结构的变化，不可控因素存在，目标不明确以及缺乏 BIM 技术应用的战略规划。

在实施 BIM 信息产权移交和管理时，需要综合考虑这些因素，并确保相关利益方之间的合作和沟通。因此在实施 BIM 信息产权移交和管理时，需要综合考虑各项因素并确保相关利益方之间的合作和沟通。

1. 合同条款和法律规定

合同和协议对于基于 BIM 信息的产权移交和管理具有关键作用。合同和协议是明确双方权益和责任的法律文件，确保信息交付过程的顺利进行。

1）所有权和使用权：合同应明确规定 BIM 信息的所有权和使用权限归属。例如，设计师和承包商在合同条款中可能规定将 BIM 信息的所有权移交给业主，但保留一定的使用权，以便后续项目阶段或运维过程中进行必要的更新和维护。

2）访问权限和数据交付：合同中应明确规定对 BIM 信息的访问权限和数据交付要求。这涉及在何时、以何种方式及其他条件下向特定的利益相关方交付 BIM 信息。合同可能要求设计师和承包商在特定时间节点交付特定版本的 BIM 模型或数据，并确保交付的数据具有一致性和准确性。

3）责任和义务：合同应明确规定各方在产权移交和管理过程中所承担的责任和义务。例如，设计师和承包商应确保交付的 BIM 信息符合合同规定的标准和要求，并承担相应的质量控制责任。业主或运营商则可能有义务维护和更新交付的 BIM 信息，以确保其持续可用和与实际建筑状态一致。

4）变更管理：合同中应包含适当的变更管理机制，以应对可能涉及 BIM 信息产权移交和管理的变更需求。例如，如果在项目进行过程中需要对 BIM 模型进行变更，合同应规定如何处理变更、更新 BIM 信息并重新进行产权移交。

5）法律和解决争议：合同中应明确适用的法律和解决争议的条款，以确保任何涉及 BIM 信息产权移交和管理的争议可以得到妥善解决。这有助于减少法律纠纷并保护各方的权益。

2. 行业标准和规范

行业标准和规范对于基于 BIM 信息的产权移交和管理具有指导作用。BIM 信息模型通常由多个互联的文件和数据组成，其格式和标准可能因行业、项目要求或组织要求而异。行业标准和规范提供了一套共同的规则和指引，确保交付的 BIM 信息符合一致的标准和质量要求。

1）BIM 执行计划：BIM 执行计划是规范项目中 BIM 信息交付过程的文件。它规定了 BIM 信息的交付要求、格式、标准以及参与方的职责和义务。BIM 执行计划被视为标准和规范的具体应用指南。

2）信息交付规范：信息交付规范是指导 BIM 信息交付的详细技术规范。它规定了 BIM 信息的数据格式、命名约定、结构、属性和分类等。信息交付规范确保 BIM 信息在交付和管理过程中的一致性和可操作性。

3）数据交换标准：数据交换标准定义了 BIM 信息在不同软件和工具之间进行交换的规范。它规定了数据的格式、协议和接口，以确保不同系统之间的数据互操作性。数据交换标准促进信息的共享和流通，减少了数据传递和转换的问题。

4）相关行业标准：除了 BIM 特定的标准和规范，还有一些相关行业标准对于基于 BIM 的产权移交和管理有影响。例如，建筑设计、施工和运营方面的 ISO 标准、国家建筑法规和安全标准等。

5）最佳实践指南：行业组织和专业机构发布了一系列的最佳实践指南，为 BIM 信息交付和管理提供指导和建议。这些指南根据行业经验和实践总结，帮助各方更好地应用 BIM 技术，提高信息交付和管理的效率和质量。

3. 数据格式和互操作性

BIM 信息需要以适当的格式和标准进行交付和管理。数据格式和互操作性对于基于 BIM 信息的产权移交和管理具有重要影响。BIM 信息的交付和管理需要确保数据在不同软件和工具之间的互操作性，以有效地共享和使用 BIM 数据。

开放标准和文件格式：在 BIM 领域，一些开放的标准和文件格式被广泛使用，例如 Industry Foundation Classes（IFC）和 Construction Operations Building Information Exchange（COBie）。这些开放标准和文件格式促进了不同 BIM 软件和工具之间的数据交换和共享。

1）数据格式转换和验证工具：由于不同的 BIM 软件和工具使用不同的数据格式，数据格式转换工具可以帮助将 BIM 数据从一个格式转换为另一个格式，以实现互操作性。验证工具可以确保转换后的数据的准确性和完整性。

2）BIM 工具和软件的互操作性：能够无缝地共享和处理 BIM 数据的能力。一些 BIM 工具和软件提供了插件和接口，使得不同工具之间的数据互操作性更加容易。

3）数据标准化和一致性：为了实现更好的互操作性，BIM 数据应遵循一定的标准和规范。这包括数据的命名约定、分类系统、属性和参数等。通过数据的标准化和一致性，可以减少数据在不同工具和平台之间的转换和调整。

4）数据管理平台和云服务：一些数据管理平台和云服务提供了集中存储、访问和共享 BIM 数据的功能。这些平台和服务可以有效地管理多个参与方的 BIM 数据，并提供安全的数据交换和互操作性。

确保数据格式的一致性和互操作性对于基于 BIM 信息的产权移交和管理至关重要。这些确保了 BIM 数据的有效传递和使用，促进了各方之间的协作和沟通，提高了信息交付和管理的效率和质量。此外，数据格式和互操作性也为未来的使用、维护和运营阶段奠定了良好的基础。

4. 数据安全和隐私

由于 BIM 信息可能包含敏感的设计和建筑数据，保护数据的安全性和隐私成为影响产权移交和管理的重要因素。合适的数据安全措施和隐私政策需要得到落实。

1）访问控制和权限管理：一种限制用户对网络资源访问的方法，确保网络资源的安全性和可用性，访问控制是数据安全的基本要求。采用访问控制措施，如密码、身份验证和访问权限管理系统，可以限制数据的访问范围，保护数据不被未经授权的人员获取。

2）数据加密和安全传输：在 BIM 信息的交付和传输过程中，采用数据加密技术和安全的传输协议是确保数据安全的重要措施。加密可以防止未经授权的人员读取和修改数据，而安全传输协议可以保护数据在传输过程中的安全性。

3）数据备份和恢复：进行定期备份数据可以保护数据免受损失。合适的数据备份策略和恢复机制可以确保在意外数据损坏或丢失的情况下，能够快速恢复 BIM 信息，并保证了数据的完整性和可用性。

4）隐私保护和合规性：BIM 信息可能包含涉及个人身份和隐私的数据，如业主信息、设计方案和商业机密。保护数据的隐私和遵守相关的隐私法规和合规性要求是确保数据安全和合法性的关键。合同和协议应明确规定数据的隐私保护措施和责任分配。

5）安全培训和意识：确保参与方了解数据安全的重要性，并提供安全培训和意识计划，有助于提高数据安全和隐私保护的水平。通过教育和培训，参与方可以了解数据安全的最佳实践，遵守安全政策和操作指南。

5. 培训和技术支持

产权移交和管理需要相关人员具备必要的技能和知识。培训和技术支持的可用性和质量将对信息的交付和管理产生影响。

1）系统支持和故障排除：技术支持团队可以提供针对 BIM 软件和工具的技术支持，帮助解决使用过程中遇到的问题和故障。

2）应用培训和指导：为参与方提供 BIM 软件和工具的应用培训和指导，有助于提高使用 BIM 的能力和效率。培训内容可以包括软件基本操作、建模技巧、协同工作和数据管理等方面。

3）标准和流程培训：除了软件的培训，还可以提供关于标准和流程的培训。这包括 BIM 信息交付规范、数据标准和更新流程等方面的培训，确保参与方了解并遵守相关的标准和流程要求。

4）新技术和工具引入：随着 BIM 技术和工具的不断发展，新的技术和工具可能被引入到项目中。为参与方提供相关的技术支持和培训，帮助他们适应并有效地使用新的技术和工具。

5）用户交流和经验分享：技术支持和培训过程中，也可以提供用户交流和经验分享的机会。参与方可以共享他们的经验和最佳实践，互相学习和借鉴，进一步提高 BIM 信息交付和管理的能力。

提供适当的技术支持和培训可以极大地提升基于 BIM 信息的产权移交和管理的成功率和效果。这不仅可以帮助参与方掌握和应用 BIM 技术，还有助于建立一个共享、学习和合作的文化，促进项目各方之间的有效沟通和协作。

6. 文化和组织变革

BIM 的采用可能会引起文化和组织上的变革。在产权移交和管理过程中，必须考虑并适应相关实体的文化和组织结构。

1）团队合作和协同文化：采用 BIM 技术需要各方之间的紧密协作和合作。建立团队合作和协同的文化，鼓励信息共享与交流，可以更好地促进信息交付和管理，避免信息孤岛和沟通障碍。

2）变革管理：BIM 技术的采用涉及组织内部的重要变革。进行有效的变革管理，包括明确变革的目标、制定变革计划、沟通变革的重要性以及培养组织成员的变革意识和能力，是成功采用 BIM 并实现信息交付和管理目标的关键。

3）角色和职责重新定义：引入 BIM 技术可能会导致参与方角色和职责的重新定义。这涉及在产权移交和管理过程中明确定义 BIM 角色和职责，以确保各方明确自己的职责范围和任务，减少重复劳动和沟通问题。

4）信息共享和透明度：BIM 技术鼓励信息的共享和透明度，建立一个促进信息共享和透明度的文化，鼓励参与方自愿共享信息，可以提高信息交付和管理的效率和质量，减少信息隔阂和错误。

5）培训和教育：培训和教育可以帮助消除人员对新技术的不安和抵触，激发他们对 BIM 技术的兴趣和积极性。

6）持续改进和学习文化：BIM 技术的应用是一个持续改进和学习的过程，建立一个持续改进和学习的文化，鼓励组织成员不断探索和实验新的方法和技术，可以帮助提高信息交付和管理的效益和创新性。

通过文化和组织变革，组织能够适应和应对 BIM 技术的引入，实现更高效和可持续的信息交付和管理。良好的文化和组织变革可以改善团队协作和沟通，促进信息共享和透明度，增强组织的创新能力和竞争力。它还提供了一个学习和成长的机会，为组织的未来发展奠定了坚实的基础。

6.3　数字资产运维管理平台

6.3.1　部署架构

在建筑数字资产运维与管理方面，数字资产运维管理平台的部署与架构包含以下内容：服务器和存储设备，网络设备，软件支持，数据安全性措施，控制词表管理和元数据管理，可扩展性，用户界面和应用程序，如图 6-8 所示。

二维码 6-4
数字资产运维管理平台

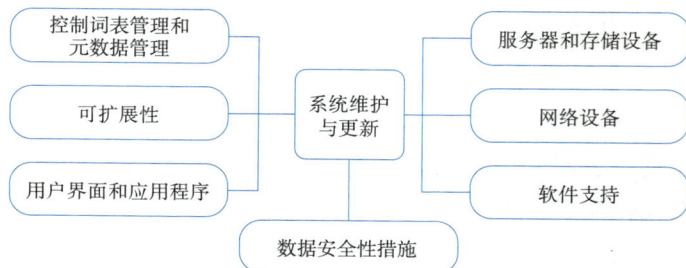

图 6-8　数字资产运维管理平台

1. 服务器和存储设备

服务器和存储设备在建筑数字资产运维与管理方面扮演着至关重要的角色，它们是数字资产运维管理平台的核心组成部分。以下将说明服务器和存储设备在平台中的作用和重要性。

服务器是数字资产运维管理平台的基础设施之一，它承担着平台应用程序的运行和业务处理任务。在数字资产运维中，服务器可以分为多个类别，包括应用服务器、数据库服务器和文件服务器等。首先，应用服务器负责执行平台的业务逻辑和处理用户请求。它承载着数字资产运维管理平台的各种功能模块，如数字资产收集、分类、分析、预警等，以及用户界面的展示和交互。应用服务器的性能直接影响到平台的响应速度和用户体验，因此在部署架构中，需要根据平台的业务需求和预期的用户访问量，选择适当的应用服务器配置，以确保平台的高效稳定运行。

其次，数据库服务器是平台的核心，用于存储和管理数字资产的数据。在数字资产运维管理平台中，会产生大量的数据，包括建筑模型、施工进度、设备监测数据等。这些数据的存储和管理是平台的重要任务。数据库服务器需要具备高性能和高可靠性，以确保数据的快速读写和安全存储。选择合适的数据库管理系统也非常重要，常见的选择有 MySQL、Oracle、SQL Server 等，根据平台的规模和数据量选择适合的数据库系统。另外，文件服务器用于存储和管理数字资产的文件和文档。在建筑数字资产运维与管理中，涉及大量的工程图纸、文档、模型等文件资料，这些文件需要安全可靠地存储和管理。

2. 网络设备

数字资产运维管理平台中的各个服务器需要进行数据通信，因此需要网络设备来搭建稳定可靠的局域网或广域网。这些网络设备包括交换机、路由器等。

1）交换机：局域网中的核心设备，它用于在局域网内部实现数据包的转发和交换。在数字资产运维管理平台中，各个服务器和设备通过交换机连接在一起，形成一个局域网，使得它们可以相互之间快速地传输数据。交换机支持以太网技术，能够根据 MAC 地址来识别不同设备，并实现数据的定向传输，避免了广播风暴和数据冲突。

2）路由器：在广域网中实现数据包转发和路由选择的设备。路由器负责将数据包从一个局域网传输到另一个局域网，同时选择最优路径来确保数据的高效传输。

3）防火墙：保障网络安全的重要设备。在数字资产运维管理平台中，防火墙用于监控和过滤进出平台的网络流量，以防止未经授权的访问和攻击。防火墙可以根据预设的规则和策略来允许或拒绝特定的数据包，保护平台免受网络攻击和入侵。

4）网络交换设备：除了交换机和路由器，数字资产运维管理平台可能还需要其他网络交换设备，如网络集线器、网桥等，以满足特定的网络需求。网络集线器用于连接多台设备，并将数据广播给所有连接的设备，网桥用于将两个或多个局域网连接在一起，扩展局域网的范围。

5）网络管理软件：网络设备需要通过网络管理软件进行配置和管理。这些软件可以对网络设备进行监控、配置、故障诊断和性能优化，保障网络设备的正常运行和管理。

在数字资产运维管理平台中，网络设备的稳定性和可靠性至关重要，它们构建了数字资产运维管理平台的通信基础，保障了各个服务器之间的数据交换和传输。通过合理地配置和管理网络设备，可以确保数字资产的高效管理和运维，提升平台的工作效率和安全性，为工程项目的数字化运营提供稳定可靠的支持。

3. 软件支持

软件支持是数字资产运维管理平台的关键组成部分。软件支持包括操作系统和数据库管理系统，它们是平台的基础设施，直接影响着平台的稳定性、性能和功能。而操作系统是建立在计算机硬件之上的软件系统，负责电脑软硬件资源的管理，以及其他应用的运行环境。在数字资产运维管理平台的部署架构中，需要选择适合的服务器操作系统，常见的选择有 Linux 和 Windows Server。

1）Linux：一种自由、开放源代码的操作系统，具有稳定性、安全性和高度可定制性的特点。它在服务器领域得到广泛应用，因为其优秀的性能和强大的网络功能，适用于构建数字资产运维管理平台。

2）Windows Server：由微软推出的服务器操作系统，它提供了用户友好的界面和广泛的支持，适合那些对 Windows 环境较为熟悉的企业和组织。Windows Server 在企业级应用中有着广泛的应用，为数字资产运维管理平台提供了稳定可靠的基础。

选择适合的操作系统对平台的性能和稳定性至关重要。同时，操作系统需要进行安全配置和定期更新，以确保平台免受安全漏洞和威胁。

另外数据库管理系统是数字资产运维管理平台的核心，用于存储和管理数字资产的数据。在平台的部署架构中，需要选择常见的数据库管理系统，如 MySQL、Oracle、SQL Server 等。

1）MySQL：一种开源的关系型数据库管理系统，具有高性能、可靠性和灵活性，适用于小型到中型的应用，是许多 Web 应用和企业级应用的首选数据库。

2）Oracle：一种功能强大的商业级数据库管理系统，适用于大型企业和复杂的应用场景，提供了丰富的功能和高级的安全性，可以处理大量的数据和复杂的查询需求。

3）SQL Server：由微软开发的关系型数据库管理系统，适用于 Windows 环境，具有良好的性能和可靠性，广泛应用于企业级应用。

选择合适的数据库管理系统对于数字资产运维管理平台的数据存储和管理非常重要。数据库需要进行良好的设计和规划。

4. 数据安全性措施

数字资产运维管理平台涉及大量敏感数据和关键业务信息，如建筑模型、施工进度、设备监测数据等，必须采取一系列安全性措施，以确保数字资产的安全性、完整性和机密性。以下为数字资产运维管理平台的安全性措施：

1）数据加密：保障数据安全性的重要手段。在数字资产管理运维平台中，所有敏感数据都应进行加密存储，包括建筑模型、监测数据、维护记录等。加密技术可以将数据转化为密文形式，在传输和存储过程中即使被非法获取，也难以解读其内容。采用强大的加密算法，如 AES（高级加密标准）或 RSA（非对称加密算法），确保数据的机密性和安全性。

2）数据备份：防范数据丢失和灾难恢复的重要方法。在数字资产运维管理平台中，数据备份应包括全量备份和增量备份，将数据存储在安全可靠的位置。备份数据可以用于在数据损坏、丢失或其他意外情况下快速恢复数据，保障数字资产的完整性。

3）访问控制：确保只有授权用户可以访问和操作数字资产的关键措施。平台应采用合适的身份验证方式，如用户名密码、双因素认证等，确保只有合法的用户可以登录系统。此外，还应根据用户的角色和权限设置访问限制，使用户只能访问其需要的特定资源和数据。

4）权限管理：对数字资产进行细粒度控制的关键，它确保用户只能访问和修改其被授权的部分数据。平台应设定不同级别的权限，如管理员、普通用户、只读用户等，根据用户角色分配相应的权限，以保障数字资产的安全。

5）安全审计：对平台操作和访问进行监控和记录的过程。在数字资产运维管理平台中，应记录所有重要的操作和事件，如登录、数据访问、权限变更等。通过安全审计，可以发现异常行为和潜在安全威胁，及时采取措施防止安全事件的发生。

6）数据安全和传输加密：在数字资产运维管理平台中，涉及数据的传输过程，例如，数字资产从传感器采集到服务器的传输。为保障数据在传输过程中的安全性，应使用安全的传输协议，如 HTTPS，确保数据在传输过程中加密和防止数据篡改。

7）定期安全检查和漏洞修复：数字资产运维管理平台应定期进行安全检查和漏洞扫描，发现和修复可能存在的安全漏洞，及时更新系统和软件，以确保平台的安全性能。

综合上述措施，数字资产运维管理平台通过数据加密、数据备份、访问控制、权限管理等安全性措施，有效地保障了数字资产在收集、储存、转移和分析数位资产的流程中的安全性、完整性和机密性。

5. 控制词表管理和元数据管理

在建筑数字资产运维管理中，控制词表和元数据管理是数字资产运维管理平台中的重要组成部分。它们用于对数字资产进行分类、归类和标准化，从而实现数字资产的规范化管理和统一标识。以下是对控制词表和元数据管理的详细说明。

1）控制词表管理：控制词表是一种用于对数字资产进行分类和归类的规范化词汇表。在数字资产运维管理平台中，涉及大量的数据和信息，这些数据和信息需要进行分类，以便更好地进行管理和分析。控制词表可以定义不同类型的数字资产，如建筑模型、监测数据、维护记录等，同时还可以将数字资产按照特定属性进行归类，如建筑类型、地理位置、设备类型等。通过控制词表的建立，可以对数字资产进行有序的管理和标识，方便用户查找和使用。

2）元数据管理：元数据是描述数据的数据，它是数字资产的关键描述信息，包括数字资产的属性、结构、关系和用途等。在数字资产运维管理平台中，元数据管理起着至关重要的作用，它定义了数字资产的基本特征和属性，使得数字资产能够被准确地识别、查询和使用。通过元数据管理，可以建立数字资产的数据字典，记录数字资产的基本信息和属性，为数字资产的统一标识和管理提供依据。

3）规范化管理：控制词表和元数据管理可以实现对数字资产的规范化管理。规范化管理意味着对数字资产进行统一的标准和规则，使得数字资产的存储和管理更加有序和高效。通过规范化管理，可以避免数字资产的重复存储和冗余，减少不必要的数据损失和浪费。同时，规范化管理也有助于数字资产的查询和检索，便于更快速地找到所需的数字资产，提高了数字资产的利用效率。

4）统一标识：控制词表和元数据管理为数字资产的统一标识提供了支持。通过对数字资产进行分类和定义，可以为每个数字资产赋予唯一的标识符，使得每个数字资产都能够在平台中得到唯一识别。统一标识有助于防止数据冗余和重复，同时也为数字资产的溯源和监管提供了便利。

6. 可扩展性

在建筑数字资产运维管理中，可扩展性是部署架构中一个至关重要的考虑因素。可扩展性指的是数字资产运维管理平台能够在需要时增加更多的服务器和存储设备，以适应数字资产的增加和平台业务的扩展。以下是可扩展性的应用方面：

1）数据量增长：随着工程项目的进行和数字资产的不断增加，平台需要能够处理越来越大量的数据。数字资产包括建筑模型、监测数据、维护记录等，这些数据量庞大且不断增长。可扩展性要求架构能够支持大规模数据存储和处理，保证平台的高效运行。

2）业务扩展：数字资产运维管理平台的业务范围可能随着项目的发展和需求的变化而扩展。新的功能模块、业务流程或应用需求可能会导致平台的规模和复杂性的增加。可扩展性要求架构能够灵活适应新业务的添加和变化，确保平台能够持续支撑未来的业务发展。

3）资源增加：为满足数字资产运维管理平台的可扩展性，可能需要增加更多的服务器和存储设备。部署架构需要预留足够的资源扩展余地，使得平台能够在需求增加时快速增加资源，而不会造成性能瓶颈或延迟。

4）水平扩展：可扩展性可以通过水平扩展实现，即通过增加更多的服务器来平衡负载和提高性能。采用水平扩展的架构设计，可以使得平台在需求增加时，通过添加更多的服务器来处理请求，从而保持稳定的性能和响应时间。

5）系统解耦：为了实现可扩展性，系统的各个模块应该尽可能解耦。解耦的架构设计允许对平台的不同部分进行独立的扩展和优化，避免了一个模块的故障或扩展需求影响其他模块的情况。

6）异步处理：部署架构中的某些任务可以采用异步处理的方式，即将一些耗时的任务交给后台处理，而不是直接影响用户的实时操作。通过异步处理，平台可以更好地应对并发请求和高负载情况。

综上，可扩展性可以通过支持大规模数据处理、业务扩展、资源增加、水平扩展、系统解耦和异步处理等方式实现。随着数字资产的增加和平台业务的扩展，部署架构需要设计为可扩展的，以满足未来的发展需求；并且一个具备良好可扩展性的数字资产运维管理平台能够保持高效稳定的运行，为未来的业务发展提供坚实的基础。

7. 用户界面和应用程序

在建筑数字资产运维与管理中，用户界面和应用程序是数字资产运维管理平台的重要组成部分。用户界面是用户与平台进行交互的窗口，而应用程序是平台提供的各种功能模块和工具，它们共同构建了一个用户友好、功能完善的数字资产运维管理平台，方便用户进行数字资产的操作和管理。

1）用户界面设计：用户界面是用户与数字资产运维管理平台进行交互的关键部分。一个用户友好的界面设计应该考虑用户的使用习惯和操作体验，保持简洁、直观和易于理解。界面的布局和功能应有良好的组织和结构，使得用户能够迅速找到所需的功能和信息。图标、按钮、菜单和导航栏等元素应该设计清晰明了，以便用户轻松操作。

2）响应式设计：数字资产运维管理平台可能在不同的设备上进行访问，包括计算机、平板和手机等。因此，界面应该采用响应式设计，即能够根据不同设备的屏幕尺寸和分辨率进行自适应调整，保证在不同设备上都能够提供良好的用户体验。

3）功能完善的应用程序：应用程序是平台的核心，它们提供了各种功能模块和工具，用于数字资产的管理和运维。应用程序应该具有功能完善、操作简便的特点，满足用户对数字资产管理的各种需求，包括数据查询、分析、编辑、分享、导出等功能。同时，应用程序还应具备高效的数据处理和计算能力，保证在大规模数据处理时能够保持较快的响应时间。

4）数据可视化：数字资产运维管理平台通常涉及大量的数据和信息，对这些数据进行可视化处理是帮助用户更好理解和分析数字资产的有效手段。应用程序应提供数据可视化的功能，通过图表、仪表盘、热力图等形式，将复杂的数据转化为直观、易懂的可视化展示，帮助用户更直观地了解数字资产的情况和变化。

5）多语言支持：数字资产运维管理平台可面向全球用户，应用程序应该支持多语言，使得用户可以根据自己的需求选择适合的界面语言，提高平台的可用性和易用性。

6）用户权限管理：平台应该提供完善的用户权限管理功能，根据用户的角色和权限，对不同用户进行区分和限制。这样可以确保用户只能访问其具有权限的数字资产和功能，保障数字资产的安全和机密性。

综上所述，用户界面和应用程序在建筑数字资产运维管理中是非常关键的组成部分。通过用户友好的界面设计和功能完善的应用程序，数字资产运维管理平台能够提供良好的用户体验，方便用户进行数字资产的操作和管理。同时，数据可视化和用户权限管理等功能也使得用户能够更直观地了解和管理数字资产，从而提高数字资产管理的效率和水平。

6.3.2 元数据管理

1. 元数据概念

元数据（Metadata）是描述数据属性和信息的数据，用于指示存储位置、历史数据、资源查找和文件记录等功能。在数据仓库系统中，元数据可帮助管理员和开发人员快速找到所需的数据。

举个例子，大部分的图书馆都会使用"图书目录"这个文件夹来管理书籍，图书馆的图书目录包含图书的名称、编号、作者、主题、简介和摆放位置等信息，用于帮助图书管理员管理和快速查找图书。元数据就像图书目录一样，能够帮助数据管理员管理数据。

元数据有着广阔的应用价值，它是数据管理、数据内容和数据应用的基础，为企业提供计算、存储、质量、成本和安全等方面的数据支持。元数据贯穿大数据平台数据流动的全过程，如图6-9所示，元数据管理的来源主要包括数据源的元数据、数据加工过程中的元数据、数据仓库或数据主题库的元数据、数据应用层的元数据以及数据接口服务的元数据。

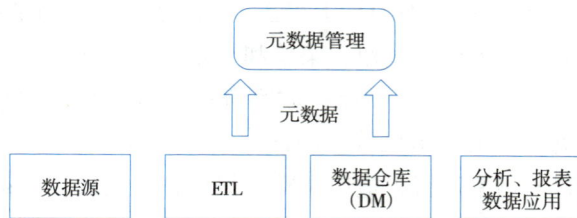

图6-9 元数据管理系统

2. 元数据分类

按照不同的应用领域或者功能划分，元数据一般大致可分为三类：业务元数据、技术元数据以及操作元数据。

第一，业务元数据。业务元数据描述数据的业务含义、业务规则等。通过明确业务元数据，让人们更容易理解和使用业务元数据，常见的业务元数据有：

1）业务定义和业务术语的解释等；

2）业务指标类型、计算口径、衍生指标等；

3）业务规则引擎规则、数据质量检测规则、数据挖掘算法等；

4）数据的安全或敏感级别等；

5）业务的负责人，创建时间等。

第二，技术元数据。技术元数据是对数据进行结构化处理，以便计算机或数据库可以识别、存储、传输和交换数据。技术元数据对开发人员来说很重要，因为它可以明确数据的存储方式和结构，为应用程序开发和系统集成提供基础。同时，技术元数据也为业务人员提供帮助，通过理清数据关系，使业务人员能更快地找到他们需要的数据，并且支持数据的来源和去向分析，以及数据血缘追溯和影响分析。常见的技术元数据有：

1）储存元数据，如表，分区，字段等信息。

2）运行元数据，如大数据平台上所有工作单位运行的数据，比如日志、作业类型、输入输出、运行参数、执行时间、执行引擎、占用资源等。

3）数据同步，计算任务，任务调度等信息，包括数据同步的输出输入表和字段，以及同步任务本身的节点信息，任务调度中的调度依赖关系、进度和数据更新频率等。

第三，操作元数据。操作元数据描述数据的操作属性，包括管理部门和责任人。澄清管理属性有助于将数据管理责任分配给部门和个人，是数据安全管理的基础。常见的操作元数据包括：

1）数据集的所有者；

2）数据的访问方式、访问时间、访问限制等；

3）数据访问权限；

4）数据处理作业的结果、系统执行日志等；

5）数据备份、归档人、归档时间等。

3. 元数据管理目标

元数据管理的本质是有效地利用企业数据资产，最大限度地发挥数据的价值，并且元数据管理有助于相关者，如业务分析师、系统架构师、数据仓库工程师和软件开发工程师，清晰地了解组织拥有哪些数据，数据存储在哪里，以及数据是如何被提取、清洁、维护和引导到用户手中的。对于企业，元数据在企业管理当中应该包含以下作用：

1）建立一个指数解释系统，满足对业务和数据理解的需求，建立企业内部知识分享的标准信息平台，建立业务分析知识库，并实现知识共享。

2）提高数据溯源能力，使用户清楚地了解数据流、业务处理规则和数据仓库中的转换情况，提高数据溯源能力，支持数据仓库的增长需求，减少员工流动造成的影响。

3）数据质量审计系统通过非冗余和非重复的元数据信息，改善数据完整性和准确性。元数据管理解决了如何对业务系统中的数据进行分类和管理的问题，建立了警报和监控机制，并在出现故障时及时发现问题，为数据仓库的数据质量监控提供基础材料。

4. 元数据应用

1）数据血缘：主要解决数据之间的关系，它有任务级别关系、表级别关系、字段级别关系。以历史事实来记录数据的来源和处理过程。通过数据血缘关系，我们可以知道一个数据或者表或者字段的生成过程，它依赖了哪些数据或者表或者字段，怎么生成的。总的来说，数据血缘分析会告诉你数据来自哪里，经过了哪些加工。其价值在于当发现数据问题时可以通过数据的血缘关系追根溯源，快速定位到问题数据的来源和加工过程，减少数据问题排查分析的时间和难度。

2）数据影响分析：它是分析数据的下游流向，比如一个数据表结构升级改造的时候，修改了数据表结构的程序，就可以快速定位出元数据的修改会影响到哪些下游的系统，从而在修改时进行防范，减少系统改造升级时所带来的风险和影响。

3）数据冷热度分析：数据冷热度分析是对数据的被使用情况进行统计，从而看出哪些是经常使用的数据，哪些是不常使用的数据。让企业中的业务员、管理人都能够清楚地看到数据的活跃度，以便更好地控制数据，处置或激活僵死数据，从而为数据的自助式分析提供支撑。

元数据的真正价值在于数据驱动决策，通过数据指导运营，为业务赋能，通过各种数据，能够判断局势，了解工程项目的各种要求，以展开有效行动，帮助企业找到问题或者推动创新，为解决方案的产生提供帮助。

5.元数据管理应用

元数据管理用来描述如何、何时和由谁来负责数据的接收、创建、访问、修改的管理。元数据管理的主要工具有数据抽取工具、前端展示工具、建模工具、元数据储存工具等。

数据抽取工具是把系统中的数据抽取，转换并集成到数据仓库当中。前端展示工具通过把关系表映射成与业务相关的事实，进而对数据仓库中的数据进行多维分析。元数据储存工具是一个将数据储存的专业数据库，为元数据提供一个集中的储存空间。元数据管理流程如图 6-10 所示。

元数据管理的困难在于缺乏统一的标准，在这种情况下，许多公司对元数据管理有不同的解决方案，因此对于元数据管理，目前有以下 3 种方式：

图 6-10　元数据管理流程

1）手动维护。这适用于规模较小，并且业务不大的小公司，如用 Excel、Wiki 等协助工具，但由于方式陈旧，都是人工排查和运行，因此容易出错。

2）使用开源组件 Atlas。Apache Atlas 是为解决元数据治理问题而产生的开源项目，它提供了包括数据分类、数据血缘、安全和生命周期在内的元数据治理核心功能。整体用开源的架构，不需要再独立研发。

3）自己研发元数据管理系统。参考 Atlas 的功能和模块，自己开发一套系统，很多大公司会自己研发一套元数据管理系统或者模块。

6.3.3　控制词表管理

1.控制词表的概念和内容

控制词表管理是根据信息资源的索引和检索需求对自然语言词汇进行过滤、标准化和关联的过程。自然语言与搜索的需要相比，其含义不够准确，缺乏清晰的组织结构，必须根据搜索系统的要求对词汇进行排序和处理。因此为了在数字资产管理和维护管理平台中构建高效的信息组织和检索系统，对控制词表管理进行适当的控制非常重要。

数据库的控制词表是指一种特殊的词汇表，包括了数据库设计中值得关注和需要限定使用的关键词汇项。对于任何涉及数据库设计的工程师或数据分析家，掌握和理解这些重要的词汇项是非常必要的。数据库的控制词表是数据库设计中非常重要的一个概念，控制词表的核心就是一组被限定使用的关键词项。这些词汇项的存在主要是为了规范数据库设计，确保数据结构的一致性、可读性和可维护性。

因此，在设计数据库时，必须严格按照控制词表中的规范进行操作，避免使用不符合要求的关键词汇。通过掌握控制词表中的关键词汇，可以对数据库进行规范化设计，确保数据库结构的一致性、可读性和可维护性，从而确保数据库的质量和稳定性。

控制词表一般会包括以下 5 个方面的内容：

1）数据类型：包括基本数据类型以及扩展数据类型。

2）数据库对象：包括表、列、视图、索引等，在数据库设计中至关重要。

3）SQL 操作：不同 SQL 操作语句对数据库的影响不同。

4）规范、命名约定：在数据库设计中，规范和命名约定非常重要，可以确保设计的可读性和可维护性，提高开发效率。

5）安全与权限：包括用户、角色、权限等，这些内容在数据库安全和权限控制方面起到了至关重要的作用。

另外，需要注意的是，控制词表是可以根据实际情况进行定制和修改的。随着数据结构的不断发展和应用场景的不断变化，控制词表中的内容也需要相应地进行优化和调整。因此，在使用控制词表时，需要灵活使用，根据实际情况进行规范化设计。

2. 控制词表分类系统

控制词表的分类系统是建立高效信息组织和检索系统的关键之一。通过合理的词汇分类、关系和属性描述以及规则和约束条件，可以实现对自然语言中的词汇进行规范化和揭示其相关性的过程，从而为数字资产运维管理平台建立一个高效的信息组织和检索系统。

控制词表的分类系统主要包括以下 6 部分内容：

1）词表结构：控制词表通常采用树状结构，将词汇按照一定的层次和分类进行组织和排列。这样可以方便用户根据需要查找和筛选词汇。

2）词汇分类：控制词表中的词汇可以根据不同的需求和标准进行分类。例如，可以按照学科领域、主题分类、概念关系等进行划分。这样可以更好地组织和管理词汇，也方便系统根据词性进行词汇的识别和处理。

3）词汇关系：控制词表中的词汇之间通常存在一定的语义关系，例如同义词、反义词、相关词等。这些关系可以帮助用户更好地理解词汇的含义和应用场景。

4）词汇属性：每个词汇通常具有一些属性，例如词性、拼写形式、发音等。这些属性可以帮助系统更好地识别和处理词汇。

5）规则和约束：控制词表通常有一些规则和约束条件，例如词汇的长度、字符集、重复率等。这些规则和约束条件可以保证词汇的质量和一致性。

6）更新和维护：控制词表需要定期更新和维护，以适应语言的变化和新的词汇需求。这样可以保证其时效性和可用性。

控制词表中的分类系统对词汇的控制主要体现在词汇的选择、规范、排序、属性描述、关联和连接方面。控制词表中的分类系统会根据数字资产运维管理平台的需求和标准，选择需要收录的词汇。通常会选择具有代表性的、使用频率较高的词汇，以确保词汇的实用性和广泛性。

通过分类系统的控制，可以对词汇进行规范化和标准化处理。例如，对于同音异义词、多义词、拼写错误等，可以根据分类系统的要求进行统一和标准化处理，避免出现歧义和误解。控制词表中的分类系统会对词汇进行排序和组织，以便用户能够方便地查找和使用词汇。例如，可以根据词汇的字母顺序、词频、相关性等因素进行排序，提高用户的查询效率。分类系统会对每个词汇进行属性描述，例如词性、发音、拼写形式等。这些属性描述可以帮助系统更好地识别和处理词汇，提高信息检索的准确性和效率。

控制词表中的分类系统还可以将词汇之间建立关联和连接关系。例如，可以将相关词汇、同义词、反义词等建立连接关系，使用户能够更全面地了解和使用词汇。总之，控制词表中的分类系统对词汇的控制可以实现对自然语言中的词汇进行规范化和揭示其相关性的过程，从而提高信息检索的准确性和效率，建立一个高效的信息组织和检索系统。

控制词表管理中，传统分类法是一种基于学科领域和主题的分类方法，通过对词汇进行分类和组织，实现对信息资源的有效管理和检索。传统分类法通常采用树状结构，将词汇按照学科领域、主题、子主题等进行逐层分类和排列，形成完整的分类体系。在传统分类法中，每个词汇都有一个固定的分类位置，与该分类相关的词汇也有明确的归属关系。这种分类方法便于用户根据学科领域和主题查找相关词汇，有利于对词汇进行规范化和标准化处理，可以提高信息检索的准确性和效率。

而随着互联网的快速发展，网络分类系统逐渐成为控制词表管理的重要手段之一。网络分类系统是基于互联网资源的一种分类方法，通过对网络资源进行标签化处理和组织，实现对信息资源的有效管理和检索。网络分类系统通常采用灵活的标签化方式，将词汇与相应的网页或资源进行关联，形成丰富的分类体系。这种分类方法可以快速地适应新的学科领域和主题的变化，可以涵盖更多的相关词汇，降低信息漏检的风险，可以提高信息检索的效率和准确性。然而，网络分类系统往往标签的质量难以保证，存在误标或漏标的情况，标签的标准化程度不高，不同系统之间的标签难以兼容，无法对词汇进行规范化和标准化处理。

总之，传统分类法和网络分类系统各有优缺点，应根据具体的应用场景和需求选择合适的控制词表管理方法。同时，应加强控制词表的维护和更新，提高其质量和可用性，以适应不断变化的信息需求和检索要求。

3. 网络分类系统控制词表管理改进策略

为了提高信息组织和管理的效率，提高信息检索的准确性和效率，分类系统控制词表管理需要不断探索和实践新的技术和方法，建立更加科学、智能、开放、共享、规范和标准化的分类体系，以满足不同用户的需求和提高信息组织和管理的效率。

网络分类系统控制词表管理的改进策略包括：建立多维度的分类体系、利用自然语言处理技术、引入用户反馈和评价、建立动态更新的机制、加强与其他信息系统的集成。通过建立更加全面、灵活的分类体系，更加智能的技术手段，例如自然语言处理、机器学习、人工智能等，可以对词汇进行自动化分类和标注，提高检索的准确性和效率。通过引入用户反馈和评价，可以了解用户的需求和反馈意见，对系统的分类结果和检索效果进行持续优化。通过建立更加开放和共享的机制，可以方便其他系统进行集成和交互，提高信息组织和管理的效率，为用户提供更加全面和准确的信息服务。

具体的，首先要继续保持自然语言的主体检索语言地位，自然语言是人类进行信息交流和思维的主要工具。可以通过以下措施实现：

1）保持词汇的丰富性和多样性。在网络分类系统中，应该尽可能地收录各种类型的词汇，包括通用词汇、专业术语、短语、缩写等，以便满足用户多样化的信息需求。

2）建立词汇之间的关系。网络分类系统应该通过建立词汇之间的关系，形成词汇网络，帮助用户更好地理解和使用词汇。例如，可以建立同义词、反义词、相关词等关系，使用户能够更全面地了解和使用词汇。

3）支持自然语言查询。网络分类系统应该支持自然语言查询，使用户能够以自然语言的方式进行信息检索和筛选。例如，可以通过关键词匹配、语义分析等技术手段，实现词汇与网页或资源的自动匹配和关联。

而传统分类法和主题法在控制词表管理方面具有一些有效的手段，可以适度借鉴到网络分类系统中，以提高其管理和检索效率。例如：

1）建立多层次分类体系。网络分类系统可以借鉴传统分类法的多层次分类体系，将词汇按照学科领域、主题、子主题等进行逐层分类和排列，形成完整的分类体系。这样可以方便用户根据需要查找相关词汇，并提高信息组织和管理的效率。

2）引入主题图技术。主题图是一种基于主题的图像表示方法，可以用于描述信息资源的知识结构。在网络分类系统中，可以引入主题图技术，将词汇按照主题进行组织和表示，形成主题图谱。这样可以提高信息检索的准确性和效率，并帮助用户更好地了解和使用相关主题的词汇。

3）规范和控制词汇的使用。网络分类系统应该对词汇的使用进行规范和控制，以保证词汇的一致性和准确性。例如，可以制定词汇的命名规范、建立词汇关系表等，对词汇进行规范化和标准化处理，以提高信息检索的准确性和效率，并避免出现歧义和误解的情况。

除了上述提到的继续保持自然语言的主体检索语言地位和适度借鉴传统分类法和主题法的控制词表管理手段，网络分类系统控制词表管理还可以考虑利用机器学习和人工智能技术进行自动分类和标注，借助机器学习和人工智能技术，对大量的网络信息资源进行自动分类和标注，通过训练模型，可以让系统自动识别和归类信息，提高信息组织和管理的效率。同时，也可以利用这些技术对词汇进行自动分类和标注，提高词汇的准确性和规范性。

6.3.4 数据安全及授权管理

数据安全及授权管理是当今数字化时代中的关键问题之一。数据安全及授权管理是确保数据的机密性、完整性和可用性，同时确保只有授权的用户能够访问和处理特定的数据的关键要素。本部分将深入探讨数据安全及授权管理的重要性、挑战、原则和最佳实践，以及在不同领域应用数据安全和授权管理的案例。

1. 数据安全的概念

数据安全是指在数字化时代中，对数据进行保护和防护的过程。这涉及采取多种措施以确保数据的机密性、完整性和可用性，并防止未经授权的人或实体访问、篡改、泄漏或破坏。

数据包括各种类型，如个人信息、商业机密、财务数据、医疗记录、学术研究等。在日益数字化和互联的环境下，数据已成为企业、组织和个人最重要的资产之一，因此，数据安全成为至关重要的问题，它关乎个人隐私、企业利益、国家安全以及社会的稳定。

2. 数据授权管理的概念

数据授权管理是一种管理方法，旨在确保数据仅被授权的用户或实体访问和处理。它涉及识别和分配合适的权限，以便特定的用户或角色能够在预定义的范围内访问特定的数据。

在数字化时代，组织和企业拥有大量敏感数据，包括客户信息、商业机密、财务数据等。数据授权管理确保这些数据只能被授权的人员访问，并确保数据访问符合组织的安全策略和合规要求。

3. 数据安全和数据授权管理的关系

数据安全和数据授权管理是紧密相关的两个概念，它们在保护数据的完整性、机密性和可用性方面发挥着不同但互补的作用，相互联系如下：

1）目标一致性：数据安全和数据授权管理的共同目标是保护数据免受未经授权的访问、篡改、泄漏或破坏。数据安全通过技术和策略来确保数据的安全性，而数据授权管理通过访问控制和权限分配来限制只有授权的用户能够访问特定的数据。

2）数据访问控制：数据授权管理是数据安全的一部分，它确保只有授权的用户或角色能够访问特定的数据。在数据授权管理中，将用户分配到不同的角色并赋予合适的权限，以限制数据访问范围，确保用户只能访问他们所需的数据，遵循最小权限原则。

3）保护数据机密性：数据安全通过加密技术等手段来保护数据的机密性，防止数据被未经授权的人或实体获取。而数据授权管理通过访问控制来确保只有授权的用户能够查看和处理特定的敏感数据，从而保护数据的机密性。

4）保护数据完整性：数据安全通过使用数据完整性检查和验证措施来确保数据在传输和存储过程中不被篡改。数据授权管理确保只有授权的用户能够修改和更新数据，以防止数据被未授权的人篡改。

5）数据监控与审计：数据授权管理和数据安全都涉及数据的监控与审计。数据授权管理需要监控用户的访问行为，及时发现异常行为，而数据安全需要审计数据访问记录，以便发现潜在的安全威胁。

6）合规性要求：数据安全和数据授权管理都有助于组织遵守适用的法规和合规要求。数据安全确保数据处理符合法律要求，而数据授权管理确保数据访问符合授权机构的规定和政策。

综上，数据安全和数据授权管理是保护数据安全的两个重要方面。它们在保护数据的完整性、机密性和可用性方面相辅相成，共同确保数据在数字化时代得到全面的保护和管理。

4. 数据安全及授权管理的重要性

数据安全及授权管理在数字化时代中至关重要，它们是保护个人、企业和组织数据免受威胁的关键要素。数据安全及授权管理的重要性主要体现在以下 8 个方面：

1）保护隐私：数据安全及授权管理保护个人和客户的隐私信息，防止敏感数据被未经授权的人或实体访问和泄漏。这尤其重要，因为在现代社会中，大量的个人信息被数字化，并储存在各种数据库中。

2）防范数据泄漏：未经授权的数据泄漏可能导致严重的财务损失和声誉破坏。数据安全及授权管理确保只有授权的人员才能访问和处理数据，减少数据泄漏的风险。

3）保护商业机密：企业和组织拥有大量的商业机密和竞争优势的数据，如研发成果、商业计划、客户信息等。数据安全及授权管理保护这些数据，防止其被竞争对手窃取。

4）遵守法规和合规要求：许多行业和地区都有严格的数据保护法规和合规要求。数据安全及授权管理确保数据处理符合这些法规，避免法律责任和罚款。

5）维护信任和声誉：数据安全及授权管理有助于建立客户和用户对组织的信任，人们更愿意与那些能够保护其数据安全的企业和组织合作。

6）防止数据篡改：数据安全及授权管理保护数据的完整性，防止数据在传输和存储过程中被篡改。这对于保持数据的可信度和准确性至关重要。

7）提高员工意识：数据安全及授权管理强调员工的责任和意识，促使他们更加重视数据安全，避免疏忽和不当行为。

8）应对不断演变的威胁：安全威胁不断演进和变化，数据安全及授权管理持续更新和改进措施，以应对新的安全威胁。

以上 8 个方面可以看出，数据安全及授权管理对于保护个人隐私、企业机密和组织数据的安全性和完整性至关重要。它们不仅有助于防范安全威胁和数据泄漏，还有助于提高企业的竞争力和客户信任。因此，组织和个人应高度重视数据安全及授权管理，采取适当的措施来保护数据和遵守相关的法规和合规要求。

5. 数据安全及授权管理的原则

1）最小权限原则：将用户赋予最小必需的权限，即用户只能访问和处理其工作职责所需的数据，不得超越其职责范围。这有助于降低数据访问风险，防止误操作和滥用权限。

2）责任分明：确定数据的所有者和责任人，明确谁有权访问和管理特定的数据。这样可以确保对数据的访问和处理负有明确的责任，降低数据安全风险。

3）数据分类与标记：对数据进行分类和标记，根据敏感程度分级，以便针对不同级别的数据采取不同的安全措施。这有助于针对性地制定数据安全策略。

4）审计与监控：对数据访问活动进行持续的审计和监控，及时发现异常行为和安全事件。监控数据访问活动有助于预防和及时应对潜在的安全威胁。

5）数据加密：使用强大的加密技术对敏感数据进行加密，确保即使数据被窃取，也无法被解读。加密是一种重要的数据保护措施，尤其对于数据在传输和存储中的保护至关重要。

6）访问控制：建立严格的访问控制机制，确保只有经过认证和授权的用户或角色能够访问特定的数据。访问控制可以通过身份认证、多因素身份验证和角色管理来实现。

7）定期备份与恢复：建立定期的数据备份和灾难恢复机制，以便在数据丢失或受损时能够快速恢复数据。备份数据有助于保持数据的可用性和完整性。

8）安全意识培训：培养员工对数据安全及授权管理的意识，提高他们对安全风险和合规要求的认识。员工是数据安全的第一道防线，他们的安全意识至关重要。

9）持续改进：数据安全及授权管理是一个持续改进的过程。随着安全威胁的演变和技术的发展，数据安全策略和权限控制策略需要不断地更新和改进。

数据安全及授权管理的原则是确保数据保护和权限控制有效性的基本准则。这些原则有助于保护数据免受未经授权的访问和篡改，确保数据在数字化时代得到全面的保护和管理。

6.3.5　智能化集成管理平台案例

古河智能建筑管理系统（IBMS）以云、边、管为设计理念，统筹规划系统功能架构，使用户能够通过一套系统实现对各功能子系统的集成管理，是在公司的物联网数据平台基础上，针对智慧建筑管理定制的产品，目的是采用现代化技术进行对建筑全面有效的监控和管理，提高建筑的综合使用功能和物业管理的效率，确保建筑内所有设备处于高效、节能、最佳运行状态，为客户提供一个安全、舒适、快捷的工作环境。基本的功能软件有：可视化集中管控功能、分散控制功能、可视化管理功能、统一报警管理功能、跨系统联动功能、智能调度管理功能。

平台层——云：采用公共云或私有云方式，确保建筑数据的安全性。平台可在云服务器或本地服务器中部署，以保障各专业控制的高稳定性。即使某设备宕机，平台仍能保持稳定运行，实现建筑各专业子系统的数据融合和统一处理，提供一致的数据服务接口，为上层应用提供数据基础，降低智能建筑功能的二次开发成本。

接入层——边：通过交换机、物联网管道侧设备、软件定义 IoT 边缘接入设备等标准化接入各类设备和专业子系统。实现弱电施工和后期运维管理的统一、标准、智能、智慧化。

设备层——端：包括建筑现场各个子系统的前端设备，按照设计要求和技术标准进行点位部署。

应用层——用：通过数据中心（物联网 IoT）向上提供标准 API 接口，连接各子系统数据，构建建筑操作系统。上层应用可按照业务和管理需求，以类似下载 "App" 的方式方便使用，实现按需开发、部署、展示和使用，支持后期扩展。该层实现智慧建筑的多个功能，如智能能源、智能机电、综合安防、智能运行、智慧空间等。通过微信小程序、电脑和大屏等方式，实现不同用户权限的统一呈现和控制。

古河 IBMS 系统是面向建筑设备生命周期的管理，面向楼宇的管理者和使用者，是传统 BAS 系统数据及功能的聚合、更高效的分析和管理、更复杂的应用，跨平台、跨品牌的整合各子系统数据提供一套采集楼宇设备实时数据的工具，并建立面向一套楼宇大数据处理和分析应用的方法，海量感知设备和云计算结合的应用。该系统有助于客户从多个建筑管理系统集中收集实时的能源和建筑设备信息，并可从中分析确定能源和设施的运营效率。通过将各建筑系统与 IT 技术融合，提供建筑分析、资产事件管理优化，以及可视化的实时警报和仪表板，建筑管理人员能够显著改善能源、设施运营和空间管理。

6.4 数字资产运维典型应用

6.4.1 数据收集

近年来，建筑行业的数字化转型已经成为一个重要的趋势。数字建筑被看作是提升建筑水平和质量、推动建筑行业转型升级的重要引擎。随着建筑企业逐渐采用 BIM、数字孪生等技术，它们开始积累大量的工程数字资产。因此，通过建筑过程中产生的 BIM 家族库、BIM 建筑模型、真实场景模型等物理实体的三维映射和相应的参数信息，建筑企业的重要无形资产正在逐渐积累。

1. 数据收集类型

基于 BIM 软件的参数化族库和基于 3D 扫描获取的物理实体的数字影像是企业中常见的组件级工程数字资产。这些数字组件是 BIM 应用的重要基础，它们通过组装成 BIM 模型来形成建筑的完整表示。

1）参数化族。族是在建模过程中元素信息的三维表示，包括元素的结构特征、空间约束、材料、力学信息以及与物理实体的相关参数、进度和成本相关的数据。部分族构件如图 6-11 所示。参数化族根据设计要求的初始值，例如尺寸和工程参数，在创建时需要保持族的基本关系。其中，参数可分为两类：一类是可变参数，如尺寸值、额外的材料、力学和其他参数信息，这些可变参数提供了族的灵活性和共享值；另一类是不可变参数，代表了组件的重要约束，确保了参数化族的合理性和完整性。

参数化族共享的本质在于调整可变参数以适应不同的应用场景，同时保持所有不可变参数不变，从而显著提高模型的生成和修改速度。如图 6-12 所示，以 Revit 为例，通过设置算法，简单调整族的参数就能生成新的构件模型。

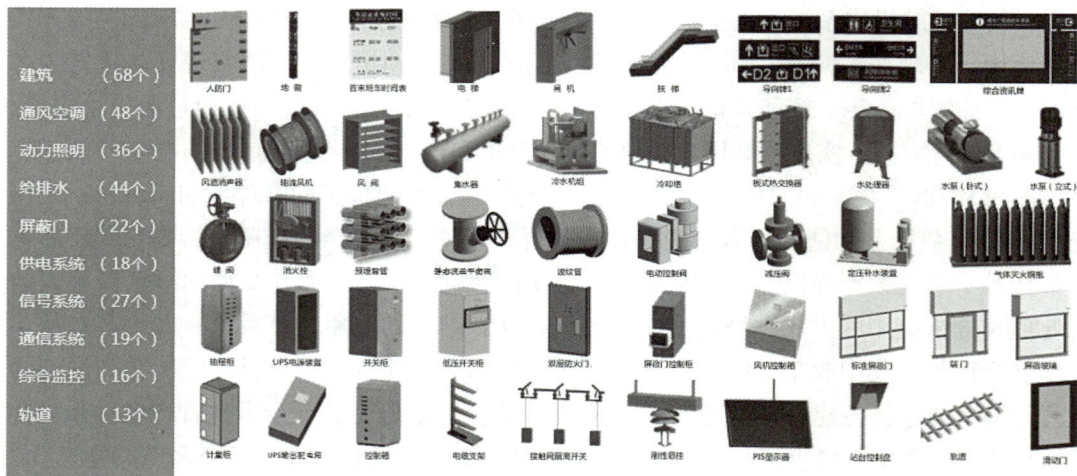

图 6-11　族库样例

2）数字阴影构件。如图 6-13 所示，传统的数字模型包括参数化族，其中物理实体和数字孪生之间的信息传递需要手动输入，而数字衍生需要物理实体和数字孪生之间的双向自动信息同步。数字阴影则介于两者之间，可以通过自动收集物理实体信息获得数字孪生，但数字映射向物理实体的转移仍需要手动操作。尽管数字阴影与数字孪生仍有很大差距，但它仍然满足了上述特定问题的需求。

通过摄影测量技术，可以借助照片扫描物理实体并生成其数字孪生。这项技术最早在 20 世纪 90 年代末被应用于影视制作行业，并随着 Unity 和 Unreal 等游戏引擎进入建筑行业，在近年逐渐得到应用。正如图 6-14 中所示，通过扫描生成初始模型，对模型进行 PBR 材质重建可以形成可在类似项目中重复使用的数字资产。

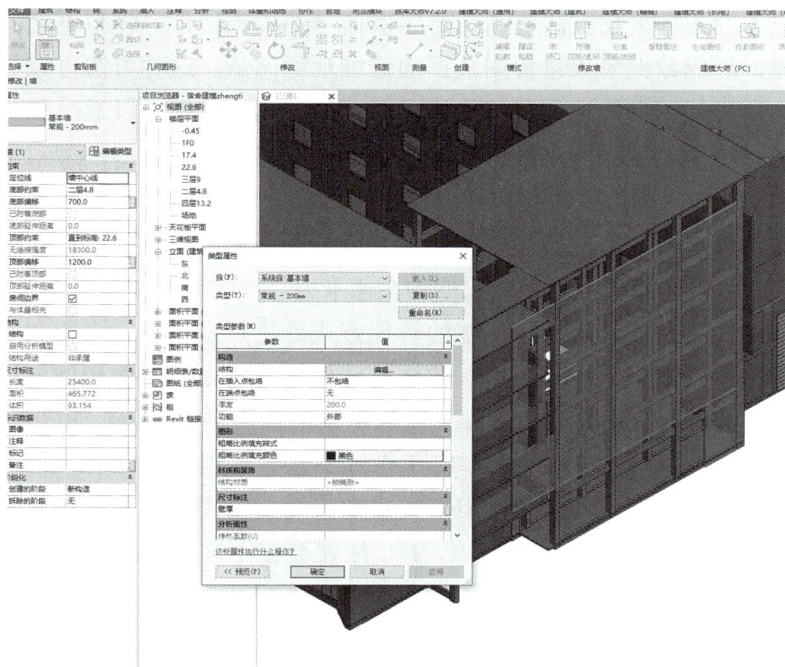

图 6-12　参数化族数列表示例

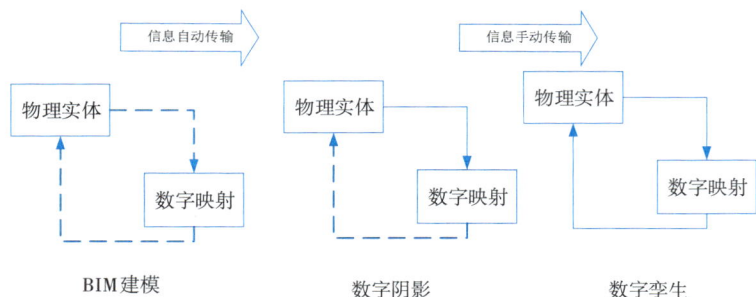

图 6-13　数字阴影传输流程

3）带状无线传感器数据收集。环形无线传感器网络是一种有着许多传感器节点的网络，通过每个节点之间的多跳和相互协作来完成实时数据收集和传输。这种网络结构更适用于条状区域，例如铁路、公路和桥梁交通的状态诊断，以及管道、河流、煤矿等环境的检测。与传统无线传感器网络不同，环形无线传感器网络中的节点与邻近的 Sink 节点之间可以进行交换，从而形成有效的通信链路，进而完成整个网络链路的故障诊断和状态故障排除。

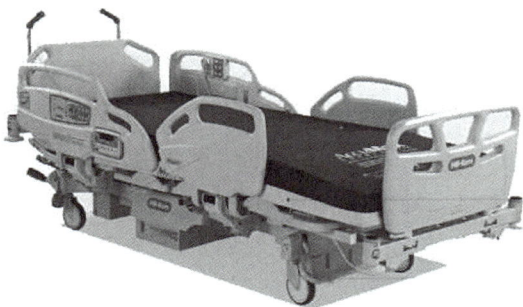

图 6-14　医疗设备数字阴影模型

一种低成本的数据采集方法是利用传感器信号的稀疏特性，将数据之间的相互转换系数进行转变，形成数据采集过程中数据的低维观测向量。这种方法可以利用函数求解稀疏特征值，从而达到准确采集传感器信号的目的。此外，还可以通过稀疏矩阵训练对采集的数据进行压缩，从而实现数据传输。另一种方法是采用箱形模型对采集的数据进行筛选，去除变化较大的数据采集节点。通过筛选确定数据采集节点是否存在异常情况，澄清异常和正常节点在总节点数量中的比例，依据数据采集节点的可信度决定是否采集数据。结合数据传输机制，可以完成数据的快速采集。

当处理构件级数字资产时，最完整的管理方式是建立家族库，因为在一个项目中可能涉及多学科构件，如钢结构、幕墙、曲线特殊构件等。由于这些构件的特殊性，单一软件产品很难完成所有建模工作。例如，特殊形式的结构多数需要在 Rhino 中进行建模，而存储格式为 3dm，这与 Revit 使用的 RVT 格式不兼容。因此，需要一个中间格式来存储建筑公司的构件级数字资产。虽然 IFC 是目前市场上主要用作中间转换文件格式来实现数据互操作性，但在数据转换过程中，IFC 往往会在不同程度上丢失数据或元素。这是由于 IFC 目前仍无法完全兼容各种类型的软件。

因此，若要使用 IFC 共享工程级数字资产，企业需要在工程级别建立或使用统一的信息编码标准，也可以探索其他开放标准格式如 OpenBIM 格式，以实现更好的数据互操作性。同时，企业也可以研究和开发自定义的数据转换和整合方法，以满足特定软件或工作流程的需求。因此，建筑企业在管理构件级数字资产时应该重视数据互操作性和信息编码标准，并不断优化适合自身需求的数据管理方式（表 6-1）。

IFC 格式导出结果比较　　　　　　　　　　　表 6-1

导出方（IFC2X3）	Revit	Planbar	su	Tekla
IFC 格式行数	18 356	22 882	3.3623	37 664
IFC 文件大小 /kB	579	72.4	2101	2889

2. 数据收集运维应用

在当今数字经济中，数据的重要性越发凸显，成为生产的关键要素和企业的核心资产。建筑信息建模（BIM）技术的发展简化了数字基础设施信息的管理和分享，尤其是与地理信息系统（GIS）技术相结合，使人员出行和资源分配更加高效和便利。BIM 技术将传统的二维平面转化为三维平面，能生动展示住房建设、道路、设备、管道布局等。在运营和维护管理方面，通过与传统信息管理模式的比较，BIM 信息管理展现了其优越性，提高了各方之间的信息交流水平。

1）地铁车站运维应用。在地铁站运营和维护方面，上海轨道交通 18 号线优先考虑了数字化应用，并在规划阶段制定了全生命周期 BIM 技术应用策略。在运营和维护阶段，竣工模型与站点智能运维管理平台同步交付，并使用 BIM 数据实现了集成应用和管理模式创新。

此外，智能社区运营和维护应用也在中国得到了推广。各个城市在这方面取得了显著进展，建立了智能社区云服务平台，统一术语，并开发了智能社区信息安全系统。这些社区具备先进技术，涵盖基础设施、公共应用系统、家庭应用系统、公共服务平台和信息安全等领域。

BIM 技术和智能社区应用的进步展示了数字解决方案在优化当今数字社会基础设施管理方面的不断增长的影响。这些技术的应用为城市基础设施管理和社区生活带来了更高效、智能化和可持续发展的可能性。

2）水利水电工程运维应用。BIM 技术作为一项新兴技术，实现了建筑信息的集成管理和资源的最佳配置，并应用于智能社区的管理，使业主与物业管理之间建立了及时的信息沟通和联系。在运营和维护管理中，信息管理成为运维管理的核心。

随着水利水电工程信息化、数字化的发展，水利水电工程在规划设计、建设施工、生产运营及维护中产生了大量的工程相关数据资产，如图纸、文件、模型、建设过程信息、属性信息、监测信息、养护维修等数据。然而，这些数据因各系统的建设标准不同、工程划分标准不一致、系统应用程度不同、系统间的互操作性差等问题，导致了数据标准不一致、数据质量不均匀、数据存储分散、数据关联性较弱、数据共享困难等难题，无法覆盖至运营和维护期。

水利水电工程的数字资产管理和应用正处于起步阶段。利用 BIM、数字孪生和大数据等新一代信息技术，以工程资产编码为纽带，以过程系统、设备和材料为基本单元，将相关数据、图纸和三维模型等工程内容有机关联，并统一组织和建立项目数字资产平台，实现数据在全生命周期内的管理和共享服务，以提高数据利用效率和发挥最大的数据价值。

综上，在信息管理的水平方面，工程数字资产分散在各类业务应用系统中，需要分析资产管理和业务应用所需的数据来确定数据来源、范围、属性和收集方式。工程数字资产的收集对象和数据来源主要包括工程规划设计、建设施工、生产运营及维护全生命周期各阶段的各类信息系统和设备，数据格式包括结构化、半结构化和非结构化数据，而收集方式包括手动录入和自动化、半自动化数据提取等，并通过多种数据交换技术，从各种外部数据源中进行信息收集。

6.4.2　分析预演

工程数字资产运维管理平台建设的主要需求包括建立数据整合规范以及数据集成化管理环节，为建设过程提供数据整合规范；建立完整的数字化交付流程，提升流程体系之间的关联信息互动要求，优化信息资源的收集和处理工作；对资产进行全周期数据分析和管理，为工程运行维护和管理的数据需求提供保障。平台主要功能从两个方面设计：一是资产管理平台，包括工程数据集成、工程信息管理、信息浏览圈阅、智能报表、数据导出、共享等；二是综合应用平台，包括工程基本信息总览、工程全生命周期多维度数字

二维码 6-5
案例——扬州职业
大学邮湖校区数据
分析预演

资产展示查询、工程数字资产场景应用、工程数字资产数字化分析等。

通过 BIM 模型的轻量级自动处理过程，确保了模型的渲染效果以及平台访问的便利性、流畅性和稳定性，满足了作为数字孪生基础的基本要求；通过自主开发的数据处理工具，对竣工模型进行了检查和数据导出，并在 3D 场景中对竣工模型进行了实例化和优化，随后以轻量级方式发布到智能运维平台项目中。

1. 地铁车站数据分析预演

在数字资产交付完成后，通过物联网技术与设备的运行状态进行集成，实现了设备管理、客流管理、人员管理和数据分析四个核心应用。在上海轨道交通 18 号线的实际工作中应用成熟度较高。在该项目中，整站完成模型原始文件大小为 68.6GB，而轻量级模型约为 35.8GB，轻量级率平均约为 48.8%。

如图 6-15 所示，在平台的三维场景中，不仅可以查询设施和设备的基本信息，包括编码、名称、规格和型号、制造商，还可以查看已在项目结束时交付的详细模型和设备文件等静态数据。同时，在三维场景中，可以直观显示设备的实时运行状态和详细运行数据，并直接对故障设备发起维护工作订单，并自动填写设备编号、故障代码和其他信息，从而确保工单数据的结构化。通过对数据的积累，形成了设施和设备的运行历史，可以分析设施和设备的健康状况。通过在现场的移动终端上扫描 QR 码，还可以进行查询、故障报告和设备检查等操作，大大提高了一线人员的工作效率。

乘客运输管理平台整合了车站的客流数据，支持查询和数据分析，从而掌握车站的客流趋势，并据此进行乘客运输组织工作。移动终端可以上报乘客事件，通过定位系统自动记录事件的位置，分析不同类型事件的高发生地点，并协助乘客运输组织进行决策。

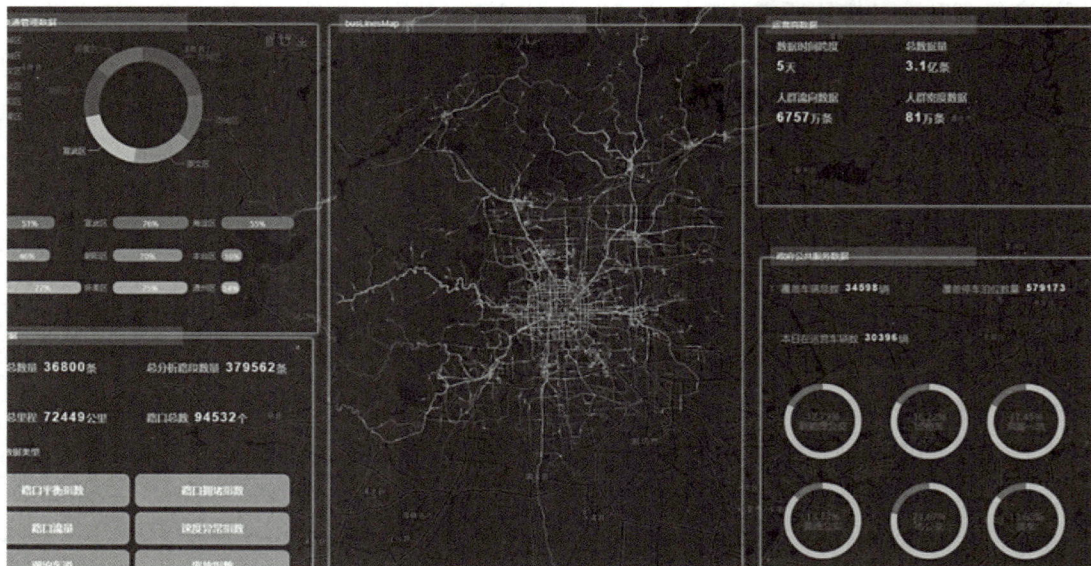

图 6-15　设备运行状态可视化

该平台数字化并结构化了大量的日常工作数据，如台账等，实现了数据的查询、可追溯性和统计分析，充分发挥信息的价值。此外，通过整合视频监控数据，实现了虚拟和现实的结合，更好地服务车站的乘客运输。整合定位系统的数据，可以实现人员实时位置和历史轨迹的可视化查询。结合定位，标准化巡检工作，通过精细化管理巡检工作，实时掌握巡检工作进展，并可进一步扩展至外包人员管理。

在整条线路正式投入运营时，启动了车站智能运维平台，采用自动数据整合和轻量级共享，减轻了车站运营的负担，提高了效率，为未来智能城市轨道交通和智能城市建设奠定了坚实基础。该平台在城市轨道交通运营维护阶段具有很高的推广和应用价值。同时，通过项目的应用与实施，为上海地铁运营维护阶段 BIM 应用相关标准的制定积累了宝贵经验，为企业的数字化转型提供了技术支持，并有效推动了 BIM 技术在城市轨道交通行业全生命周期的应用和发展。

2. 智慧小区数据分析预演

基于 BIM 智能社区运营与维护平台，通过物联网和智能社区云平台，建立了一个集可视化、物联网感知和信息共享于一体的智能社区管理平台。其中，数字资产模块将实现高效的信息共享，运维监控管理模块将方便居民出行，维护管理模块将提高设备维护和维修的质量和效率，安全保护模块将确保社区居民的生命和财产安全。

运营与维护监控系统在 BIM 平台中扮演着关键角色。在社区发生紧急情况时，运营与维护监控系统可及时向相关人员发送信息，以协助更好地处理紧急情况。图 6-16 展示了运维监控管理原理。业主可透过 BIM 可视化平台监控室内条件、建筑状况和道路交通情况，并能直接在 BIM 平台上提供反馈信息。管理员可以通过平台监控建筑内的信息、设备管线信息和车辆道路信息。物业服务人员则能借助 QR 码和传感器快速高效地定位、识别和获取信息，明确故障设备的具体位置和参数信息，并读取所有当前和历史数据以及历史曲线。政府人员可透过 BIM 平台进行信息监督，并及时反馈不合理的信息。

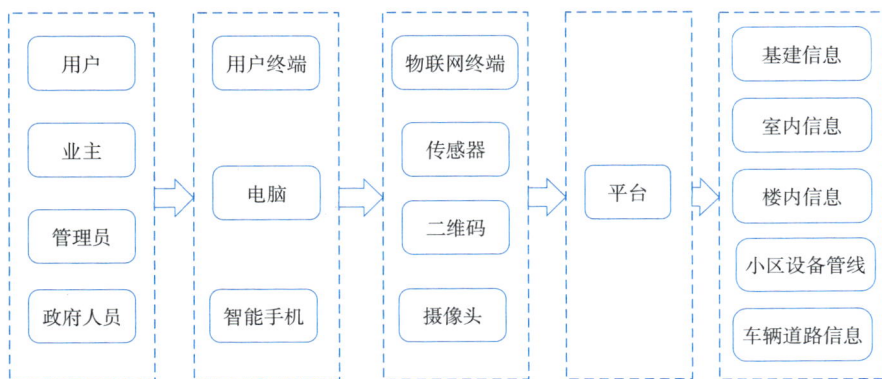

图 6-16 运维监控管理原理

基于智慧社区云服务平台，只需低廉的硬件配置就可以为用户提供大数据的存储和计算，具有很好的经济性。而且该运维平台也可以与设计、施工以及传统智能化物业平台相结合，兼容性良好。通过运维平台的模块功能可以实现删除、修改、添加功能，以实现更多的需求。此外，该平台还可以实现实时监控、引车导航、闲时车位共享、故障设备定位等功能，具有较高的智能程度，可以满足居民的各种生活诉求。运维平台不断完善，这不仅可以满足居民各种的需求，而且也将极大地提高小区的管理和服务水平。

3. 水力水电工程数据分析预演

数据分析在项目的数字资产运维平台中充当了外部服务的窗口，为水利水电工程数据管理用户业务应用系统的用户提供了一个操作界面，包括资产管理平台和综合应用平台两部分。

以已建成的电站为例，综合应用平台通过项目的基本信息概览、项目全生命周期多维数字资产的展示与查询、项目数字资产的场景应用以及数字分析等功能，实现了对已建成电站数字资产的深度定制应用。

在项目基本信息的概览中，主要介绍水电站建设的基本信息、地理位置、电站结构、发电机组等。该界面基于全局蓝色主题地图、倾斜摄影和 3D 模型，通过调用资产管理平台的数据接口，结合底图中的 3D 模型展示水利建筑的地理位置和形态。这包括溢流坝段、车间、船闸等，以及发电机、主变压器、GIS、500kV 母线等设备的空间位置和形态，以及机组运行状态和水文雨情信息等监测数据，如图 6-17 所示。

图 6-17　工程基本信息总览

通过倾斜摄影和 BIM 模型组成的水电站全景视图，展现了水电站内各建筑和设备之间的相对位置关系。此外，详细展示了水电站的基本信息、资产统计、设备故障率排名、重要设备制造商统计、混凝土统计分析以及整体进展概述等内容。

多维全生命周期资产管理主要呈现了工程数字资产的多维、全生命周期数据，关联数据和 3D 模型操作。该系统可以调用资产管理平台和 3D 模型轻量级平台的数据和模型服务接口，实现选择工程和设备资产，并根据设计、施工、安装、验收、运营和维护等不同生命周期阶段，展示 3D 模型、2D 图纸、文件、数据等工程数字资产。此外，基于 Web 浏览器，该系统还实现了一系列操作，如 3D 模型的旋转、缩放、剖面、隔离、测量、标注和协作。

在上述项目中，通过平台对各种数据进行统计分析和深度挖掘，为管理决策提供支持。通过制定数据交换标准并实现数据在整个业务链中的深度集成，该项目扩展和补充了原有的项目级 BIM 交付标准。此外，通过制定设备供应商的数据交付技术指导要求，打通了制造业与 BIM 之间的数据链条。运维平台与外部系统动态连接，形成了适用于项目的标准数据接口，在其他线路逐步推广，并逐步升级为企业级数据接口标准，有助于在运维阶段整个业务链中实现数据的深度集成。

运维平台可以通过工程资产编码连接和整合图纸、文件、进度、质量、安全、设备信息、设备安装数据和施工数据等各种信息，建立贯穿项目整个生命周期的数据生态系统。该平台可以以多个维度和形式显示土木工程、设备和系统等资产对象，提高了每个项目运营和维护阶段的管理和控制能力以及资产价值。

6.4.3 案例分析

1. 案例 1：哈利法塔数字孪生模型

迪拜的哈利法塔是目前世界上最高的建筑物，高达 828m。在这样一个巨大的建筑项目中，数字资产运维发挥了重要作用，确保建筑的正常运行和安全性。

哈利法塔的数字孪生模型应用了 BIM 技术，并与各种传感器和系统对接，实现了智能化的数字资产运维。通过数字模型，维护团队可以实时监测建筑设备的状态，并进行预测性维护，减少停机时间和维修成本。例如，数字模型结合了建筑物的机械、电气和管道系统的信息，并安装了各种传感器来实时监测其运行情况。系统可以在温度、压力和湿度等方面进行实时检测，并将数据反馈给维护人员。同时，数字模型还与消防系统对接，可以实时监测火灾风险，并触发相应的警报和应急方案。

此外，数字资产运维还用于能源管理和效能优化。维护团队可以通过数字模型对建筑的能耗、照明和空调等进行实时监测，并进行数据分析，以优化能源消耗和提高建筑的可持续性。哈利法塔的成功案例显示了数字资产运维在建筑和房地产行业的应用潜力，以及如何通过数字技术提高建筑物的效率、安全性和可持续性。

2. 案例 2：智诚科技大数据运维平台

智诚科技研发的大数据运维平台聚焦于统一监控管理，旨在集中监管和管理数据中心的 IT 基础设施，提供数据中心基础软硬件资源及各类应用的监控管理，构建统一集成的系统资源监控平台，对每个环节的流程进行深度挖掘，结合自研算法进行设备故障模型建立，同时利用大数据技术实现智能化监测设备运行，旨在减轻运维人员的工作负荷，提高工作效率。

同时结合多维数据的统计分析，帮助管理者了解整体设备设施的运行状况及运维情况，也为厂商运维工作的考核提供了重要的数据支撑。该平台汇集了 7 个核心功能模块：①基于 GIS 地图可视化展示功能；②项目里程碑进行项目的全流程管理功能；③一资一码的资产管理功能；④自动巡检的运维管理功能；⑤故障自动运维派单功能；⑥多维度的数据统计功能；⑦绩效考核的服务评价功能。

第一，可切换式巡检：大数据运维平台以设备为核心，可通过 $7 \times 24h$ 零人力全量高频监测以及链路实时监控与追踪，全面掌控各核心设备的运行状态，也可以通过模板选择生成人工主动巡检任务，为业务和系统性能分析奠定了数据基础，实现运维考核到场、到人的目标，从而将运维关键指标 MTTR 与 MTBF 缩短 78% 以上，将设备在线率保证在 95.6% 以上。

第二，可实现故障精准判断：大数据运维平台基于故障场景，利用海量运维大数据处理能力和机器学习等技术手段，融合线性回归等科学算法，通过预测模型实现故障提前预知，从故障数据库中学习积累经验，提供可靠的、可借鉴的故障解决方案，降低学习成本，降低 20.12% 故障修复耗时。

第三，可实现设备运维可视化：大数据运维平台支持 SNMP、HTTP 等大部分公有协议，同时通过 API 开放接口与 Zabbix 等运维监控和 ITOM 产品对接实时获取设备参数，再将设备分布状态及运行态势实时展示在 GIS 引擎上，使运维人员一目了然，并且通过故障根因定位及动态基线第一时间发现问题，并将异常情况及时通过系统、短信推送到各个相关人员，有效降低 MTTA 和 MTTR。

第四，可实现运维考核数据化：全过程记录各品牌设备、各运维厂商运维情况，提供多维度运维效果分析，实现运维考核数据化、精细化。

第五，资产管理全局化：大数据运维平台将自动记录设备从采购、入库、出库、安装、报废的数据信息，全流程监管起来，做到落实到人，落实到秒，实现资产的动态数据与静态数据相结合的管理模式，并且以灵活可配的工作流及多维度的报表分析来实现对于资产设备的追根溯源，有效降低 14.3% 的人工管理成本。

这些是数字资产运维的一些典型应用，实际上，数字资产运维可以根据不同行业和组织的需求进行定制和扩展。通过应用数字资产运维，组织可以提高运营效率、降低成本、增强资源利用和改善服务质量。

本章小结

建筑数字资产运维与管理的目标是实现建筑物的智能化、可持续发展，提高运行效率，降低运营成本，为用户提供更好的使用体验。通过数字化手段，建筑业可以更加高效地管理和维护资产，为未来智能城市和可持续建筑发展做出贡献。通过建筑数字资产的运维管理，能够进行建筑信息的科学有效管控，最终提高建筑运营效率、降低运营成本、延长建筑设施寿命、提高安全性和减少风险。通过数字资产的智能决策支持，不断增强客户满意度，实现建筑行业可持续发展和数字化转型。

思考与习题 📁

6-1 如何利用数字技术和物联网设备来实现建筑设施的实时监测和远程控制，以提高运维效率和降低能耗？

6-2 在建筑数字资产管理中，如何确保数据的准确性、完整性和安全性，以支持决策制定和资产优化？

6-3 软件质量对于数字世界的意义如何？未来会出现哪些与软件质量相关的趋势？

6-4 思考以数字孪生技术打造工程数字资产的特点？

6-5 建筑行业数字化转型形成的资产有哪些？

二维码 6-6
第 6 章 思考与
习题参考答案

参考文献 ⊹

[1] 何雨昆. 基于特征维度的数字资产价值评估研究 [D]. 南昌：江西财经大学，2020.

[2] 李宝瑜，王硕，刘洋，等. 国家数据资产核算分类体系研究 [J]. 统计学报，2023，4（3）：1-10.

[3] 孙要辉，种法辉，杨梦琦. 基于区块链技术的数字资产发展现状与应用 [J]. 电子元器件与信息技术，2023，7（2）：1-5+21.

[4] 喻国明，陈雪娇. 数字资产：元宇宙时代的全新媒介——数字资产对传播价值链的激活、整合与再连接 [J]. 出版发行研究，2022（7）：21-29.

[5] 刘东辉. 数字资产核算与管理相关问题探析 [J]. 商业经济，2023（1）：168-173.

[6] 蒋竹媛. 基于数字经济的成渝经济圈的现代产业体系建设 [J]. 商业经济，2021（4）：39-40.

[7] 田润，郭凯，董鑫鑫. 浅析施工企业工程数字资产的收集共享 [C]// 中国图学学会建筑信息模型（BIM）专业委员会. 第八届全国 BIM 学术会议论文集. 北京：中国建筑工业出版社，2022：92-95.

[8] 张叶娥. 基于带状无线传感器网络的实时智能数据收集算法 [J]. 吉林大学学报（理学版），2023，61（2）：393-399.

[9] 黄一格，孙波，鲁青松，等. 基于 BIM 的地铁智慧运维管理的研究与实践 深铁集团南山区既有运营线路 BIM 基础信息建设项目 [J]. 城市轨道交通，2023（5）：44-47.

[10] 周兆银，谢春宁，廖小烽，等. 基于 BIM 技术的智慧小区运维平台构建 [J]. 建筑经济，2018，39（6）：88-91.

[11] 贾玉豪. 水利水电工程数字资产平台建设及应用 [J]. 人民珠江，2022，43（2）：1-6.

[12] 张琦. 工程竣工 BIM 技术在数字交付过程中数字资产移交与产权管理研究 [J]. 低碳世界，2022，12（7）：166-168.

[13] 李兆森，杨军辉. 基于 BIM 的城市轨道交通资产数字化移交研究 [J]. 现代城市轨道交通，2020（1）：90-93.

第 **7** 章

基于 BIM 的医院建筑智能运维管理项目案例

1. 智慧医院建设的基本内容和特点；

2. 基于 BIM 的医院建筑智能运维管理系统平台的目标、设计开发策略及实施；

3. 基于 BIM 的医院建筑智能运维管理系统平台的管理保障措施及实施内容。

1. 回顾前述章节基础智能技术和运维管理理论基础；

2. 了解智慧医院建设的基本内容和特点，国家智慧医院建设的历程和支持政策；

3. 系统掌握基于 BIM 的医院建筑智能运维管理系统平台开发的过程和难点。

7.1 项目概况

太仓市娄江新城医院（又称上海交通大学医学院附属瑞金医院太仓分院）项目由太仓德瑞健康产业有限公司新建，项目位于江苏省太仓市娄江新城南部临沪国际社区，紧邻主城东部副中心，在规划中区位优势凸显，辐射效应高。本项目建设用地总面积为 12 万 m²。本次方案报批拟建设 1000 床综合医院，总建筑面积约为 264 295.55m²，地上为 151 717.49m²，地下为 112 578.06m²。其中 1 号医疗综合楼地上 12 层，2 号行政科教综合楼地上 5 层，3 号公寓楼地上 5 层，8 号广慈楼地上 3 层，5 号发热门诊楼地上 2 层。该医院项目按照绿色建筑二星级、智慧建筑二星级标准设计，并以三级甲等综合医院标准建设，于 2025 年建成投入使用，项目鸟瞰效果图见图 7-1。

医院在现代化基础上融合瑞金 114 年历史的广慈医学建筑，内设有街区，配置各种生活设施，打造"街区内的医院，医院内的街区"轻松自然的氛围。医院将结合患者的需求，结合区域健康服务需求开设若干重点临床医技专（学）科，着力通过人才引进与培养、技术平移、医疗流程标准化等来争创和上海瑞金医院同品质的医疗服务。同时将整合双方优势资源，合作共建太仓医学生教育培训基地，推动科技成果转化落地，建设高水平的医学人才培养平台、临床研究与转化合作平台，做到产、学、研、医协同发展。项目在竣工投用后将在长三角核心区内形成"瑞金总院 – 北部院区 – 太仓分院"一小时瑞金医疗服务圈。

同时，太仓市娄江新城医院是卫生健康领域响应长三角一体化战略的重要表现。太仓市娄江新城医院将全面纳入瑞金一体化管理体系，在实行"垂直化管理、一体化运作、同质化医疗"的同时，加强智慧医院的建设，推进电子病历、智慧服务、智慧管理"三

图 7-1 项目鸟瞰效果图

位一体"的智慧医院建设，实现分院与总院信息标准化和一体化。医院启用后将成为长三角地区具有影响力的研究型、创新型、示范性、现代化大型三级甲等综合医院。

7.2 医院建筑运维管理与智慧医院

21 世纪初，医疗模式经历了从单一的"生物"模式转变到多维的"生物 – 心理 – 社会"模式。围绕着"以病人为中心"展开的管理创新，如医疗质量管理的系统化、规范化，医院经营管理的低耗高效等，也对传统医院建筑的运维管理提出了新的要求。医院建筑作为最复杂的公共建筑之一，其运维管理具有以下特点：需要满足基本的医疗需求，需要满足绿色节能需求，以及需要满足智能化需求。其中智能化需求的增加是建筑业近十年来最重要的趋势，而医院建筑有其复杂性和特殊性，还需具备医疗设备管理自动化和预测分配的特点，如建筑设备自动化和医疗设备管理自动化等。由于医院的人流量多而杂，功能分区差异化明显，24h 不间断运行，且后勤服务社会化，人员流动大，医院运维稳定性要求高，整体运维压力大，而医院后勤管理信息化、精细化水平却又相对落后，因此运维管理成为医院管理的最薄弱环节，需要从整体和细节两个角度进行设计和运行管理。2009 年，IBM 公司首次提出了"智慧医疗"的概念，目的在于建立一个"以患者为中心"的医疗服务体系。随着云计算、物联网、大数据、人工智能、区块链等新技术的兴起，市场上涌现出智慧医院的模糊概念，即认为智慧医院为以智慧医疗作为核心，以信息技术支撑自动化，实现智慧管理的医院。对于智慧医院，最重要的是实施技术，它的关键技术包括信息技术的应用，智能采集和数据处理，物联网的应用，虚拟化和模拟以及机器学习等新技术。在这个信息化极速发展的时代，如何通过技术创新和系统集成，把医疗业务运行过程中的人员、设备和信息连接起来并建立良性互动，提升医疗服务的质量、效率和患者体验，已经成为国内外医疗界面临的重要课题。

根据联合国 2022 年的人口数据，中国人口占世界人口的 18%，但医疗卫生资源的不足与分布不均，医疗服务水平参差不齐，再加之老龄化和慢性病问题等日益突出的社会问题的凸显，使得我国的医疗卫生服务压力不堪重负。自 2010 年开始，我国智慧医疗以电子病历为核心开展，通过将海量的医疗数据，如电子病历、诊疗影像、检验报告等实现互联互通，运用大数据分析及人工智能技术，优化医学逻辑，辅助临床决策，以此提高医疗效率及质量。2018 年 4 月，国务院发布《关于促进"互联网 + 医疗健康"发展的意见》，智慧医院的定义初具雏形。中国智慧医院的产业主要以为医院搭建智慧应用平台为主，具体的平台架构一般包括基础设施层、知识集中层、应用层和用户层，功能模块涉及医护人员、后勤人员、病患和家属人员所有相关信息的集成和调配。根据相关调研报告，智慧医院的产业市场总量将达到估计 655.7 亿元，年均复合增长率从 2016 年至 2026 年约为 22.40%，增速强劲。此外，随着物联网 +、大数据和人工智能技术的发展和应用，国家相关部门发布一系列配套政策和标准，如国务院在 2015 年发布《关于积极推进"互联网 +"行动的指导意见》，在"互联网 +"益民服务方面指出，要推广在线医疗卫生新模式，促进智慧健康养老产业发展；国家卫生健康委在 2018 年印发《国家健康医疗大数据标准、安全和服务管理办法（试行）》，加强健康医疗大数据的标准管理、安全管理和服务管理，推动健康医疗大数据惠民应用，促进健康医疗大数据产业发展等。另外，2021 年国家卫生健康委下发了《医院智慧管理分级评估标准（试行）》，医院管理可按照此标准进行分级评估，分级从 0 级"无医院管理信息系统（手工）"到 5 级"初步建立医院智慧管理信息系统，实现高级业务联动与管理决策支持功能"逐步过渡。

智慧医院其中最核心的任务在于实现智能运维，其中主要包括设备与管网管理，能源管理，环境管理，安防与保洁管理，病房、科室管理和药品、血液全过程管理六个管理内容。其中，设备与管网管理主要是帮助医院后勤人员对众多公共设备进行有序管理，有序调节建立医疗设备信息档案、维保档案、运行档案，隐蔽管网定位及查找，并且能够通过二维码直接进行查看和查询具体数据信息。能源管理主要为实时监控能源变化趋势，根据数据模型准确判断能耗漏洞，全程监控节能改造，助力合同能源管理结算。环境管理主要是监控环境温湿度、二氧化碳、光照度等参数变化，与自控系统联动，对环境要求苛刻的区域严格监管。安防与保洁管理主要加强安保监控力度，消除安全隐患，让所有安防行为有迹可查，及时、准确、到位。病房、科室管理主要是监控病房的保洁情况，监控病房的医生查房情况，监控病房的能源使用情况。药品、血液全过程管理则是指全过程监控药品及血液制品在物流、仓储过程中的温度变化，避免因环境急剧变化导致的实时报警，快速反应。信息技术和人工智能技术在医院的管理和发展中发挥了巨大作用，其中基于BIM的模型和管理技术，能够针对医院建筑运维中管理资产不清晰、运维人员难监管、运维效果难保持等痛点提出更加高效的解决方案，如管理资产直观清晰、运维人员动态监管、运维效果实时更新、智能化监控安防等。BIM技术不但能够为建筑大数据提供基础的核心标准，更能够利用BIM模型和管理技术，结合GIS、互联网+、物联网、大数据等信息技术，搭建基于BIM的可视化智慧医院综合运维平台，实现碎片化建筑信息系统及相关运行系统数据的集成化。该平台集合了医院信息化系统，绩效及运维管理系统，安全防范管理等要素和社会化资源，实现了效率提升和服务协同。另外，结合人工智能技术，将所涉及的所有内容逐步部署上平台，继而可以实现统一信息化、数字化和智慧化，使平台内容更加丰富，增强各业务、各系统的关联和预测功能需求。由此可见，构建基于BIM的可视化智慧医院综合运维平台是各医院建设智慧医院的核心业务，能够同时实现技术和管理之间"以软带硬"和"以硬带软"的良性关系循环，是智慧医院建设的核心内容。

7.3 智能运维平台的开发与设计

7.3.1 需求分析与开发目标分析

进行智能运维平台的开发，首先应当进行的一项工作是需求调研。本项目的需求调研的主要目标是全面了解医疗机构、医护人员和患者对智慧医院平台的需求和期望，为平台的设计、开发和实施提供指导。通过本次需求调研，深入了解当前医疗服务面临的问题和挑战，包括医院管理效率低下、患者就医体验不佳、医疗资源分配不均等，从而明确为什么需要引入智慧医院平台，也详细了解利益相关者需求、分析现有问题和痛点、探索创新功能需求、权衡利益与隐私保护、提出可行建议、规划未来发展方向，旨在深入了解医疗服务的需求和问题，为智慧医院平台的开发提供有针对性的指导，确保平台能够真正服务于医疗机构、医务人员和患者的实际需求，为医疗服务的未来带来积极影响。具体而言，本智慧医院项目调研工作的内容主要包括个性化医疗服务、医疗信息整合、患者参与和教育、医院管理与效率、数据隐私与安全五个方面，具体内容见图7-2。此外，为保证调研结果的全面性和代表性，本项目共访谈了约100名受访人，其中包括：医院管理层10人，医生和护士40人，行政人员15人，患者代表35人。受访人员的年龄跨度在25~60岁之间，涵盖了不同年龄段的人群。受访人员分布于不同地区的医疗机构，包括城市和乡村，以确保获取不同地域的需求和反馈。同时，受访人员的职业分布多样，涵盖了医院管理、医生、护士、行政等多个职业领域。

该智慧医院平台的需求调研中，项目调研小组对多个受访人群进行了深入交流和

图 7-2　本智慧医院项目调研工作的内容

访谈，收集了大量的数据和信息。通过对这些数据的分析，总结有以下主要发现：

1）个性化医疗服务需求增长：患者对个性化医疗服务的需求不断增长，希望能够通过智慧医院平台实现在线预约、医生推荐、诊断建议等个性化服务，以减少等待时间和提高就医效率。

2）医疗信息整合不足：医护人员普遍反映，医疗信息整合不足影响了诊疗效率。他们希望能够通过智慧医院平台轻松访问和共享患者病历、检查报告、用药记录等信息，以便提供更精准的医疗建议。

3）患者参与和教育不足：患者认为医疗知识教育和康复指导不足，希望平台能够提供健康宣教、康复计划等功能，帮助他们更好地了解疾病情况和自我管理。

4）移动化需求明显：医护人员强调了移动化的重要性，希望能够通过智慧医院平台在移动设备上实现工作流程的管理和访问，提高工作的便捷性。

5）数据隐私与安全问题关注：受访者普遍关注数据隐私和安全问题，强调平台必须采取严格的措施保护患者和医务人员的个人隐私和敏感信息。

6）医院管理决策需支持：医院管理层希望智慧医院平台能够提供实时的、准确的医疗数据和运营情况，以支持管理决策，提高医院的整体管理效率。

7）创新功能受欢迎：医护人员对智能化诊疗辅助、远程会诊、在线咨询等创新功能表现出浓厚兴趣，认为这些功能有助于提升医疗服务质量和效率。

8）跨地域合作需求：部分医院管理层提出了跨地域合作的需求，希望智慧医院平台能够支持远程协同工作，实现多地医疗资源的共享与整合。

综合以上发现，智慧医院平台在本项目的应用重点在于个性化医疗服务、医疗信息整合、患者参与和教育、移动化支持、数据安全等方面的设计与实现。这些发现为平台的功能和特性提供了重要的指导，有助于确保智慧医院平台能够真正满足各方的需求，提升医疗服务的质量和效率。基于对不同受访对象的调研结果，项目调研小组进一步得出以下核心需求内容，以指导智慧医院平台的设计和开发：

1）个性化医疗服务的重要性：调研结果表明，个性化医疗服务的需求不断增长，包括患者预约、医生推荐、诊断建议等。因此，智慧医院平台应该设计具有个性化定制能力的功能，以满足不同患者的特殊需求，提高患者满意度和就医体验。

2）医疗信息整合的紧迫性：医护人员普遍关注医疗信息整合不足的问题，这影响了诊断和治疗效率。平台应提供快速、准确的访问和共享医疗信息的功能，以支持医生的诊断决策，提高工作效率。

3）患者参与和教育的促进：受访者的反馈显示，患者对医疗知识教育和康复指导的需求较高。平台可以通过健康宣教、康复计划等功能，提供个性化的健康教育，促进患者的积极参与和自我管理。

4）移动化支持的关键性：医护人员和行政人员都强调了移动化支持的重要性，希望能够在移动设备上进行工作和管理。因此，平台应具备移动应用程序，使医务人员能够随时随地访问所需信息和执行任务。

5）数据隐私与安全的保障：所有受访对象都强调了数据隐私和安全的问题。在平台的设计和实施中，必须采取严格的措施保护用户的隐私和敏感信息，确保数据安全合规。

6）创新功能的引入：医生和护士对创新功能表现出浓厚兴趣，如智能化诊疗辅助、远程会诊等。平台的设计应充分考虑引入这些创新功能，以提升医疗服务的质量和效率。

7）医院管理决策的支持：医院管理层需要实时的、准确的医疗数据支持决策，平台应提供实时监控和数据分析功能，以帮助管理层做出明智决策，提高医院整体管理效率。

8）跨地域合作的潜力：部分医院管理层提出了跨地域合作的需求，平台可以为医院提供跨地域协同工作的支持，促进医疗资源的共享与整合。

综合以上调研内容和结果，该智慧医院平台的设计应充分考虑个性化医疗服务、医疗信息整合、患者参与和教育、移动化支持、数据隐私与安全等方面的需求。通过满足不同用户群体的需求，智慧医院平台有望实现医疗服务的优化和提升，提高患者满意度和医院管理效率。

本项目针对不同需求和不同群体对象的具体调研信息和最终结论如表 7-1 所示。

智慧医院平台项目调研结果表 表 7-1

需求	调研对象	调研结果
个性化医疗服务需求	医院管理层	关注提高医院整体服务水平，希望平台能够实现医疗流程的优化，提高患者满意度
	医生和护士	注重个性化诊疗辅助，希望平台能够为诊断和治疗提供智能化建议和推荐
	患者代表	希望平台能够提供在线预约、医生推荐、问诊等个性化服务，缩短等待时间

续表

需求	调研对象	调研结果
医疗信息整合需求	医院管理层	关注医院整体运营情况，需要实时的医疗数据以支持管理决策
	医生和护士	强调快速、准确地访问患者病历、检查报告等信息，提高诊断效率
	行政人员	需要平台支持资源分配和医院运营的数据分析
患者参与和教育需求	医生和护士	强调患者教育的重要性，希望平台能够提供健康宣教和康复指导
	患者代表	希望通过平台获取医疗知识、了解疾病情况，更好地参与治疗过程
移动化需求	医生和护士	强调移动化支持，希望能够在移动设备上管理患者信息、查看报告等
	行政人员	需要能够随时随地访问医院运营数据和资源分配情况
数据隐私与安全关注	所有受访者	都强调数据隐私和安全的重要性，希望平台能够采取严格的措施保护患者和医务人员的隐私和敏感信息
创新功能兴趣	医院管理层	注重平台提供的实时数据支持，以支持决策
	医生和护士	表现出对智能化诊疗辅助、远程会诊、在线咨询等创新功能的浓厚兴趣

7.3.2 需求解决方案与技术风险分析

针对项目需求得出的结论，该项目提出以下潜在的解决方案和设计思路，以满足智慧医院平台的核心需求，见表7-2。通过这些设计思路，可以更好地满足不同受访对象的需求，为智慧医院平台的建设和发展提供了多方面的解决方案。对每个解决方案进行简要描述，强调与需求的对应关系。同时，这些方案还有助于提高医疗服务的质量、效率和用户满意度，为医院管理、医生、护士和患者创造更加便捷和智能化的医疗体验。

智慧医院平台调研问题解决方案 表7-2

个性化医疗服务解决方案	描述	开发一个个性化医疗服务模块，包括在线预约、医生推荐、问诊和治疗计划等功能，满足患者的个性化需求
	与需求对应的关系	这个方案直接满足了患者代表的个性化医疗服务需求，通过提供在线预约和医生推荐等功能，减少患者等待时间，提高就医效率
医疗信息整合和移动化支持设计思路	描述	开发电子病历和报告访问功能，同时设计移动应用程序，支持医务人员在移动设备上查看和管理患者信息
	与需求对应的关系	这个方案满足了医生和护士的需求，他们可以通过电子病历和报告访问功能快速获取患者信息，同时移动应用程序使他们能够随时随地访问患者信息，提高工作效率
数据隐私和安全保障方案	描述	引入数据加密和权限控制技术，定期进行数据安全合规性审核，确保患者和医务人员的隐私和敏感信息得到保护
	与需求对应的关系	这个方案直接满足了所有受访对象的需求，保障了数据隐私和安全，确保敏感信息不被未授权人员访问
医院管理决策支持设计思路	描述	开发实时监控和数据分析工具，利用数据可视化技术呈现医院运营情况，支持管理层决策
	与需求对应的关系	这个方案满足了医院管理层的需求，他们可以通过实时监控和数据分析工具获取医院整体运营情况，支持决策制定和资源调配

续表

医院管理决策支持设计思路	描述	设计健康宣教平台和康复计划功能，让患者可以获取健康知识和制定个性化的康复计划	
	与需求对应的关系	这个方案满足了患者代表的需求，通过健康宣教平台和康复计划功能，患者可以更好地了解和管理疾病，积极参与治疗过程	
创新功能引入和跨地域合作思路	描述	引入智能化诊疗辅助、远程会诊、在线咨询等创新功能，同时构建平台生态系统，促进不同医疗机构间的跨地域合作和信息共享	
	与需求对应的关系	这个方案满足了医生和护士的需求，提供了创新的医疗服务方式，例如智能辅助诊疗、远程会诊等，同时也满足了医院管理层的需求，促进了跨地域合作和医疗资源共享	

　　尽管智慧平台开发的需求调研已经足够充分，但在智慧医院平台的设计和开发过程中，可能会面临一些风险和挑战，如数据安全与隐私风险、技术集成和兼容性挑战、用户接受度和培训难题、技术可行性和稳定性、经济可行性和投资回报等，这些因素都有可能会影响项目和产品是否能够成功。表 7-3 详列了本项目在开发过程中预测一些可能发生的风险和挑战，以及能够采取的风险应对策略。通过采取应对策略和建议，项目团队可以更好地应对风险和挑战，确保智慧医院平台项目的成功实施和长期可持续发展。同时，紧密关注用户需求和反馈，持续优化平台，将有助于提高医疗服务质量、效率和用户满意度。

本项目的预测风险及应对策略　　　　　　　　　　　　　　　　表 7-3

风险类别	风险内容	风险应对策略
数据隐私与安全风险	数据隐私与安全一直是医疗领域的重要问题，在平台中涉及大量患者和医务人员的敏感数据，数据泄漏可能导致严重后果	引入强大的数据加密和权限控制机制，定期进行安全漏洞扫描和合规性审核，确保数据安全性和合规性
技术集成和兼容性挑战	医疗机构可能已经使用了多种不同的信息系统，将智慧医院平台与现有系统进行集成并保持兼容性可能会面临技术难题	提前进行系统集成和兼容性测试，选择开放式的API架构，与现有系统进行无缝对接
用户接受度和培训难题	医务人员和用户接受度和培训难题患者可能需要适应新的平台，对于一些技术不熟悉的用户，可能存在接受度和培训难题	设计用户友好的界面，提供培训和技术支持，定期收集用户反馈进行改进
法律和监管要求	医疗行业受到严格的法律和监管要求，平台的设计和运营需要遵守相关法规，否则可能会面临法律风险	在设计阶段考虑法律和监管要求，与法律专家合作，确保平台合规运营
技术可行性和稳定性	平台涉及复杂的技术开发，技术可行性和稳定性是关键，如果平台出现系统故障或不稳定，可能会影响医疗服务的连续性	进行全面的技术评估和测试，采用稳定的技术架构，确保平台的可靠性和稳定性
文化和变革管理	引入智慧医院平台可能需要改变医疗机构的工作流程和文化，员工可能面临适应新变化的挑战	进行充分的变革管理，与医务人员密切合作，提供培训和支持，帮助他们逐步适应新的工作方式
用户体验和满意度	用户体验和满意度是项目成功的重要因素，如果平台的用户界面不符合用户期望，可能会影响用户的使用和满意度	进行用户体验设计，与受访对象合作进行界面测试和反馈收集，不断优化用户体验
经济可行性和投资回报	平台的设计和开发需要投入大量资源，如果无法获得足够的经济回报，可能会影响项目的可持续发展	进行全面的商业模式分析，评估投资回报率，寻找多样化的资金来源，确保项目的经济可行性

7.3.3　平台系统功能模块和主体架构

前述章节中，通过建筑智能运维管理整体方案的讲解以及基于 BIM 的可视化智慧医院综合运维平台概念的介绍，我们可以知道，智能运维管理平台的构建是各医院建设智慧医院的核心任务。智慧医院运维平台立足于帮助医院构建统一的后勤运维管理平台，结合数字孪生、AI、AR、5G 等高新技术（相关技术详解见本书第 3~5 章内容），集数据采集、大数据分析、安全监管、数据可视化展示等功能于一体（相关技术应用详解见本书第 5、6 章内容），全面兼容、集成医院后勤各系统的综合一站式运维管理服务平台。基于需求调研结果，结合上述新兴前沿技术，本项目构建了智慧医院"云 + 网 + 端"框架，如图 7-3 所示。"云 + 网 + 端"框架包括传感层、知识层和应用层，其中传感层是整个框架的支撑层，负责医疗设备和传感器等各种数据资源通过网络传输至云平台，为上层的应用层和知识层提供可靠的数据基础。知识层汇集了医疗资源数据，为知识中台提供数据支持，知识中台负责数据和系统的安全防护并将知识层的输出与其他系统进行集成，实现智慧医疗的全面应用和协同工作；应用层通过管理模块、用户模块和系统模块的功能，实现信息的高效获取与交互沟通及对医疗资源和医院环境的实时监测与管理。

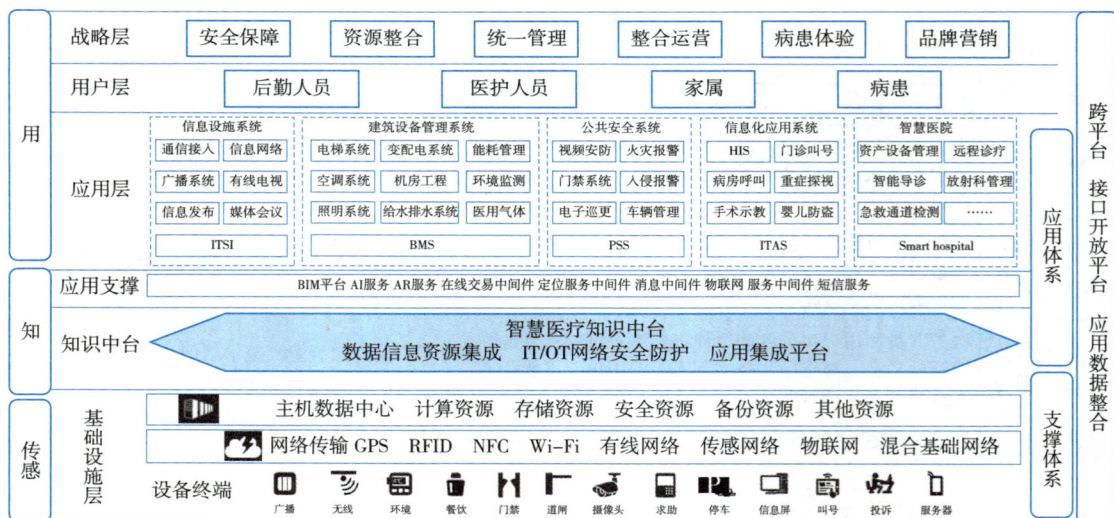

图 7-3　智慧医院"云 + 网 + 端"框架

本项目中，基于前期调研的需求，在确立了明确的开发目标的基础上进一步确立了基于 BIM 的智慧医院运维管理平台功能点，即设施资产管理、空间运营管理、BIM 模型运营转换、后勤运营维护管理、水电管线智能化监控管理以及设施能耗监控管理六个主要功能，功能的具体内容见表 7-4。

基于 BIM 的智慧医院运维管理平台功能点及内容　　　　　　表 7-4

序号	平台功能点	内容
1	设施资产管理	实现将各部门的最新资产布置信息汇总到系统数据库中,保证系统中设施资产信息数据准确性
2	空间运营管理	将设计施工阶段空间数据导入系统,满足运营阶段对空间业务数据可视化管理需求
3	BIM 模型运营转换	对建设施工阶段 BIM 进行运营化转换处理,确保模型各项数据满足运营阶段业务要求
4	后勤运营维护管理	通过定期和应急设施运维管理,保障固定资产日常的效能发挥;通过集成后勤审批流程与运维工单管理,实现后勤设施规范化管理
5	水电管线智能化监控管理	在复杂的水电管线系统中,通过监控设备可以实时监控设备的关键参数指标。通过对具体参数进行逻辑分析,判断当前管线设备运营状态
6	设施能耗监控管理	通过能耗监控了解各类设施能耗状况。注重维护服务的持续改善,以及维护服务与环境资源的协调发展

项目平台功能模块基于具体的功能内容,体现在基于 BIM 的智慧医院运维平台的可视化部分是由领导看板、空间管理、资产管理、环境监测、运维管理、能源管理、BMS 分析、警告管理和综合管理 9 个功能模块组成,具体各模块的内容见表 7-5。

可视化模块内容　　　　　　表 7-5

编号	模块名称	模块功能	功能内容
1	领导看板	建筑概览 设备分析 能源分析 环境分析 工单统计 重大警报 指标分析	配置大屏看板,领导可在主席台发布指令,实时调取医院建筑运维数据
2	空间管理	空间可视化管理 办公空间管理 其他经营 公共空间 重点机房	在软件中可单独点击每个区域,点击后可查看该位置的部门或公司的详细信息,同时也可查看当前选中楼层的办公位利用率、办公位总数量、闲置数量、闲置办公位的分布情况等;针对重点管理区域,可点击卡座、办公桌、会议桌等构件,弹窗查看关联信息,包括当前卡座员工信息(含职位、电话号码、网络端口号码等),也可查看历史信息;空间信息变化时,可手动改变区域或卡位关联信息,系统可保存历史记录,并能够展现当前信息的变化
3	资产管理	机电系统资产管理 设备资产管理 系统及设备轻量化渲染 设备运行总览 配电系统 电梯系统 暖通专业 给水排水专业 其他弱电系统 告警联动 机房设备监控 系统管线管理	(1)多系统联动:以大数据驱动,保障能源系统安全运行,精确需量预测与管理,实现精准用电,节能降耗 10%; (2)设施管理:主动监测预警,对楼宇中的设施设备,主动监测预警,提高设施使用率和寿命,当设备出现异常,智能运营中心自动告警; (3)可视化设施管理:通过 BIM 可视化设备故障定位,就近派发工单,提升作业效率

续表

编号	模块名称	模块功能	功能内容
4	环境监测	空气质量 环境监测 关联设备 环境报警管理	平台通过环境监测设备，实时对室内空间环境状况进行在线监测，CO_2 等数据超标自动推送预警消息
5	运维管理	维修管理 保养管理 巡检管理 App 巡更管理	基于 BIM 的日常巡检、状态查询、检修、工单流转的全流程后勤维护管理
6	能源管理	能源管理	对各区域空调系统及末端能耗进行计量，通过节能管理方式节制用户过度、大量的各类机电设备，同时降低建筑总能耗，减少建筑费用
7	BMS 分析	报告报表 统计分析	对节能统计、客流统计、停车统计、整体能耗、区域能耗、设备统计、设备运行统计以及综合指数进行数据分析
8	警告管理	各系统告警分类管理 各系统告警模型管理 各系统告警推送管理 各系统告警记录管理 各系统告警定位 各系统告警统计 各系统告警审核 各系统告警分配 设备告警联动（含视频联动） 电梯报警场景	（1）实时显示紧急报警设备或紧急报警按钮位置； （2）点击报警信息可跳转至报警设备或报警按钮，并显示设备当前报警状态及报警内容，调取周围摄像头，帮助管理员判断报警信息的真实性； （3）点击报警设备或报警按钮可查看历史报警内容； （4）报警信息及时推送至相关管理人员
9	综合管理	用户管理 用户组管理 角色管理 帮助文件 知识库查阅及维护 小程序功能模块管理	负责平台本身的维护

7.4　技术实现路径

平台的开发经历了严谨的需求调研和明确的目标确立之后，继而明确了各个功能模块的内容，接下来的开发重点则在于如何实现各个需求功能模块。本项目的平台开发过程中模块功能的实现主要涉及的技术：BIM 技术、大数据技术、人工智能技术和数字孪生技术等。

7.4.1　跨阶段的 BIM 模型转换

建筑信息模型（BIM）是目前智能建筑建设和运维运行的基础。同样地，智慧医院的智能化运维也必须建立在准确的 BIM 模型上。尽管 BIM 在政府和行业推动下已成为建筑设计、施工等阶段数字化描述的标准，但运维阶段的 BIM 技术应用案例仍较少，技术尚不成熟。不同的阶段由于使用需求不同，BIM 模型的组织形式和信息内容均有差别。在医院建筑中，建造阶段创建的 BIM 模型包括建筑、结构、给水排水、通风空调、电力系统、电梯、视频监控、精装饰、医用气体、污水处理等各专业的模型。而在运维阶段，则需要在基础 BIM 模型上增加添加空间分配、设备运维需求、BA（楼宇自控系统）点位等信息，最终形成 BIM 运维模型。建造阶段和运维阶段关注重点不一样，局部需要精细化，整体需要轻量化，否则会面临机电系统物理连接不完整、机电系统逻辑关系缺失等问题。在这个过程中，涉及的重要技术就是将建造 BIM 模型自动转化为运维 BIM 模型，即通过机电系统逻辑结构计算、模型轻量化与美化处理和设备模型精细化实现本项目平台的 BIM 模型转换。

7.4.2　跨系统的海量异构信息集成与存储

跨系统的海量异构信息集成与存储技术方法，主要解决的技术问题是大规模计算机系统中众多异构存储设备的统一，从而有利于实现后续的监控功能。其主要体现了物联网＋技术在建筑系统中的应用，目的在于建立一个建筑物联网系统。基于建筑场景内的物联信息结构及系统分析，本平台的开发通过物联网技术能够自动检测并报告给水排水分析、能耗分析、电梯分析等应用。另外，在智能建筑场景内，物联网技术在建筑物照片和视频方面能够实现节能环保的应用（绿色照明、安全检测、设备管理、人员人流监控等），总结出一套物联网海量异构数据存储及共享的策略，包含知识密度、数据处理、数据分布等存储技术，以及标准化设计、平台共享、标识平台等共享策略。本项目主要设置 BA（楼宇自控系统）检测 2000 个点位，视频安防 1000 个点位，均采用物理设备进行检测（如摄像头、温度传感器等），具体的检测点及内容见图 7-4。监控的技术方案则

图 7-4　平台检测点及内容

是构建由存储设备信息表、系统配置信息表、监控信息框架、监控客户端、事件获取模块、告警信息映射模块和告警信息过滤模块等组成的异构存储设备统一监控系统。该监控系统通过事件获取模块对海量存储系统中异构存储设备进行并行监控，获取各存储设备的监控结果，通过信息过滤在监控客户端以统一的格式展示异构存储设备的告警事件信息。BIM 运维系统的物联网具体结构介绍见图 7-5。

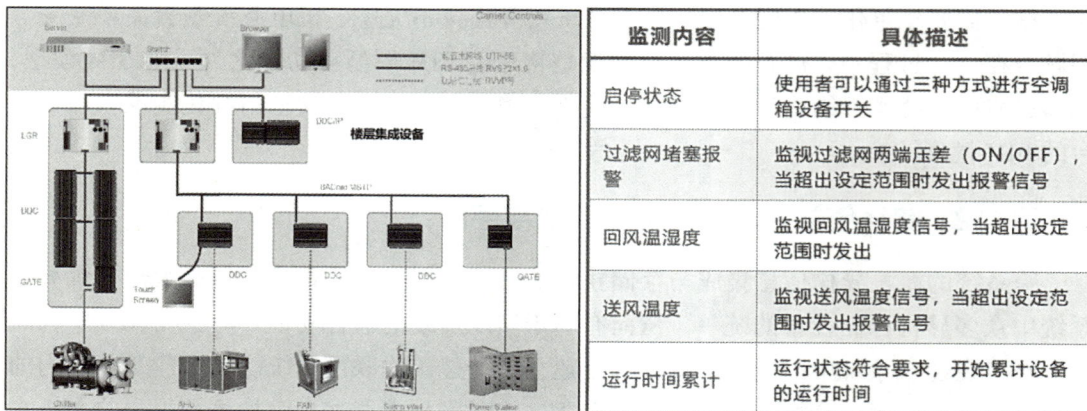

监测内容	具体描述
启停状态	使用者可以通过三种方式进行空调箱设备开关
过滤网堵塞报警	监视过滤网两端压差（ON/OFF），当超出设定范围时发出报警信号
回风温湿度	监视回风温湿度信号，当超出设定范围时发出
送风温度	监视送风温度信号，当超出设定范围时发出报警信号
运行时间累计	运行状态符合要求，开始累计设备的运行时间

图 7-5　BIM 运维系统的物联网具体结构介绍

7.4.3　基于大数据的智能化、主动式运维

随着技术的不断进步，大数据技术的应用领域更加广泛，其中一个重要的应用领域就是基于大数据的智能运维技术。运维自动化和故障自愈是智能运维技术的两个重要方面，具有快速检测故障根源、自动解决故障、降低故障率的优势。智能运维技术还能通过对系统进行实时监控和预警，及时发现问题并采取措施进行处理，保证系统的稳定性和可用性。在技术上，要实现该项技术首先要获得更加全面的海量数据，数据的来源主要有来自基础架构（传感器软硬件、日志、网络信息）的数据和来自用户端（WEB、移动端、PC 客户端等）的数据；其次要在数据处理上实现数据聚合，如将采集回来的数据进行时间序列处理，并将其转换成可识别的结构化数据；最后还要对大数据处理过程中的异常进行自动检测和过滤，并最后做出预警信息。本项目中，基于大数据的智能化、主动式运维技术主要实现了以下功能：设备自动预警、定期主动式维保策略、影响范围分析、自动生成维修维保工单和手机端处理维修工单。

7.4.4　基于 BIM 模型和建筑设施的 AR 运维技术

基于 BIM 模型和建筑设施的 AR 运维技术是以物联网操作系统为核心，通过建筑内消防、安防、楼宇自控、通信等主要设备的运行状态数据接入，整合建筑体内设施设备，人员等关键资源，赋能建筑全生命周期管理。本项目在开发过程中，确立了实施 AR 运维技术的应用主要体现在实虚共构的

二维码 7-2
智慧医院数字孪生
运维平台

运维管理、模型信息与空间性扩增和基于情境感知（context awareness）的适地性服务，具体的应用，如：在移动终端实现 BIM 模型轻量化 AR 展示，通过基于移动设备背后的视觉摄像头，进行即时建图与定位功能，精确还原三维结构和多元属性；保留完整的 BIM 几何特征和 BIM 属性，将精准的 BIM 竣工模型运用在日常巡查与维护中，提升维保人员巡检、维修及管理效率。BIM 模型轻量化 AR 展示如图 7-6 所示。

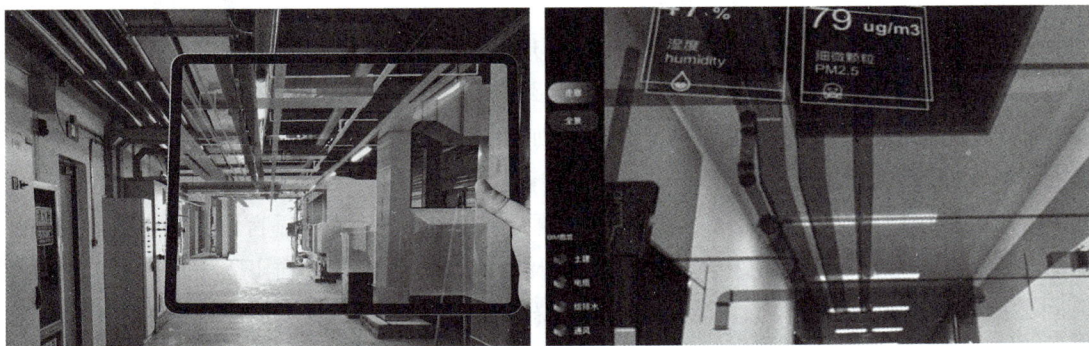

图 7-6　BIM 模型轻量化 AR 展示示例

7.4.5　基于医院知识中台的大数据分析

在智慧医院建设中，知识中台是全周期、智能化的医院知识赋能平台，是智慧医院的基础建设。知识中台可以为医院提供高效便捷的知识生产、组织和应用能力，满足医疗业务场景智能化的需求，解决医院缺乏构建和运用知识的能力的痛点。知识中台，是要打造智慧医院的知识大脑，把结构化、非结构化的数据，显性、隐性的知识进行多元采集、智能入库、学以致用和运营推广，形成闭环的知识大脑。在本平台项目开发中，知识中台建设技术主要用来满足目前及未来各不同系统的快速集成接入，构建异构系统的关联领域模型，提供融合数据访问的能力。其具体体现在以下 5 项技术中：

1）异构数据集成。异构数据源于大数据的三种类型数据分类，即结构化数据、非结构化数据和半结构化数据。在医院建设过程中，无论是医院建造过程，还是医疗业务运营过程，都会产生大量的三种类型数据。如何利用大数据技术使得三种异构数据能够进行统一分析，是中台系统建设的基础工作。因此，本平台中异构数据集成技术主要解决接入医疗设备、临床 IT 系统、非临床 IT 系统、多种物联网协议支持、数据访问安全控制的技术问题。

2）标准本体模型。本体模型是建立数学模型的基础，即在建立模型之前先确立好标准，其中要明确实例个体、属性和类。本平台中，建立标准本体模型主要为了解决定义标准化的数据实体、符合领域规范、减少对特定厂商依赖的问题。

3）数据映射。在技术背景下，数据是用于参考或评估的事实和统计数据的集合。通过数据分析，人们可能会获得重要的解释和结论。对于每一个提供相关发现的数据分析项目，都需要保证数据被正确传输和映射。专业上讲，数据映射是通过一个源点将数据结构链接到另一个源的数据字段的方法，这减少了出错的可能性，有助于标准化材料，使得数据更容易解读和理解。本平台建设中，数据映射技术主要解决了配置化完成系统对接、简化系统集成、灵活的数据实体映射关联的问题。

4）知识图谱。知识图谱是将知识结构化并用图形描述结构化关系的一系列各种不同的图形，并且用可视化技术描述知识资源及其载体，挖掘、分析、构建、绘制和显示知识及它们之间的相互联系。知识图谱更强调有一个本体层来定义实体的类型和实体之间的关系，针对高质量的数据能够方便提供面向终端用户的信息服务（查询、问答等）。本平台建设中，知识图谱技术主要解决了构建跨系统的模型关联，形成一体化语义模型，兼容多种图持久化方案的问题，具体是实现如知识图谱及语义化的数据服务、智能楼宇能源管理等平台功能。

5）语义接口引擎。语义接口引擎，主要是基于 NLP（神经语言程序）进行精准的语义分析，通过热词优化，组合不同的语句及语义，完美解决不能识别的问题，优化医患问题库，提升问题理解力，实现快速高效语义分析。本平台建设中，语义接口引擎技术主要实现跨系统数据的调用一次完成，减少数据交互频次，历史数据访问和实施推送，以及支持数据的双向操作等功能。

7.5　智能运维平台的技术实施方案

从平台本身的建设实施内容而言，主要可以从三个维度分步进行实施，即建筑部分、系统部分以及功能部分。如图 7-7 所示，建筑部分主要由新建建筑、重点建筑和已有建

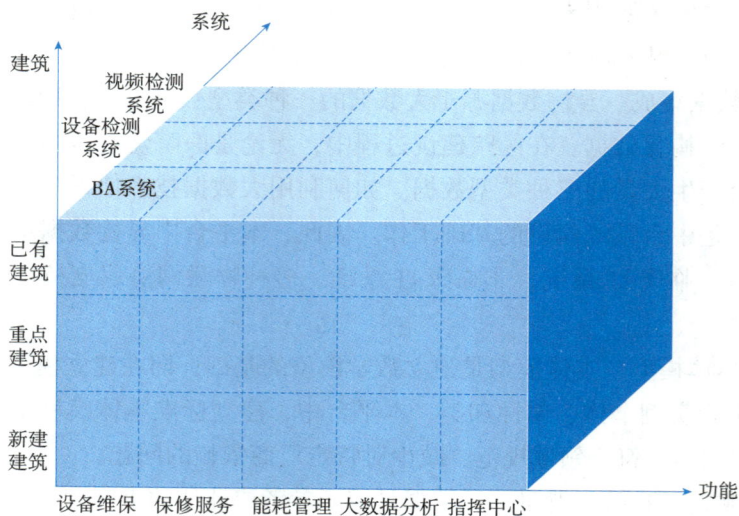

图 7-7　基于 BIM 智能运维平台开发的实施内容

筑构成（如有），系统部分主要由 BA 系统、设备检测系统和视频检测系统构成，功能部分主要由设备维修、保修服务、能耗管理、大数据分析和指挥中心组成。

平台确定开发与设计功能、相关实现技术以及内容之后，需要定制平台开发的整体实施策划和路线。按照一般软件平台开发的流程，本项目基于 BIM 运维智能平台的开发主要按照图 7-8 的整体流程进行，其中主要分为四个主要阶段：准备阶段、系统开发阶段、部署与应用阶段以及试运行与维保阶段。准备阶段主要的任务是整体方案策划、基础 BIM 建模（指运维 BIM 模型）、运维信息录入，系统开发阶段主要任务是系统接口开发、BIM 运维系统定制开发，部署与应用阶段主要任务是服务器网络搭建、运维软硬件部署，试运行与维保阶段主要任务是管理体系建设与培训、系统优化与维保。

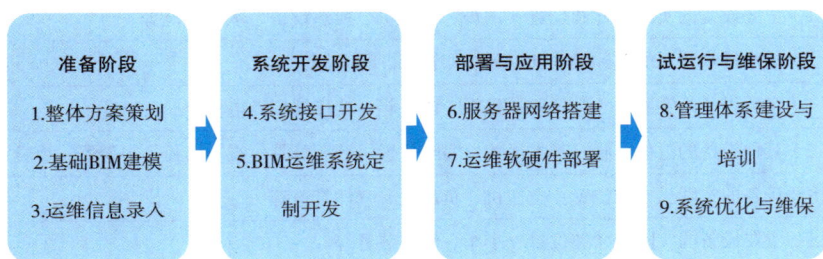

图 7-8　基于 BIM 运维智能平台开发的整体流程

1. 基础 BIM（运维 BIM 模型）建模

基础 BIM 建模（运维 BIM 模型）的工作是建立基于 BIM 的医疗智能运维平台的基础工作，其主要任务是：在竣工 BIM 模型的基础上建立运维 BIM 模型；根据 BIM 基础模型出深化设计图并进行交底，做到按模型施工；基于模型进行现场验收、记录和修改；施工现场的变更要返回到模型。该项工作进行时应注意以下 BIM 建模相关的细节内容：

1）竣工 BIM 模型的建立应满足要求，即模型应包括建筑、结构、给水排水、暖通空调、电气、智能建筑、幕墙、室外场地、电梯、图书分拣系统等专业的模型元素；模型文件应按照统一的规则命名，名称应包括建筑功能、建筑单体号、楼层号、专业、版本标识等；模型中各专业的机电系统应按照统一的规则命名，并应体现系统和子系统之间的关系；

2）模型要与现场一致，特别是重要设备和主要管线；

3）建立设备与管道的连接关系，尤其机电系统要联通；

4）冷却塔、空调机组、风机、水泵、生活水箱等建立详细模型；

5）建筑模型包括详细的空间划分信息；

6）模型会导出系统、设备、空间、传感器点位、设备连接等台账，用于审核。BIM 运维模型建模内容见表 7-6。

BIM 运维模型建模内容   表 7-6

专业	建模内容
建筑	（1）建筑部件的实际尺寸和位置：墙、门窗（幕墙）、楼梯、电梯、阳台、雨篷、台阶、夹层等
	（2）主要建筑设备和固定家具的实际尺寸和位置：卫生器具、隔断等
	（3）主要建筑装饰构件的实际尺寸和位置：栏杆、扶手等
结构	（1）主要构件的实际尺寸和位置：结构柱、结构板、结构墙、桁架、网架、钢平台夹层等
	（2）其他构件的实际尺寸和位置：楼梯、坡道、排水沟、集水坑等
暖通	（1）主要设备的实际尺寸和位置：冷水机组、新风机组、空调器、通风机、散热器、水箱等
	（2）管道、风道的实际尺寸和位置（如管径、标高等）
	（3）风道末端（风口）的近似形状、基本尺寸、实际位置
给水排水	（1）主要设备的实际尺寸和位置：锅炉、冷冻机、换热设备、水箱水池等
	（2）给水排水管道的实际尺寸和位置（如管径、标高等）
电气	（1）主要设备的实际尺寸和位置：机柜、配电箱、变压器、发电机等
	（2）其他设备的近似形状、基本尺寸、实际位置：照明灯具、视频监控、报警器、警铃、探测器等
医用气体	主要设备的实际尺寸和位置：空压机、负压机、气体管道等
医用设备	（1）主要设备的实际尺寸和位置：小车、转换装置等
	（2）轨道的实际尺寸和位置（如界面形状、标高等）
气动物流	（1）主要设备的实际尺寸和位置：空气压缩机、气囊等
	（2）管道的实际尺寸和位置（如截面直径、转弯半径、标高等）

另外在建立 BIM 模型过程中，还应同时建立企业级或者项目级的运维 BIM 建模标准。在本项目中，前期建模时便要求模型分类和命名的合规性，如系统和子系统命名规范，建筑设备和专项设备命名规范，重要的末端、阀门、开放要命名规范。在规范 BIM 模型分类和命名后，上传到智慧建造平台，利于自动审核和后期建模标准的建立。

2. 运维信息录入、运维系统信息对接

运维信息录入主要是按照表 7-7 BIM 信息录入的基本信息要求，依次将建筑信息、结构信息、暖通系统、给水排水、电气信息、医用气体、医用设备和气动物流等相关信息录入到基础 BIM 模型中。

BIM 信息录入的基本信息要求   表 7-7

专业	基本信息要求
建筑信息	（1）增加主要建筑部件和家具的运维管理信息：构件编号、管理单位、权属单位等
	（2）增加主要建筑部件和家具的维护保养信息
结构信息	（1）增加主要结构构件的运维管理信息：设备编号、管理单位、权属单位等

续表

专业	基本信息要求
暖通系统	（1）增加主要设施设备的运维管理信息：设备编号、所属系统、管理单位、权属单位等
	（2）增加主要设施设备的维护保养信息
	（3）增加系统、主要设施设备的文档存放信息
给水排水	（1）增加主要设施设备的运维管理信息；设备编号、所属系统、管理单位、权属单位等
	（2）增加主要设施设备的维护保养信息
	（3）增加系统、主要设施设备的文档存放信息
电气信息	（1）增加主要设施设备的运维管理信息：设备编号、所属系统、管理单位、权属单位等
	（2）增加主要设施设备的维护保养信息
	（3）增加系统、主要设施设备的文档存放信息
医用气体	（1）增加主要设施设备的运维管理信息：设备编号、所属系统、管理单位、权属单位等
	（2）增加主要设施设备的维护保养信息
医用设备	（1）增加主要设施设备的运维管理信息：设备编号、所属系统、管理单位、权属单位等
	（2）增加主要设施设备的维护保养信息
气动物流	（1）增加主要设施设备的运维管理信息：设备编号、所属系统、管理单位、权属单位等
	（2）增加主要设施设备的维护保养信息

　　而运维系统信息对接，则是基于建筑物联网系统进行提前规划、有线连接。前述内容已经提到，本智慧医院项目中共建立 2000 个 BA（楼宇自控系统）监测点位，1000 个视频安防点位，均采用传感器、摄像头等物理采集数据设备。运维系统预期对接的系统则如图 7-9 所示，依次对应平台功能模块进行数据链接，以实现楼宇自控系统（BA）、智能化平台、视频监控系统和能耗监控服务的建立。

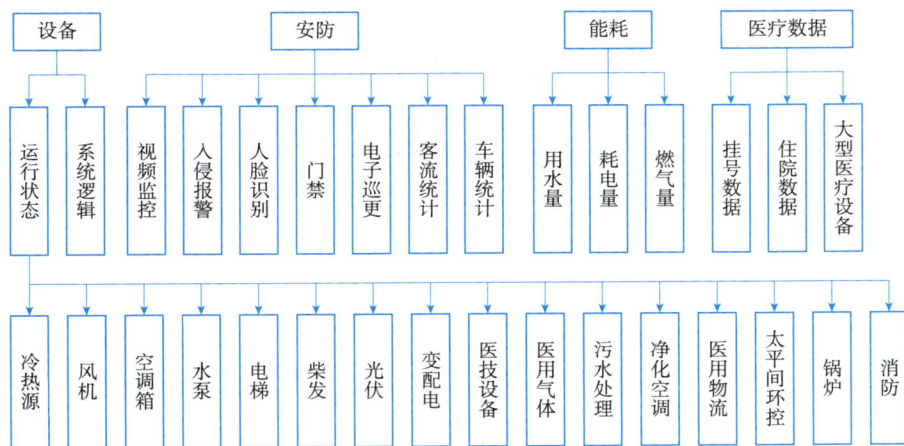

图 7-9　运维系统预期对接的系统

3. BIM 运维系统定制开发

BIM 运维系统定制开发需要根据医院管理流程和组织架构做少量的定制开发。该智能运维平台系统应满足智慧医院相关业务流程和组织进行，具体的流程如图 7-10 所示，除了实现原有工作流程外，还应实现主动式巡检流程、主动式报警流程、维保管理流程和能耗管理流程。

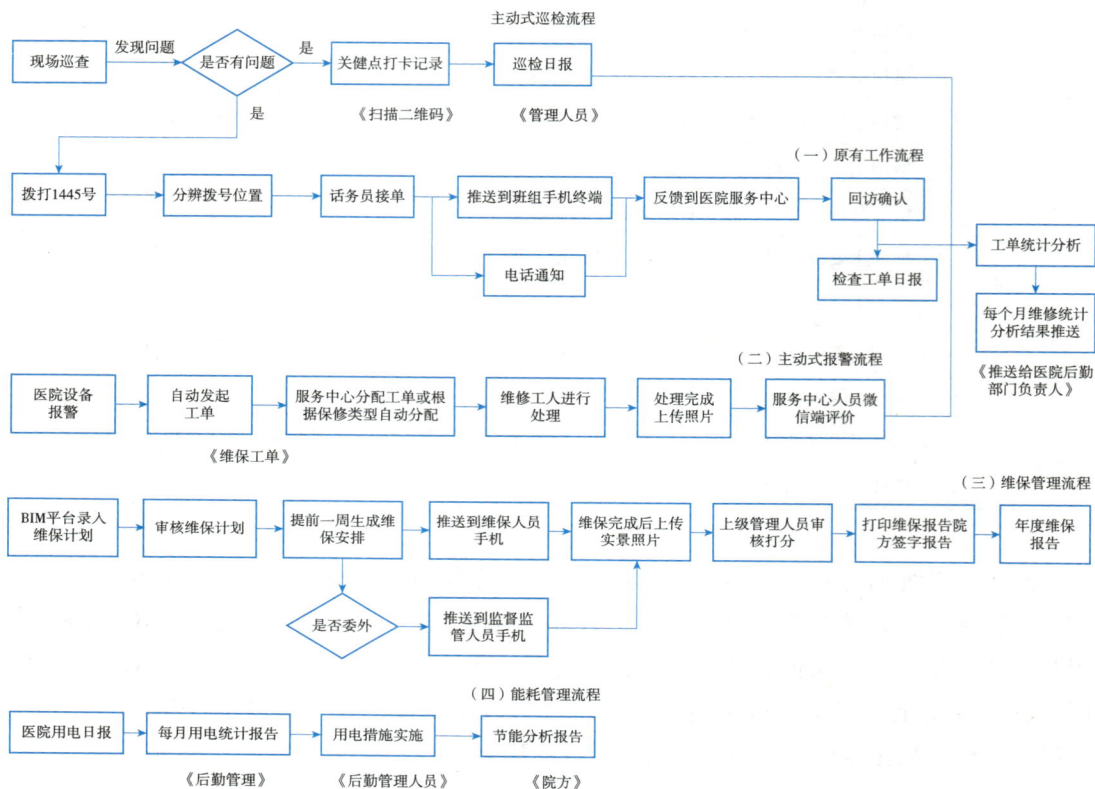

图 7-10　智慧医院运维流程

4. 服务器与网络布置

服务器与网络布置主要是指网络部分的硬软件配套设施，本项目中，服务器设置了机柜、服务器、交换机、防火墙，网络部分则是提供了 1 个与现有系统对接的设备网、内外接口、连接外网的接口。

5. 运维系统软硬件安装

运维系统软硬件安装主要包括大屏显示器、工作站、软件采购和安装三个主要部分。其中大屏显示器主要用于实时显示运维指挥中心；工位则需要放置模型工作站，用于操作 BIM 运维系统；软件采购和安装则是安装在模型工作站或服务器上，用于数据采集、数据分析和数据预测等。

6. 培训与管理体系建设

培训和管理体系建设主要是为运维工作人员提供基于 BIM 的智能运维平台的应用培训和管理。由于传统运维工作中，管理组织架构较为死板，工作流也较为固化，因此当开发出新的智慧管理平台后，应当对不同岗位的运维工作人员进行有针对性地单独培训，以依托新的智慧运维平台建立更为高效和智能管理体系。

7. 维保与总结

维保和总结的工作内容主要是指基于 BIM 的医院智能运维平台开发和投入使用后，应保留两年维保期，鼓励开发人员和使用人员共同开发系统和数据价值，总结提炼出相关 BIM 运维标准、论文、专利、奖励等成果，为国家智慧医院建设增加标杆案例。

本章小结

本章主要基于上海交通大学医学院附属瑞金医院太仓分院，介绍了基于 BIM 的智慧医院智能运维平台的开发过程。该项目结合了建筑信息模型（BIM）、物联网技术、大数据、虚拟现实和增强现实等新兴技术，具体展示了智能运维平台开发中的开发与设计、技术实现路径以及整体策划和实施方案的具体内容。另外，案例中还介绍了智慧医院的概念、发展以及我国智慧医院发展现状。

思考与习题

7-1 思考和总结在医院建筑的智慧运维管理中运用了哪些智能技术？

7-2 思考医院建筑智慧运维管理的技术和管理难点。

7-3 绘制基于 BIM 的医院建筑智慧运维管理平台开发的技术路线图。

参考文献

[1] 方东平，胡振中，陈伟伟，等 . 数字化运维 [M]. 北京：中国建筑工业出版社 . 2019.

[2] 翟运开，陈保站 . 智慧医院：技术创新和产业生态构建 [M]. 北京：机械工业出版社 . 2022.

[3] 朱福，葛春林 . 智慧医院体系：构建与实践 [M]. 上海：上海科学技术出版社 . 2023.

二维码 7-3
第 7 章　思考与
习题参考答案